AUTORES PUERTORRIQUEÑOS:
Una Guía Biobibliográfica

por

MARNESBA D. HILL

y

HAROLD B. SCHLEIFER

Con una Introducción por

María Teresa Babín

Las traducciones al castellano fue realizada por

Daniel Maratos

The Scarecrow Press, Inc.
Metuchen, N.J.   1974

PUERTO RICAN AUTHORS:
A Biobibliographic Handbook

by
MARNESBA D. HILL
and
HAROLD B. SCHLEIFER

With an Introduction by
María Teresa Babín

Translations of entries into Spanish by
Daniel Maratos

The Scarecrow Press, Inc.
Metuchen, N.J.   1974

Library of Congress Cataloging in Publication Data

Hill, Marnesba D
   Puerto Rican authors.

   English and Spanish.
   1. Puerto Rico--Bio-bibliography.
I. Schleifer, Harold B., joint author. II. Title.
III. Title: Autores puertorriqueños: una guía
biobibliográfica.
Z1556.H55   016.016917295'03   73-15604
ISBN 0-8108-0681-9

TABLE OF CONTENTS / INDICE GENERAL

PREFACE

This Handbook is a bilingual annotated biobibliographical guide to the history and literature of Puerto Rico by Puerto Rican writers from 1493 to the present. It is intended as a convenient working tool rather than an exhaustive scholarly resource and is designed to be particularly useful in college, junior college, and secondary school libraries, as well as in urban public libraries which serve Puerto Rican communities. Information is complete in both English and Spanish.

Biographical statements are arranged alphabetically by author with see references from pseudonyms interfiled. Entry is under the most commonly used form of name. To conserve space, we have eliminated the repetitive use of headings. Instead, the biographical data elements are referenced by a numerical key:

1. Birth date (day, month, year) and place of birth
2. Death date (day, month, year) and place of death
3. Full name
4. Pseudonyms (arranged alphabetically)
5. Biographical statement († indicates Spanish version)
6. Publications (arranged alphabetically by title citing the original or earliest date of publication). "N. d. / s. f. " (no date / sin fecha) indicates publication date lacking.

Brief annotations of significant works complement the biographical information. We hope these annotations will serve as a useful checklist of important recent imprints and as an acquisitions guide for libraries interested in developing core collections of works by Puerto Rican authors.

Three indexes are included to facilitate use:

A topical index is arranged alphabetically by genre and/or vocation; i.e., educators, novelists, etc., and subarranged alphabetically by author.

A historical index is arranged chronologically by period, i.e., The First Centuries, the Generation of the 1930's, etc., and subarranged alphabetically by author.

A title index, arranged alphabetically by title, indexes every publication cited in this Handbook. An asterisk (*) denotes works which have been annotated.

The authors represented in our biobibliography were selected on the basis of a survey in the field of Puerto Rican studies. A comprehensive list of Puerto Rican writers was circulated to a select group of fifty prominent authors and educators in Puerto Rico and the United States. Each respondent was asked to review the names on the list and to indicate those writers which he considered basic to our reference manual, those which he considered important but not basic, and those which he considered relevant, but less important. Respondents were invited to add or delete names as appropriate.

Although we alone are accountable for the content of this work and must bear sole responsibility for any errors of omission or commission, we wish to express our gratitude to the survey respondents for their thoughtful and timely advice.

We are especially indebted to Professor María Teresa Babín, of the Department of Puerto Rican Studies at Herbert H. Lehman College, for her introductory essay and her willingness to review the completed manuscript; to Mr. Daniel Maratos, Chief Reference Librarian at Herbert H. Lehman College, for his Spanish-language translation and his valuable suggestions on format; and to Dr. Luis Manuel Rodríguez Morales, Sub-Director of the Institute of Puerto Rican Culture; Srta. Idalea Delgado, Librarian of the Puerto Rican Collection at the University of Puerto Rico, Río Piedras; and Sra. Clara Luz S. de Lergier, Librarian of the Puerto Rico Atheneum and her staff, for their assistance and hospitality during our research visit to Puerto Rico. We also wish to thank Professor

Carl R. Cox, Chief Librarian at Herbert H. Lehman College, for his interest in our project.

NOTA PRELIMINAR

Este manual es una guía biobibliográfica bilingüe anotada de la literatura de Puerto Rico desde 1493 hasta el presente. Está destinada para uso tanto en las bibliotecas universitarias y las de las escuelas superiores como en las bibliotecas públicas de los centros urbanos de gran concentración puertorriqueña. Se ha concebido como instrumento para labores estudiantiles más bien que una fuente de información minuciosa. La información comprendida es completa tanto en la versión española como en la inglesa.

La información biográfica está arreglada por orden alfabético según el apellido del autor y las referencias de seudónimos están intercaladas en la misma sucesión. Se refiere a un autor bajo la forma de su apellido más conocida. Para conservar espacio se ha eliminado el uso repetitivo de los encabezamientos. En su lugar, se refiere a los datos biográficos por medio de una clave numérica:

1. Fecha de nacimiento (día, mes, año) y lugar de nacimiento

2. Fecha de muerte (día, mes, año) y lugar de muerte

3. Nombres y apellidos

4. Seudónimos (arreglados alfabeticamente)

5. Resumen biográfico († se usa para indicar la versión española)

6. Publicaciones (arregladas alfabeticamente por título, citando la fecha de publicación). Las letras "s. f." (sin fecha) se usan para indicar que se hace falta la fecha de publicación.

Breves anotaciones de obras significantes completan la información biográfica. Esperamos que estas anotaciones sirvan

de una lista útil para los bibliotecarios deseosos de formar el
núcleo de una colección de obras de autores puertorriqueños.

Para facilitar el uso de este manual se incluyen tres indices:

Un índice de tópicos está arreglado por género o vocación;
p. e. , educadores, novelistas, etc. , y subarreglado alfabeticamente
por autor.

Un índice histórico está arreglado crónicamente por período;
p. e. , los primeros siglos, la generación del treinta, etc. , y subarreglado alfabeticamente por apellido del autor.

Un índice de títulos, arreglado por orden alfabético, señala
todas las publicaciones citadas en la guía.   Un asterisco (*) sirve para
denotar aquellas obras que han sido anotadas.

Los autores representados en nuestra biobibliografía fueron
escogidos a base de una encuesta llevada a cabo en el campo de
los estudios puertorriqueños.   Se circuló una lista comprensiva de
escritores puertorriqueños entre un grupo selecto de cincuenta
prominentes autores y educadores en Puerto Rico y los Estados
Unidos.   Se le pidió a cada respondedor indicar aquellos autores
que consideró básicos a tal guía, aquellos que aunque son importantes, no se pueden considerar básicos a un manual de esta índole,
y aquellos que son pertinentes pero de menos importancia.   También se les invitó a los respondedores añadir o suprimir los nombres de autores.

Aunque nosotros solos somos responsables por el contenido
de esta obra y debemos llevar la responsabilidad para cualquier
error de omisión o comisión, deseamos agradecer a los respondedores por su valioso consejo.

Estamos especialmente endeudados a las siguientes personas:
a Profesora María Teresa Babín del Departamento de Estudios
Puertorriqueños de Herbert H. Lehman College por su ensayo de
introducción y por su colaboración en revisar el manuscrito; al
Sr. Daniel Maratos, Jefe de la División de Referencia de la Biblioteca de Herbert H. Lehman College por la traducción al español
y por sus surgerencias referente al estilo; al Dr. Luis Manuel
Rodríguez Morales, Sub-director del Instituto de Cultura Puerto-

rriqueña; a Srta. Idalea Delgado, Bibliotecaria de la colección Puertorriqueña de la Biblioteca de la Universidad de Puerto Rico, Río Piedras; y a Sra. Clara Luz S. de Lergier, Bibliotecaria del Ateneo Puertorriqueño, y al personal de la biblioteca por su ayuda y hospitalidad durante nuestro viaje de investigación a Puerto Rico. También le agradecemos al Profesor Carl R. Cox, Bibliotecario de Herbert H. Lehman College, por su interés en nuestro proyecto.

Introduction:

LITERATURE AND LIFE IN PUERTO RICAN CULTURE

by María Teresa Babín

Literature and life in the culture of Puerto Rico are merged
to such a degree that it is impossible to disengage one from the
other. Since the early period of the 16th century a sense of
fidelity to the details of everyday happenings has been stronger
than the inclinations of a few writers to rise above this powerful
lodestone. The letters and chronicles, the epic poems and annals
of the first conquistadores and settlers who arrived after Christopher
Columbus' second voyage to the New World, when the island of
Borinquén was discovered, contain the initial elements of literary
expression and constitute the basic point of departure in the development of Puerto Rico's rich bibliographical output. By the 18th
century the impetus to portray and describe the existence of a
Spanish colony struggling for its survival in the Caribbean was
climaxed with the publication of the geographic, civil and political
History of San Juan Bautista de Puerto Rico, by Iñigo Abbad y
Lasierra. This precious book is not only an important historical
document but a beautiful and inspiring work of love in which Abbad
demonstrates his understanding for the aborigines and reconstructs
vividly the social life, customs, and folklore of the original inhabitants of Puerto Rico.

Many poets and fiction writers from the Iberian Peninsula
settled in the New World during the years of colonial expansion.
The first Creole generation claimed as their birthright the distinction of a national identity, constituting a group of distinguished
Latin American writers whose works are considered important
within the literature of the Golden Age in Spain. Puerto Rico is
represented in this period by Juan de Castellanos, whose Elegy

1

honoring Juan Ponce de León recounts the heroic struggle of the
Tainos and their Chieftain Agüeybana to defend the land of Borinquén
and the final surrender to the power of the Conquistadors.   The
Island is also represented by the Gongorist poet Francisco de Ayerra
y Santamaría and by Alonso Ramírez, the adventurer from San
Juan whose misfortunes are retold in a novel by the Mexican writer
Sigüenza y Góngora.   The songs and dances brought by settlers
from Andalusia, Galicia, Catalonia, Castile, and other regions
of Spain, the religious ethic inspired by the Church, the remnants
of the Indian heritage in legends and oral poetry, and the magical
charm embodied in the songs and dances of the black slaves and
their descendants, blossomed in the literature of the 19th century.

In seeking the cultural roots of Puerto Rico one must understand the significance of the Borinquén Indian and the foundation he
gave to the Island's social life and customs.   The number of
aboriginal inhabitants dwindled from many thousands at the beginning of the 16th century to a few hundred at the end of the 18th
century.   In 1780 there were still Indians among the forces of
the San Germán garrison, and the historian Salvador Brau cites
the census of 1787 which lists 2302 Indians for that year.   Interracial ties through marriage and cohabitation of the Spanish and
Indian elements were early and frequent.   Of the 71 women who
were legally married to Spaniards in San Juan during the year
1530, 14 were Indians.

Recent archeological explorations, most notably those con-
ducted by Ricardo Alegría, corroborate historical evidence that
the Antilles were originally inhabited by peoples of three distinct
cultural traditions.   The first settlers of Puerto Rico, the archaic
peoples, were ignorant of agriculture and ceramics; they lived in
small seminomadic tribes, used caves for refuge and burials,
painted themselves with achiote (hematite), and manufactured
rudimentary implements from shells, flint, and other stones.   At
the end of the 15th century there were surviving remnants of
Archaic Indians on the islands of Cuba and Hispaniola.   The discovery of several preceramic cultures in Venezuela and Trinidad

has caused various authors to posit South America as the origin
of this primitive culture.   Others opt for Florida as its point of
origin.   Ricardo Alegría postulates a theory of Central American
origin, based on the great similarity of several utensils found in
Panama (at a site called Monagrille), and those found in the Cave
of María de la Cruz in Loíza, which is the principal site of this
culture in Puerto Rico.

Another cultural type was that of the "Igneri. "   This group
appears to have been domiciled in the area of Hacienda Grande,
also in Loíza.   The Igneri were farmers and skillful pottery
workers.   They made dishes of hard, thin earthenware of fine
grain and varied forms.   Their flat-bottomed bottles are particularly outstanding.   Some bowls have handles in the shape of a D,
and perforated edges consisting of zones with five incisions.   The
decoration is applied on a polished surface painted red and white.
Besides ceramic ware, there are abundant remains of "jueyes"
(crabs) which give the town its nickname "crab-eater. "   The
existence of sites similar to Hacienda Grande in the Lesser Antilles, the Virgin Islands, Trinidad, and Venezuela, leads one to
accept the South American theory of the origin of the Igneri, excellent canoe-makers and traders of yucca, corn, and tobacco crops.
It appears that the Igneri expansion was halted in Puerto Rico, before they reached Hispaniola, by another people who subjugated
them and established sovereignty over these lands.   They were
called Tainos.   Besides possessing a remarkable heritage of beliefs and ceremonies, they created stone sculpture and pottery in
the Capa style.   In tribute to the Tainos the Institute of Puerto
Rican Culture has restored a native ceremonial center in the Caguana
district of Humacao.   The Tainos who inhabited the Island when
Columbus discovered it in the 15th century and at the time of the
arrival of Ponce de León in the early 16th century were dispersed
through the Yucayeques under the leadership of local chieftains:
Agüeybana in Guánica; Areziba in Arecibo; Mabodomaca in Camuy;
Guarionex in Utuado; Urayoan in Añasco; Mayagoex in Mayagüez;

Caguax in Caguas, then called Turabo; Macao in Humacao; and in the lands of Loíza, a woman named Luisa who was baptized by the Spaniards.

The transition from the Taino to the colonial Spanish culture was a period of conflict and creativity. The poet Juan de Castellanos (1522-1607) has immortalized this epic in the Elegies of Illustrious Men of the Indies. When he describes the Puerto Rican experience he begins with these lines:

> Juan Ponce, having readied men and store,
> Under the powers given to his hand,
> Made the journey without delaying more,
> With interpreters from Haiti in his command
> And since on St. John's Day he went ashore,
> San Juan de Puerto Rico he called the land....

The echo of Agüeybana's voice urging his people to defend their native land is still present in the Spanish language as spoken in contemporary Puerto Rico. The Spanish poet Castellanos gives this testimony of the tragic sentiment expressed by Agüeybana:

> How much we suffer, how bitter is our bread,
> How many of us are failing, fleeing---dead
> While suffering such evils night and day,
> We serve these foreigners in our land of birth;
> And this our only freedom is: we may
> Work their mines and till for them the earth,
> Our fields, our plains, our coastlands--and it is they
> Who possess all, and leave us to our dearth
> Here in the land that always was our own,
> Where we were born and wherein we have grown.

The survival of the Taino civilization in our language is very significant. The Spanish philologist, Tomás Navarro, believes that the Taino language became extinct towards the year 1550 in Puerto Rico as well as in Santo Domingo, but he points out the possibility that in Puerto Rico, "because of the isolation of certain mountainous zones, and perhaps due to the greater density of the population," there were groups of Indian families that maintained consciousness of their origin until the end of the 18th century. Navarro also alluded to the presence of the Taino element in Indiera Fría, Indiera Baja and Indiera Alta, situated in the mountain range

of San Germán, within the boundaries of the town of Maricao. The
distinguished scholar suggests that the "Indieras" legends and traditions on the themes of mystery and marvel are related to Puerto
Rico's ancestral Indian heritage.

The other powerful ingredient in the culture of Puerto Rico
is represented by the African imprint since the beginning of the
16th century. Juan Garrido, a free black, arrived with Ponce de
León among the first conquerors. During the period of slavery
and the years of freedom that he has enjoyed, the black man has
been a vigorous force in shaping the destiny of the Caribbean region. The Yoruba culture of Africa appears to have left the
greatest influence in Puerto Rico, and there is a similarity between the legendary King Shango of the Yorubas and the devotion
of the Puerto Rican people to the Apostle Santiago in Loíza Aldea
and other localities. It is known that a large number of Africans
came from the Gold Coast (Ghana), Nigeria, Dahomey, and Guinea,
the so-called Slave Coast, as well as the region of the Congo and
Senegal.

It becomes very difficult to distinguish between the Spanish
and African components of Puerto Rican culture after the early
period of colonization. The close ties of the slaves with the
master's family and the ethnic values of the African ancestry became strong roots embedded in the soil of the Borinquén spirit.
The language, the religion, the inner-most sentiments of our
people are depositories of this rich and creative fusion of traditional Iberian customs and beliefs transmitted by the Spaniards
with the ritual and rhythmical voice of the men and women who
came from the distant regions of Africa. Music, art, ideas and
dreams, and the traditional customs and beliefs related to super-
natural forces, are the mainstream of African influence which has
survived in the culture of Puerto Rico. Guayama, a southern city,
is often called "el pueblo de los brujos" ("the town of sorcerers").
There are many legends about the wisdom and power of blacks
from this town, and it is interesting to note that Luis Palés Matos,
one of the most famous poets of Puerto Rico and Latin America,

the author of Tun Tun de Pasa y Grifería, was born in Guayama.
The presence of Guayama with all its racial connotations of archaic
African flavor in the rhythms and cadences of the poet is extreme-
ly subtle and captivating in his poetry.

The Indian and African heritage constitutes a cultural mosaic
that has given color, rhythm, movement, originality and inner
depth to the ethnic and spiritual personality of the Puerto Rican
people. The Spanish conquest and colonization shaped our destiny
as a nation. The Indian and African components of our population
in the 16th, 17th and 18th centuries became an integral part of
the colonial society; Spanish became the national lingua franca; the
Indian and the African became baptized Christians; Catholicism
became the established religion, and thus the island of Borinquén
became the island of Puerto Rico under the rule of Spain until the
year 1898. It is important to realize that Spain also left her imprint during four centuries of hegemony in the Caribbean region
and in all Latin America; that Puerto Rico is a Spanish-speaking
nation which continues at present to cherish and defend her Hispanic heritage. Whatever has survived in our culture that we may
trace to Taino or African ancestors has become fused with the
Spanish tradition and it is through the vernacular language, the
traditional religious ceremonies, and the customs of the people that
the creative artistic revival of these ancient roots are expressed.
Folklore is also a rich source of ethnological and anthropological
data. Everyday life itself offers a wonderful array of subtle mani-
festations of the Taino, African, and Spanish currents that flow
through the mysterious channels of our senses, our feelings and
our reactions. It may be the "achiote" that adds color and flavor
to some dishes; it may be a song or a proverb that we hear in a
casual conversation; it may be a prayer, the "baquine, " the Epiph-
any on the 6th of January; the images or statues of saints carved
in wood; the dances so dear to our tradition--el baile de bomba,
la plena, la danza; it may be the decoration chosen by the people
for their houses; the colors and shapes that are common in the
landscape of our green countryside, but every detail and every

symbol of the Puerto Rican character is a vivid testimony to the
pride of our people in their own heritage.   The impact of the
United States on Puerto Rican culture since 1898 has not altered
the essence of our destiny as a country of Antillean ancestry attached to a vital Latin American philosophy of freedom.

Of all the elements comprised in the broad concept of
Puerto Rican culture the most important is language.   But to know
us it is also necessary to understand our way of life, and the per-
ception of our likes and dislikes may explain to others what we
consider alien and foreign and what we consider our own.   A piece
of furniture, or dishes like "pasteles, " "arroz con gandules, "
"asopao, " "serenata, " or "bacalao frito, " as well as a painting by
Campeche, a danza by Morel Campos, a poem by Gautier, a
décima or a copla, the musical instruments such as the "cuatro"
or the "guiro"--these are the concrete embodiment of the ethical
and esthetic values that we have preserved from oblivion through
the centuries.   The vocabulary of modern Puerto Rico includes
numerous words derived from the Taino and African languages in-
corporated into the Castilian of the early Spanish settlers since the
16th century.   The many Indian names of villages, towns, moun-
tains, and rivers on the Island, and the names of native plants,
fruits, and dishes, are recognized as Indian or African.   Some
examples at random are caimito, pajuil, jobo and mamey (delicious
fruits); batey, bohío, guásima, achote, bejuco; and the names of
these towns: Caguas, Bayamón, Camuy, Canóvanas, Yauco,
Guánica, Jayuya, Orocovis, etc.   All these words evoke the Taino
civilization ... and when we eat ñame, mango, or malanga, when
we call a bird "chango, " or we refer to a child making a "changuería, " we are employing Spanish words derived from African
roots.   The verb "ñangotarse" (to squat) and the adjective and
noun "ñangotao, " used so freely to describe a moral as well as a
physical posture, is thought to be of African origin.

The first families from the Iberian Peninsula arrived in
Puerto Rico in the 16th century.   Once the conquest of the Indians
was completed, the more prosperous settlers devoted themselves

to agriculture and commerce.   They lived preferably in the country,
were landowners and possessed slaves and beautiful homes.   The
poorest were the Jíbaros, portrayed by many writers, such as
Manuel Alonso, Manuel Zeno Gandía, Miguel Meléndez Muñoz, Virgilio Dávila, Luis Lloréns Torres, and Abelardo Díaz Alfaro, since
the 19th century.   It is proverbial to consider the Jíbaro the Puerto
Rican peasant, a descendant of the Spanish settlers, while the con-
centration of African slaves in the coastal towns and the haciendas
gave rise to interracial marriage and miscegenation.   It is difficult to determine these ethnic zones and each new Creole generation through the 17th, 18th and 19th centuries created its own way
of life.   Today the population of the Caribbean region is more
homogeneous, and Vasconcelos' utopian cosmic race is the proto-
type of the inhabitants of the green islands described by our national poet Luis Lloréns Torres in his Song of the Antilles.

The first significant book by a Puerto Rican writer proclaimed in its title the advent of our national identity as personi-
fied in the "Jíbaro."   The origin of this word has never been clari-
fied.   It has not been found before the 19th century in the books
on Puerto Rico nor used by the writers born on the Island before
that time.   Augusto Malaret defines the concept in his Vocabulario
de Puerto Rico as "the white Puerto Rican peasant."   Nevertheless,
the term "Jíbaro" is loaded with moral and spiritual attributes that
go beyond any physical trait.   The Jíbaro personifies the yeoman
farmer of Puerto Rico, and as such, he is widely regarded as a
national folk hero.   The secular heritage of ethnic values derived
from Indian and Spanish ancestors and the African stamina which
became part of the inner life stream of our culture, are consistently present in all the expressions of our life and literature through
the centuries.   Manuel A. Alonso published his famous book El
Jíbaro in 1849 and since then the image of the Puerto Rican peasant has been the theme of excellent books by poets, educators, sociologists, anthropologists, linguists, politicians and novelists.
The language of the Jíbaro, the customs and traditional festivals
related to his life and the changes affecting his transformation have

become subjects of research for many social scientists, while
creative writers have discovered in the Jíbaro a perennial source
of inspiration.

The historical and political development of Puerto Rico until 1898 as a Spanish colony offered the writers a frame of reference far different from that which would exist after the Spanish-
American War and the Treaty of Paris by which the Island was
transferred to the domain of the United States. The crucial experience of the first decade of the 20th century is reflected in poetry, plays, novels, essays and short stories. Although Puerto
Rico had manifested the same romantic and realistic trends preva-
lent during the 19th century in Spanish and Latin American literature, it is also evident that the Island writers stressed with pas-
sionate intensity their quest for liberty and redemption. A poet
like Gautier Benítez, a dramatist like Tapia y Rivera, a novelist
like Zeno Gandía, and a thinker and essayist like Hostos expressed
in their writings the life of a nation with its dreams, its aspira-
tions, and its solitude in the struggle for survival. The traumatic
political destiny which shattered the efforts to achieve Puerto Rican
independence from Spain, although the country finally obtained autonomy in 1897, only to become in less than one year a possession
of the United States, constitutes the main theme of the writers
whose works were published during the early 20th century.

The years between 1898 and the First World War were a
dramatic interlude in the cultural life of Puerto Rico. Although
slavery had been abolished in 1873 and the Atheneum had been
founded in 1876, the people of Puerto Rico experienced a sense of
bewilderment and emptiness in this new era due mainly to the en-
counter with a different language and a different way of life within
a social and economic structure foreign to a people whose culture
was forged during four hundred years of Spanish rule. English became the vehicle of educational reform, and the dual policy of
eradicating illiteracy while enforcing the use of English as the
language of instruction aroused widespread confusion and resent-
ment. In 1915 the poet and orator José de Diego, whose contribu-

tion to Puerto Rican literature is very significant, became the leader of a campaign against the imposition of English in the educational system and the defender of Spanish as the vernacular of Puerto Rican culture. This has ensured the survival of Puerto Rico as a Spanish-speaking country bound to the Latin American cultural community, notwithstanding the fact that she has remained within the political realm of the United States. The fear for the long-run survival of the country's language and mores gave native literature written during the first decades of this century its basic strength. The fear was dispelled when a poet, Luis Lloréns Torres, started to publish the Revista de las Antillas, in 1913. The best writers finally had at their disposal a medium for expressing the most daring and advanced theories balanced by a deep patriotic concern for their land and its destiny. In the Spanish language and traditions so gallantly defended and in the ideals of the younger generation, the Modernist movement became popularized. Thus Puerto Rican literature encountered poetic liberation from the shackles of traditional forms proclaimed by the great Nicaraguan bard Rubén Darío, channeling through Modernism all the efforts to overcome the anguish and despair of the Generation of 1898. Aside from the esthetic reformation, there was a renaissance of the spirit, a proud defense of cultural roots, and a broader perspective to visualize the future. Grandiose songs to the Antilles and the Caribbean, hymns of glory to the cradle of American civilization, the proclamation of the unity of man with nature, freedom of ideas, irony and criticism, attention to the simple actions and feelings of ordinary people, and a keen desire to march in step with the most advanced trends in world literature and art paved the way for the new avant-garde literary movements after World War I.

These avant-garde movements, all short-lived but impressive in their theories and manifestos, were very important in the development and fertilization of contemporary Puerto Rican literature. The first current, called "diepalismo," emphasized the function of sounds and the musical value attached to words in poetry.

This was followed by "euforismo," "noísmo," "atalayismo," and
other ideas in which the younger generation was acting with energy
to reaffirm the creative urge.   Some of the poets involved in these
movements were eccentric in their attitudes and ideologies and
they exhibited dress and rhetoric that was sometimes shocking,
but they also demonstrated a deep concern for pure lyricism, as-
piring to exalt the individualism of the artist.   Other poets remained rooted in the classical tradition and continued to employ
the style of the Modernists.   Despite the flashes of literary fashion
that coincided with the wave of political Nationalism under the leadership of Pedro Albizu Campos, by the end of the 1930's and the
dawn of the 1940's, Puerto Rican literature had produced some of
the most important works of this century, reflecting the self
awareness of Puerto Ricans as a people with a unique character
and destiny.

     In 1934 Antonio S. Pedreira published Insularismo, his most
influential essay, in which he examined the dominant characteristics
of the people and established high standards in research and literary
criticism that have since become the norm.   Tun Tun de Pasa y
Griefría (1937), contains the best Afro-Antillean poetry of Luis
Palés Matos.   The first novel of Enrique A. Laguerre, La Llamarada, the Poemas de mi Tierra, Tierra by Cabrera, and Prontuario Histórico by Tomás Blanco are some of the most significant
works of the pre-war period, together with the essays and short
stories of Emilio Belaval and Abelardo Díaz Alfaro, and the sociological essays of Miguel Meléndez Muñoz.   The writers who followed this path between 1940 and 1960 intensified the search for
original themes and innovations.   Julia de Burgos in poetry, René
Marqués in the theatre, Luis Rafael Sánchez in the short story and
the theatre, and Francisco Arriví in poetry and the theatre are but
a few of the best exponents of this consistent path of creative activ-
ity.

          Parallel to the output of major literary works there arose
during the 1950-70 period a revival of painting and the graphic arts
in general.   Museums and galleries began to exhibit the works of

our artists at home and abroad, and at the same time the Con-
servatory of Music and the Institute of Puerto Rican Culture,
founded in 1955, stimulated the performing arts through concerts
and theatre festivals. New voices, new actors, new composers
and new dramatists came to the fore, enriching the cultural en-
vironment at home and at the same time channeling insular creativity to further horizons abroad.

Literature and life have been studied in depth by the essay-
ists whose interpretations and revealing ideas on the history and
the inner sentiments of the Puerto Rican experience form an integral part of the bibliography that may shed some light to understand this country and its people. Tomás Blanco, Eugenio Fernández Méndez, Ricardo Alegría, Nilita Vientós, Manuel Maldonado
Denis, Enrique Laguerre, Vicente Géigel Polanco, Samuel Quiñones,
Emilio Belaval, Margot Arce and Concha Meléndez are but a few
of the best interpreters of our culture. The literary critics, the
sociologists, and the anthropologists have also contributed a great
deal to the knowledge of the past and the present. Important contemporary journals which contain many excellent articles are Asomante, the Revista del Instituto de Cultura Puertorriqueña, La
Torre, and Sin Nombre.

The obverse of the coin shows the Puerto Rican experience
in New York and other cities of the United States. There are
many writers from the Island and their descendants whose work in
poetry and prose have been written and published in the United
States. Some of them have lived on the mainland all of their lives
but they continue to consider themselves Puerto Rican. Luis Quero
Chiesa, Clemente Soto Vélez, Diana Ramírez de Arellano, Juan
Avilés, Eloísa Rivera, and Amelia Agostini represent this group of
writers whose diverse cultural activities in New York are very well
known.

The demand for information on and interpretation of all the
internal factors related to the cultural history and the social, economic and political reality of the Puerto Rican community has intensified since 1969, the year in which the first department of

Puerto Rican Studies was established at Herbert H. Lehman College of the City University of New York. At present there are
many programs of varied character functioning in colleges and universities concerned with the Puerto Rican experience. Books are
available in libraries and bookstores, although the fact that Spanish
is the native language of Puerto Rico and its literary output is in
that language creates a barrier for non-Spanish-speaking readers
and students. Some important books are being translated into
English and there is a great incentive to start research and or-
ganize knowledge dealing with all the aspects of Puerto Rican life.
Communication through the written word may be considered the
main vehicle of education. Books should be read and enjoyed, but
they have to be approached with a critical mind and a refined in-
tellectual attitude. The Puerto Rican bibliography that is available
in the libraries of Puerto Rico, Spain, the United States, and
other countries is growing every year. The literary expression
of the Island has a long and rich tradition. Beautiful and romantic
descriptions of the Borinquén landscape, the suffering, the pride
and the will to survive as a nation, are evident in the works of
Puerto Rican writers. The language and the style of these writers
depict the sequence of literary movements and the change of esthetic values through the centuries, but they also provide fertile soil
to interpret the chronology of events and the culmination of the
social, economic and political struggles of the Puerto Rican people
living in the United States who are anxious to preserve their identity as a distinctive cultural group. The drama of a colony debating
its destiny within the orbit of the Spanish domain until 1898, its
cultural anxiety during the 20th century as a possession of the
United States, the defense of the Spanish language, the educational
dilemma, the socio-economic crisis, and the political debates constitute an important part of the written testimony embodied in history books, sociological and anthropological studies, and in the
imagery created by poets, novelists, and dramatists. The experi-
ences of Puerto Ricans who have migrated to the United States are
captured in dramatic and tragic moments through the pages of

Introduction   14

many plays, novels, and short stories inspired by our people in
the slums and the ghettos of the metropolitan urban centers.

Perfect social integration and stability lead to cultural
stagnation. Each of the facets of Puerto Rican cultural history
represents a matrix of opposing forces and ideas in a state of flux.
Puerto Rican bibliography contains many volumes of history, creative literature, and interpretive essays in the fields of sociology,
anthropology, and political science. Scholars, poets, journalists,
and students have approached Puerto Rican problems with intellectu-
al enthusiasm, attempting to portray the anxieties and the dreams
that underlie the collective personality of a people whose historic
ties with the rest of Latin America have been strengthened since
pre-Columbian times by the common experience of Spanish conquest
and colonization and the unifying medium of the Spanish language.
But Puerto Rico offers the student a far different perspective after
1898, due primarily to the fact that since then the Island has been
linked politically to the United States. Twentieth-century Puerto
Rico has maintained absolute fidelity to its Spanish language and
heritage, and the best of her contemporary literature attests to
this. In the field of social research, however, Puerto Rico has
attracted many academicians from the United States, Europe, and
other areas, who have visited the Island in order to study its political, social, and economic conditions. La Vida by Oscar Lewis
and Freedom and Power in the Caribbean by Gordon Lewis are
works which represent the contributions made by foreign social
scientists to Puerto Rican bibliography.

Books and periodicals are replete with data, perceptions,
interpretations, and appreciation of Puerto Rico and its people. I
hope that the reader will approach these sources with lucidity and
respect, and I trust that he will improve his understanding of the
social, political, and cultural life of a unique Caribbean nation that
has been both a Spanish colony since 1493 and a possession of the
United States since 1898.

Introducción

LITERATURA Y VIDA EN LA CULTURA DE PUERTO RICO

por María Teresa Babín

La literatura y la vida están unidas a tal extremo en la cultura puertorriqueña que es imposible separar una de la otra. Desde el período temprano del siglo XVI el sentido de fidelidad a los detalles de los hechos cotidianos ha sobrepasado la inclinación de algunos escritores a desprenderse de esta poderosa piedra imán. Las cartas y las crónicas, los poemas épicos y los diarios de los primeros hombres a quienes se les confió la misión de la conquista y la colonización después del segundo viaje de Cristóbal Colón al Nuevo Mundo (cuando la Isla de Borinquén fue descubierta), contienen los elementos iniciales de la expresión literaria y constituyen el punto básico de partida en el desarrollo de la rica producción bibliográfica en el país. Ya en el siglo XVIII el impetu por retratar y describir la existencia de una colonia española luchando por su supervivencia en el Caribe llegó al punto culminante con la publicación de la Historia geográfica, civil y política de San Juan Bautista de Puerto Rico por Iñigo Abbad y Lasierra. Este valioso libro no es sólo un documento importante como tal, sino también una hermosa e inspiradora obra de amor en el cual el autor aparece como un hombre que comprende la vida de los aborígenes y es capaz de reconstruír vívidamente las costumbres, el folklore y las características de la gente que habitaba la tierra.

Muchos poetas y autores de obras de ficción de la Península Ibérica se aposentaron en el imperio colonial del Nuevo Mundo durante los años de expansión. La primera generación criolla reclamó por derecho de nacimiento la distinción y la identidad de un emblema nacional, constituyendo un grupo de distinguidos

escritores latinoamericanos cuyas obras se consideran importantes
dentro de la literatura del Siglo de Oro en España. Puerto Rico
está representado en este período por Juan de Castellanos, cuya
Elegía en honor a Juan Ponce de León, cuenta la heroica lucha de
los Taínos y su Cacique Agüeybana en defensa de la tierra de
Borinquén, y la rendición final al poder de los conquistadores....
También está representado por el poeta gongorista Francisco de
Ayerra y Santamaría y por Alonso Ramírez, el aventurero de San
Juan cuyos infortunios se cuentan en la novela del escritor mexicano Sigüenza y Góngora.... Las canciones y los bailes que tra-
jeron los colonizadores de Andalucía, Galicia, Cataluña, Castilla,
y otras regiones de España; los elementos religiosos inspirados
por la iglesia; y los restos de la herencia india en las leyendas y
la poesía oral, además del encanto mágico incorporado a las danzas
y los cantos de los esclavos negros y sus descendientes, dieron
sus frutos en la literatura del siglo XIX.

Al buscar las raíces de la cultura de Puerto Rico hay que
comprender la significación de la existencia del indio borincano y
el fundamento que le dió a la vida y a las costumbres de la Isla.
Se considera que el numero de indios que habitaba la tierra llegaba
a muchos miles al principio del siglo XVI y hasta unos cientos al
final del siglo XVIII. Hacia el 1780 todavía había indios entre las
fuerzas de San Germán, y el historiador Salvador Brau cita un
censo de 1787 en el que aparece la cifra de 2302 indios para ese
año. Los lazos interraciales, por matrimonio y cohabitación de
los elementos españoles e indios, fueron tempranos y frecuentes.
De las setenta y una mujeres casadas legalmente con españoles en
San Juan durante el año 1530, catorce eran indias.

Las investigaciones arqueológicas, entre las cuales se
destacan las realizadas por Ricardo Alegría, corroboran los datos
históricos que demuestran que las Antillas fueron habitadas por
gentes de tres tradiciones culturales. Los primeros pobladores de
Puerto Rico, los arcaicos, ignoraban la agricultura y la cerámica;
vivían en pequeñas tribus seminómadas, usaban las cuevas como
refugio y para enterramientos, se pintaban con achiote, no se

aplastaban el cráneo desde la frente hacia atrás, y hacían sus
rudimentarios utensilios de conchas, pedernales y otras materias.
Al final del siglo XV había algunos sobrevivientes de los indios
arcaicos en las islas de Cuba y Hispañola.... Varios descu-
brimientos de culturas pre-cerámicas en Venezuela y Trinidad
inducen a varios autores a ver en Sur América el origen de esta
cultura primitiva. Otros optan por la Florida como el punto de
origen. Ricardo Alegría llama la atención hacia un posible origen
centroamericano, basándose en la gran semejanza entre varios
utensilios hallados en Panamá (en un lugar llamado Monagrillo), y
los que se encontraron en la Cueva de María de la Cruz en Loíza,
la sede principal de esta cultura en Puerto Rico.

Otro tipo cultural fue el de los "Igneri." La región principal de este grupo es Hacienda Grande, también en Loíza. Los
Igneri eran labradores y diestros artesanos en cerámica.
Hacían finos platos de barro resistente y delgado en variadas formas. Se destacan unas botellas de fondo plano. Algunas vasijas
tienen asas en forma de D y bordes perforados. La decoración,
en una superficie pulida pintada de rojo y blanco, presenta zonas
con cinco incisiones. Además de esta vajilla de cerámica, hay
abundantes restos de "jueyes" (cangrejos) por lo que se le llama a
este pueblo "comedor de jueyes." La existencia de otros yacimien-
tos similares al de Hacienda Grande en Puerto Rico, en las Antillas
Menores, en las Islas Vírgenes, en Trinidad y en Venezuela, per-
mite se aceptar el origen sudamericano de los Igneri, excelentes
fabricantes de canoas e importadores de yuca, maíz y productos]
de tabaco.... Tal parece que los Igneri fueron detenidos al llegar
a Puerto Rico, antes de pasar a Hispañola, por otras gentes
que los subyugó y se establecieron en esas tierras. Se llamaban
los Tainos. Además de poseer una herencia admirable de creencias
y ceremonias, trabajaban en esculturas de piedra y su cerámica
pertenece al estilo Capa. Como tributo a los Tainos, el Instituto
de Cultura Puertorriqueña ha restaurado un centro ceremonial na-
tivo en el distrito de Caguana en Humacao. Los Tainos que ocu-
paba nuestra Isla cuando Colón la descubrió en el siglo XV y en el

tiempo de la llegada de Ponce de León al comienzo del siglo XVI,
estaban distribuidos por los Yucayeques bajo el mando de los
Caciques: Agüeybana en Guánica; Areziba en Arecibo; Mabodomaca
en Camuy; Guarionex en Utuado; Urayoán en Añasco; Mayagoex en
Mayagüez; Caguax en Caguas, entonces Turabo; Macao en Humacao;
y en las tierras de Loíza, una mujer bautizada por los españoles
con el nombre de Luisa.

La transición de la cultura taina a la cultura colonial española fue un período de lucha y creatividad. El poeta Juan de
Castellanos (1522-1607) ha inmortalizado esta lucha épica en las
Elegías de Varones Ilustres de Indias. Cuando describe la experiencia puertorriqueña empieza con estos versos:

> Tiniendo pues Joan Ponce preparada
> Su gente con poderes que le dieron,
> En seguimiento fué de su jornada,
> Con lenguas de Haytí que lo siguieron:
> Y porque por San Joan fué su llegada,
> San Joan de Puerto-Rico le pusieron....

El eco de la voz de Agüeybana instando a su gente a defender la tierra donde nacieron y se criaron como Tainos está
presente todavía en el lenguaje español de los hombres y mujeres
contemporáneos de Puerto Rico. El poeta español Castellanos da
este testimonio del sentimiento trágico expresado por Agüeybana:

> ¡Cuán afligidos, cuán atribulados,
> Cuán muertos, cuán corridos, cuán cansados!
> Los dias y las noches padeciendo,
> Servimos estas gentes estranjeras,
> A más andar nos vamos consumiendo
> En minas y prolijas sementeras,
> Y todos ellos andan repartiendo
> Nuestros campos, zavanas y riberas,
> Aquello que aquí siempre poseimos,
> Y donde nos criamos y nacimos.

La supervivencia de la civilización taina en nuestro lenguaje
es muy significativa. El filólogo español, Tomás Navarro, cree
que la lengua taina se extinguiría hacia el año 1550 en Puerto Rico
tanto como en Santo Domingo, pero señala la posibilidad de que en
Puerto Rico, "por el aislamiento de ciertas zonas montañosas, y

tal vez debido a mayor densidad de la población, " hubiese núcleos
de familias indias que mantuvieron conciencia de su origen hasta
el final del siglo XVIII.   Navarro también alude a la presencia del
elemento taino en Indiera Fría, Indiera Baja e Indiera Alta, situ-
ados en la cadena montañosa de San Germán, dentro de los límites
del pueblo de Maricao.   El distinguido erudito sugiere que las
leyendas y tradiciones de las "Indieras" sobre los temas de misterio y maravilla están relacionadas con la ancestral herencia indígena de nuestra cultura.

El otro elemento poderoso en la cultura de nuestro país
está representado por la huella africana desde el principio del
siglo XVI.   Juan Garrido, un negro libre, llegó con Ponce de León
entre los primeros conquistadores.   Durante el tiempo de la esclavitud y los años de libertad que ha disfrutado, el hombre negro ha
sido una fuerza vigorosa en la forja del destino de la región del
Caribe.   La cultura yoruba de Africa parece haber dejado la mayor
influencia en Puerto Rico, y hay una semejanza entre el legendario
Rey Shango de los yorubas y la devoción de la gente de Puerto
Rico por Santiago Apóstol en Loíza Aldea y otros lugares.   Se
sabe también que un gran contingente de africanos vino de la Costa
de Oro, de Nigeria, de Dahomey, y del area de Guinea o la Costa
de Esclavos.   Los traficantes de esclavos también introdujeron
negros de la región del Congo y Senegal.

Se hace muy difícil distinguir los componentes españoles de
los africanos en la cultura de Puerto Rico después del período ini-
cial de la colonización.   Los estrechos lazos de los esclavos con
la familia del amo y los valores étnicos de los antepasados africanos se convirtieron en fuertes raíces incrustadas en el subsuelo
del alma de Borinquén.   El lenguaje, la religión, los sentimientos
más recónditos de nuestra gente, son el arca que custodia esta
rica y creadora fusión de las costumbres y las ciencias ibéricas
transmitida por los españoles con la voz ritual y rítmica de los
hombres y las mujeres que habían venido de las lejanas regiones
de Africa.   La música, el arte, las ideas y los sueños, y los
patrones tradicionales de costumbres y creencias relacionadas con

fuerzas sobrenaturales, son la fuente principal de la influencia africana que ha sobrevivido en la cultura de Puerto Rico. A Guayama, una ciudad del sur, se le llama "el pueblo de los brujos." Hay muchas leyendas sobre la sabiduría y el poder de los negros de este pueblo, y es interesante saber que Luis Palés Matos, uno de los poetas más famosos de Puerto Rico y de Latinoamérica, autor de Tun Tun de Pasa y Grifería, nació en Guayama, el pueblo de los brujos.... La presencia de Guayama con todos sus atributos raciales de arcaico sabor africano en los ritmos y las cadencias del poeta es extremadamente sutil y cautivadora en su poesía.

La herencia india y africana constituye, pues, un mosaico cultural que le ha dado color, ritmo, movimiento, originalidad y profundidad interna a la personalidad étnica y espiritual del pueblo de Puerto Rico. La conquista española y la colonización moldearon nuestro destino como nación. Los componentes indios y africanos de nuestra población en los siglos XVI, XVII y XVIII, se hicieron parte integral de la sociedad colonial; el lenguaje español llegó a ser el idioma nacional para todos; el bautismo hizo cristiano al indio y al africano; el Catolicismo fue la religión del país; y así la Isla de Borinquén se convirtió en la Isla de Puerto Rico bajo el régimen de España hasta el año 1898. Es importante darse cuenta de que España también dejó su sello durante cuatro siglos en la región del Caribe y en toda la América Latina; que Puerto Rico es una nación de habla española, y de que continuamos en el presente preservando y defendiendo la herencia hispánica de nuestro país. Lo que haya sobrevivido en nuestra cultura que pueda trazarse hasta los antepasados tainos o africanos se ha hecho consubstancial con la tradición española y la renovación artística creadora de estas antiguas raíces se expresa a través del lenguaje, de las tradicionales ceremonias religiosas y las costumbres del pueblo. El folklore es así mismo una rica mina para ir a la búsqueda de los residiros étnicos y antropológicos significantes. Y la misma vida diaria brinda una magnífica amalgama de sutiles manifestaciones en que las simientes tainas, africanas y españolas del triple

linaje germinan a través de los misteriosos surcos de nuestros
sentidos, nuestros sentimientos y nuestras reacciones. Quizás sea
el "achiote" que añade color y sabor a algunos platos; tal vez una
canción o un proverbio que oímos por casualidad en una conver-
sación; bien sea una oración, o el "baquiné," la Epifanía el 6 de
enero; las imágenes y las estatuas de los santos tallados en ma-
dera; los colores y las formas comunes en el paisaje de nuestra
verde campiña, pero cada detalle y cada signo del carácter puertorriqueño es un testimonio vivido del orgullo de nuestro pueblo en
su propia imagen. El impacto de los Estados Unidos en la cultura
de Puerto Rico desde el 1898 no ha alterado la esencia de nuestro
destino como país de ascendencia antillana vinculada a una vital
filosofía latinoamericana de libertad.

Entre todos los elementos comprendidos en el concepto
amplio de cultura de Puerto Rico el lenguaje es el más importante.
Pero para conocernos a nosotros mismos es inevitable comprender
también nuestra manera de hacer las cosas, y la percepción de
nuestras simpatías y antipatías puede explicarle a otros lo que consideramos ajeno o extraño y lo que consideramos propio. Un
mueble, un plato de nuestra cocina como pasteles, arroz con
gandules, asopao, serenata, o bacalao frito, al igual que una
pintura de Campeche, una danza de Morel Campos, un poema de
Gautier, una décima o una copla; los instrumentos musicales tales
como el cuatro o el güiro, son expresión concreta de los valores
éticos y estéticos que hemos salvado del olvido a través de los
siglos. El vocabulario de nuestro país preserva una riqueza de
palabras derivadas de los idiomas tainos y africanos incorporadas
al castellano de los primeros pobladores españoles desde el siglo
XVI. Algunos ejemplos al azar: caimito, pajuil, jobo y mamey
(frutas deliciosas); batey, bohío, guásima, achote, bejuco; los nombres de estos pueblos: Caguas, Bayamón, Camuy, Canóvanas,
Yauco, Guánica, Jayuya, Orocovis, etc. Todos estos vocablos
evocan la civilización taina ... y cuando comemos ñame, mango o
malanga, cuando llamamos "chango" a un pájaro, o nos referimos
a un niño haciendo una "changuería," estamos empleando palabras

españolas derivadas de raíces africanas ... se supone que el
verbo "ñangotarse" y el adjetivo y el substantivo "ñangotao, "
usados tan libremente para describir una postura tanto moral
como física, sean de origen africano.

Las primeras familias de la Península Ibérica llegaron a
Puerto Rico en el siglo XVI. Los más prósperos, una vez terminada la conquista total de los indios, se dedicaron a la agricultura
y el comercio. Vivían preferiblemente en el campo, eran terra-
tenientes y poseían hermosas casas y esclavos. Los más pobres
eran los jíbaros, descritos por muchos autores tales como Manuel
Alonso, Manuel Zeno Gandía, Miguel Meléndez Muñoz, Virgilio
Dávila, Luis Lloréns Torres y Abelardo Díaz Alfaro, desde el
siglo XIX.... Es proverbial considerar al jíbaro como el campesino blanco de Puerto Rico, descendiente de los pobladores españoles, mientras que la concentración de esclavos africanos en
los pueblos costeros y en las haciendas dio lugar a una raza
mezclada. Es difícil determinar estas zonas étnicas y cada nueva
generación criolla a través de los siglos XVII, XVIII y XIX crió
su propia forma de vida. Hoy el mar y la tierra de la zona del
Caribe parece ser más homógenea, y la raza cósmica del ideal de
Vasconcelos es el prototipo de los habitantes de las islas verdes
descritas por nuestro poeta nacional Luis Lloréns Torres en su
Canción de las Antillas.

El primer libro significativo por un escritor puertorriqueño
proclamó en su título el advenimiento de nuestra identidad nacional
personificada en el "jíbaro." El origen de esta palabra nunca se
ha aclarado. Antes del siglo XIX no se halla en los libros sobre
Puerto Rico ni está usada por los escritores nacidos en la Isla
antes de ese tiempo. Augusto Malaret define el concepto en su
Vocabulario de Puerto Rico como "el campesino blanco de Puerto
Rico. " Sin embargo, el término "jíbaro" está cargado de atributos
morales y espirituales que trascienden cualquier rasgo físico. El
jíbaro representa lo más íntimo, resistente y puro de nuestra personalidad. La herencia secular de los esenciales valores étnicos
derivados de los antepasados indios y españoles y el vigor africano

que llegó a formar parte de la fuerza vital de nuestra cultura,
están presente consistentemente a través de los siglos en todas las
manifestaciones de nuestra vida y nuestra literatura. Manuel A.
Alonso publicó su famoso libro El Gíbaro en 1849 y desde entonces
la imagen del campesino puertorriqueño ha sido el tema de libros
excelentes de poetas, educadores, sociólogos, antropólogos, lin-
güistas, políticos y novelistas.... El lenguaje del jíbaro, las
costumbres y las festividades tradicionales relacionadas con su
vida y los cambios que afectan su transformación se han convertido
en fuentes de estudio para muchos eruditos, mientras los autores
creadores y artísticos han descubierto en el jíbaro una perenne
fuente de inspiración.

El desarrollo histórico y político de Puerto Rico hasta el
1898 como colonia española le ofrecía a los escritores un marco
de referencia muy diferente a las circunstancias que iban a existir
después de la Guerra Hispanoamericana y el tratado de París por
el cual la Isla fue transferida al dominio de los Estados Unidos.
La experiencia crucial del primer decenio del siglo XX se refleja
en la poesía, en el teatro, en las novelas, los ensayos y los
cuentos. Aunque Puerto Rico había manifestado las mismas
tendencias románticas y realistas prevalecientes durante el siglo
XIX a través de la literatura española e hispanoamericana, también es evidente que los escritores de la Isla acentuaron con
apasionada intensidad su búsqueda de libertad y de redención. Un
poeta como Gautier Benítez o un dramaturgo como Tapia y Rivera,
un novelista como Zeno Gandía y un pensador y ensayista como
Hostos, expresaron en sus escritos la vida de la nación con sus
sueños, sus esperanzas y su soledad en la lucha por sobrevivir.
El traumático destino político que hizo añicos los esfuerzos para
lograr la independencia de España, aunque el país finalmente obtuvo
la Autonomía en 1897, meramente para convertirse en menos de
un año en colonia de los Estados Unidos, constituye el flujo central
de la conciencia en el pensamiento de los escritores cuyas obras
se publicaron a principios del siglo XX.

Los años entre 1898 y la primera guerra mundial fueron de dramática expectación en la vida cultural de Puerto Rico. Aunque la esclavitud había sido abolida desde el 1873 y el Ateneo se había fundado en 1876, el pueblo de Puerto Rico experimentó una sensación de desorientación y vacío en esta nueva era, debido principalmente a su encuentro con una lengua distinta y un concepto de vida diferente, dentro de su estructura social y económica extraña para la gente cuya cultura se había forjado durante cuatro siglos bajo el dominio español. El inglés se convirtió en el objetivo principal del sistema educativo, y la meta de extirpar el analfabetismo mientras se promulgaba el empleo del idioma inglés como el vehículo de la enseñanza, causó gran confusión y disturbio. El año 1915 el poeta y orador José de Diego, cuya aportación a la literatura de Puerto Rico es muy significativa, llegó a ser el campeón de la lucha contra la imposición del inglés en el sistema educativo y el defensor del español como la lengua vernácula de nuestra cultura. Este es el núcleo de la supervivencia de la nación dentro de las fronteras culturales latinoamericanas como un país hispanoparlante cuya literatura se escribe en ese idioma, no obstante el hecho de haber permanecido políticamente en la esfera de la influencia de los Estados Unidos. El temor a la extinción del lenguaje y de las costumbres del país le dió su fuerza básica a la literatura escrita durante las primeras décadas del siglo. El hechizo perdió su poder cuando un poeta, Luis Lloréns Torres, empezó a publicar la Revista de las Antillas en 1913. Los mejores escritores tuvieron a su disposición este medio para canalizar las más osadas y avanzadas teorías compensadas por una profunda preocupación patriótica por la tierra y su destino. En la lengua española y las tradiciones tan galantemente defendidas y en los ideales de la juventud, se popularizó el movimiento modernista. De esta manera la literatura de Puerto Rico acogió la liberación poética de las cadenas de formas tradicionales proclamadas por el gran bardo nicaragüense Rubén Darío, con sabiduría e intuición, canalizando por el Modernismo todos los esfuerzos para superar y suprimir la angustia y la desesperación de la Generación del 1898. Además de

un cambio estético, hubo un despertar del espíritu, la defensa al-
tiva de las raíces culturales, y una perspectiva más amplia para
vislumbrar el porvenir. Cantos grandiosos a las Antillas y al
Caribe, himnos de gloria a la cuna de la civilización americana,
la proclama de la unidad del hombre con la naturaleza, la libertad
de ideas, la crónica y la crítica, la acuciosa atención a las
acciones sencillas y al sentir de la gente corriente, y un agudo
deseo de marchar al ritmo con las ideologías más avanzadas de
significación universal en la literatura y el arte, prepararon el
camino hacia los nuevos movimientos vanguardistas después de la
primera guerra mundial....

Estos movimientos vanguardistas, todos de corta vida pero
impresionantes en sus teorías y manifiestos, fueron muy importantes
en el desarrollo y la fertilización de la literatura contemporánea
en Puerto Rico. La primera corriente, llamada el "diepalismo,"
puso énfasis en la función de los sonidos y el valor musical ad-
herido a las palabras en poesía. Fue seguido por el "euforismo,"
el "noísmo," el "atalayismo," y otras ideas en las que la generación mas joven actuaba con energía para reafirmar la inquietud
creadora. Algunos de los poetas relacionados con estos movimientos asumieron actitudes excéntricas y exhibieron una vestimenta y
un estruendo chocante, pero también mostraron profunda preocupación por el lirismo puro, aspirando a exaltar el individualismo del
artista. Otros poetas se mantuvieron apegados a la tradición
clásica y continuaron empleando el estilo de los modernistas. A
pesar de los destellos de las modas literarias que coincidieron con
la ola política del nacionalismo alrededor del liderazgo de Pedro
Albizu Campos, al finalizar el decenio de 1930 y los albores de la
generación del 1940, la literatura de Puerto Rico había producido
algunas de las mejores obras de este siglo, reflejando el fuero
interno de los puertorriqueños como gente con una conciencia clara
de su propio carácter y de su destino.

En 1934 Antonio S. Pedreira publicó Insularismo, su ensayo
más influyente, en el cual el autor examina las características
dominantes del pueblo e inicia la corriente de investigación y de

crítica que ha ganado ímpetu en el presente. Tun Tun de Pasa y
Grifería (1937), contiene la mejor poesía negra de Luis Palés
Matos. La primera novela de Enrique Laguerre, La Llamarada,
los Poemas de mi Tierra, Tierra, de Cabrera, y Prontuario Histórico de Tomás Blanco, son algunos de los libros más significati-
vos de esa etapa, junto a los ensayos y los cuentos de Emilio
Belaval y Abelardo Díaz Alfaro, y los ensayos sociológicos de
Miguel Meléndez Muñoz. Los escritores que siguieron esta senda
entre 1940 y 1960 intensificaron la busca de temas originales y de
innovaciones. Julia de Burgos en poesía, René Marqués en el
teatro, Luis Rafael Sánchez en el cuento y el teatro, y Francisco
Arriví en la poesía y el teatro, son algunos de los mejores ex-
ponentes de este camino consistente de actividad creadora.

Paralelamente a la producción de grandes obras literarias,
hubo un resurgimiento de la pintura y las artes gráficas en general
alrededor del período de 1950 al 1970. Los museos y las galerías
empezar a exhibir las obras de nuestros artistas en el país y en
el extranjero, y al mismo tiempo el Conservatorio de Música y el
Instituto de Cultura Puertorriqueña, fundado en 1955, estimularon
la música y las artes dramáticas mediante conciertos y festivales
de teatro. Surgieron nuevos cantantes, nuevos actores, nuevos
compositores y nuevos dramaturgos, enriqueciendo el ambiente cultural del país, impulsando al mismo tiempo la creatividad insular
hacia horizontes más lejanos.

La literatura y la vida se han estudiado a fondo por los en-
sayistas cuyas interpretaciones e ideas reveladoras sobre la historia y los sentimientos recónditos de la experiencia puertorriqueña
forman parte integral de la bibliografía que puede arrojar alguna
luz para comprender a este país y a su gente. Tomás Blanco,
Eugenio Fernández Méndez, Ricardo Alegría, Nilita Vientós, Manuel Maldonado Denis, Enrique Laguerre, Vicente Géigel Polanco,
Samuel Quiñones, Emilio Belaval, Margot Arce, y Concha Meléndez son algunos de los mejores intérpretes de nuestra cultura.
Los críticos literarios, los sociólogos y los antropólogos también
han contribuído mucho al conocimiento del pasado y de la proble-

mática contemporánea.   Las revistas importantes en que se han
publicado muchos buenos artículos son Asomante, la Revista del
Instituto de Cultura Puertorriqueña, La Torre, y Sin Nombre.

El reverso de la medalla muestra la experiencia puertorriqueña en Nueva York y otras poblaciones de los Estados Unidos.
Hay muchos escritores de la Isla y sus descendientes cuyos trabajos de poesía y prosa se han escrito y publicado en los Estados
Unidos.   Algunos de ellos han vivido aquí toda su vida, pero
siguen considerándose puertorriqueños.   Luis Quero Chiesa, Clemente Soto Vélez, Diana Ramírez de Arellano, Juan Avilés, Eloísa
Rivera y Amelia Agostini pueden representar este grupo de escritores cuyas actividades en una diversidad de cuestiones culturales
son bien conocidas en Nueva York.

Desde el 1969, el año en que se estableció el primer Departamento de Estudios Puertorriqueños en el Colegio Lehman de la
Universidad de la Ciudad de Nueva York, se ha intensificado la
demanda de información e interpretación de todos los factores internos relacionados con la historia cultural y la realidad social,
económica y política de la comunidad puertorriqueña.   En la
actualidad hay programas de carácter vario funcionando en colegios
y universidades preocupados con la experiencia puertorriqueña.
Hay libros disponibles en bibliotecas y librerías, aunque el hecho
de que el idioma español sea el lenguaje de Puerto Rico y su producción literaria sea en ese idioma, crea una barrera para aquellos
lectores y estudiantes que desconocen ese idioma.   Algunos libros
importantes se están traduciendo al inglés y hay un gran incentivo
para iniciar la investigación y organizar el conocimiento relacionado
con todos los aspectos de la vida de Puerto Rico.   La comunicación
mediante la palabra escrita puede considerarse el mejor vehículo de
la educación.   Hay que leer y disfrutar de los libros, pero hay que
acercarse a ellos con mente crítica y una refenida actitud intelectual.   La bibliografía puertorriqueña que está a la disposición en
Puerto Rico y en las bibliotecas de España, de los Estados Unidos
y otros países, crece cada año.   La expresión literaria del país
tiene larga y rica tradición.   En las obras de los escritores

puertorriqueños hay evidencia de hermosas y románticas descripciones del paisaje de Borinquén, junto al sufrimiento, el orgullo y
la fuerza de voluntad de la nación por sobrevivir. El lenguaje y
el estilo de estos escritores traza la gradación de los movimientos
literarios y el cambio de actitud estética a través de los siglos,
pero provee también un campo fértil para interpretar la secuencia
de los acontecimientos y la culminación de las luchas sociales,
económicas y políticas de la gente de Puerto Rico residente en los
Estados Unidos que están defendiendo sus derechos como un grupo
cultural con características propias. El drama de la colonia de-
batiendo su destino dentro de la órbita del dominio español hasta el
1898, su ansiedad cultural en el siglo XX como posesión de los
Estados Unidos, la defensa del lenguaje español, el dilema educativo, la crisis socio-económica, y los debates políticos, constituyen
una parte importante del testimonio escrito incorporado en libros
de historia, estudios sociológicos y antropológicos, y en las imágenes fantásticas y poéticas creadas por los autores de obras de
ficción y los dramaturgos, los poetas y los prosistas del país. La
experiencia de muchos puertorriqueños que se han aposentado en
los Estados Unidos está captada en momentos dramáticos y trági-
cos a través de las páginas de muchas piezas teatrales, novelas
y cuentos inspiradas por nuestra gente en los arrabales y los
ghettos de los centros urbanos cosmopolitas.

        La integración perfecta de una cultura conduce al estanca-
miento. Cada uno de los aspectos integrados en la historia cultural de Puerto Rico es un microcosmos en el cual se encuentran
y se rechazan constantemente los factores opuestos, aunque a
veces prevalece uno sobre el otro. La bibliografía puertorriqueña
alcanza numerosos volúmenes de historia, literatura creadora, estudios y ensayos interpretativos en el campo de la sociología, la
antropología y las ciencias políticas. Los eruditos y los poetas,
los escritores que se dedican al periodismo y los que estudian con
afán de investigación la problemática de Puerto Rico, son porta-
voces de ideas, de inquietudes y de sueños que subyacen en el
fondo de la vida de un país cuya vinculación con el resto de His-

panoamérica desde los tiempos pre-hispánicos, reintensificándose
con la conquista y la colonización por medio del lenguaje español
que sirve de vínculo entre todos los grupos nacionales civilizados
por España.   Pero Puerto Rico ofrece al estudioso una perspectiva
distinta a partir del 1898, debido a que durante el siglo XX la Isla
está vinculada a los Estados Unidos políticamente, aportando una
dimensión diferente a la que ofrecen otros países latinoamericanos.
Puerto Rico ha mantenido en el siglo XX una fidelidad absoluta a
su lengua vernácula, el español, y la mejor literatura de esta cen-
turia así lo demuestra.   Pero en el campo de la investigación ha
atraído a numerosos escritores que han visitado la Isla desde los
Estados Unidos, Europa y otros sitios, para analizar las circunstancias y la realidad de su situación política, social y económica.
Obras como La Vida de Oscar Lewis y Freedom and Power in the
Caribbean, de Gordon Lewis, pueden representar esta tendencia de
autores extranjeros a buscar en Puerto Rico un tema interesante
de estudio.

Los libros, las revistas, los periódicos, están llenos de
datos, de percepciones, de interpretaciones y de apreciaciones
sobre Puerto Rico y su gente.   Ojalá que los lectores se acerquen
a estas fuentes con lucidez y con respeto, y ojalá puedan llegar a
comprender en parte la verdadera vida de un pueblo del Caribe
que ha sido desde el 1493 una colonia española y desde el 1898
una colonia de los Estados Unidos.

A. KADOSH, pseud. /seud.
see/véase QUIÑONES, FRANCISCO MARIANO

1 ABBAD Y LASIERRA, IÑIGO. 1. 19. IV. 1745. Estadilla,
Lérida, España. 2. 26. X. 1813. Valencia, España.
3. Fray Augustín Iñigo Abbad y Lasierra. 5. Benedic-
tine monk. Secretary and Confessor to Fray Manuel
Jiménez Pérez, Bishop of Puerto Rico, 1771-1778. During
his stay in Puerto Rico he traveled extensively throughout
the Island. Denounced by the local authorities, he was re-
called to Spain by royal order, 1778. Named Bishop of
Barbastro, Spain, 1790. †Fraile Benedictino. Secretario
y Confesor a Fray Manuel Jiménez Pérez, Obispo de Puerto
Rico, 1771-1778. Viajó por toda la Isla. Denunciado por
las autoridades locales, fue retirado a España por edicto
real. Fue nombrado Obispo de Barbastro, España, 1790.
6. Historia geográfica, civil y natural de la Isla de San
Juan Bautista de Puerto Rico (1788).

   Historia geográfica, civil y natural de la Isla de San
Juan Bautista de Puerto Rico. Río Piedras, P. R. , Ed.
Universitaria, 1966.
   The first important history of Puerto Rico. Originally
published in 1788, it describes the aboriginal culture, natural resources, and geography of the Island.
   La primera historia importante de Puerto Rico en la cual
se describen la cultura de los aborígenes, los recursos
naturales y la geografía de la Isla. Salió a luz por primera
vez en el año 1788.

2 ABRIL, MARIANO. 1. 25. V. 1861. San Juan, P. R. 2. 4.
XII. 1935. San Juan, P. R. 3. Mariano Abril y Ostaló.
4. Florete. 5. Journalist, historian, poet, politician, and
legislator. A newspaperman for forty years, he wrote for
El Clamor del País, La Democracia, El Palenque de la
Juventud, and La Linterna in Puerto Rico and El Liberal,
El Globo, and El Heraldo in Madrid where he was arrested
by the Spanish authorities for his liberal politics. Member
of the Puerto Rico House of Representatives, 1904; Senator
from Guayama, P. R. , 1917; Trustee of the University of
Puerto Rico; Official Historian of Puerto Rico, 1931-1935.
†Periodista, historiador, poeta, político, y legislador.
Periodista durante cuarenta años, escribió para El Clamor
del País, La Democracia, El Palenque de la Juventud, y

La Linterna en Puerto Rico y El Liberal, El Globo, y El
Heraldo en Madrid donde fue detenido por las autoridades
españolas por motivo de su política liberal. Miembro de
la Cámara de Diputados de Puerto Rico, 1904; Senador de
Guayama, P. R. , 1917; Síndico de la Universidad de Puerto
Rico; Historiador de Puerto Rico, 1931-1935. 6. Alemania
ante el conflicto europeo (1915); Amorosas (1900); Antonio
Valero de Bernabé: Un Heroe de la Independencia de España
y América (1929); Sensaciones de un cronista (1903); El
Socialismo moderno (1911).

3 ACOSTA, JOSE JULIAN. 1. 16. II. 1825. San Juan, P. R.
2. 26. VIII. 1891. 3. José Julián Acosta y Calbó. 5. Agriculturalist, educator, politician, journalist, and historian.
Agricultural instructor for the provincial council on economic development, 1854; Director of the Institute of Re-
education; San Juan representative to the Council on West
Indian Reform, where he demanded the abolition of slavery
with or without compensation, 1866; Corresponding Member
of the Spanish Royal Academy of History, 1867; President of
the Liberal Reform Party; co-founder of the liberal San
Juan newspaper El Progreso, and correspondent for El Agente;
elected to the Spanish Parliament (Cortes), 1871, and reelected, 1879; co-founder of the Puerto Rico Atheneum, 1876;
Director of the Puerto Rican Institute of Geography and History, 1882; teacher of agriculture, 1884-1891. Spain bestowed upon him the order of Isabel the Catholic. †Agrónomo,
educador, político, periodista, e historiador. Instructor de
agricultura para la Junta de Fomento, 1854; Director del
Instituto de Segunda Enseñanza; delegado de San Juan a la
Junta de Información sobre las Reformas para las Antillas,
donde pidió la abolición de la esclavitud con o sin indemniza-
ciones, 1866; Miembro Correspondiente de la Real Academia
Española de la Historia, 1867; Presidente del Partido Liberal
Reformista; co-fundador del periódico liberal de San Juan El
Progreso y corresponsal de El Agente; elegido Diputado a
Cortes, 1871 y re-elegido, 1879; cofundador del Ateneo de
Puerto Rico, 1876; Director del Instituto Puertorriqueño de
Geografía y Historia, 1882; maestro de agricultura, 1884-
1891. España le otorgó la orden de Isabela la Católica.
6. Apuntes para la historia de Puerto Rico (1879); El
brigadier don Luis Padial y Vizcarrondo (1879); Estudios
históricos: D. Francisco José de Cáldas, naturalista neo-
granadino (1852); Estudios históricos: El padre Didon y su
libro "Los Alemanes y la Francia" (1885); Historia geográfica, civil y política de la Isla de San Juan Bautista de
Puerto Rico (1866); La libertad de comercio y el sistema
prohibitivo en América (1879); Los partidos políticos (1870);
Proyecto para la abolición de la esclavitud (1867); La servi-
dumbre en Puerto Rico (1873); Tratado de agricultura teórica,
con aplicación a los cultivos intertropicales (1862).

Historia geográfica, civil y política de la Isla de San Juan Bautista de Puerto Rico. 1866.
Revised, enlarged, and updated edition of the work by Abbad y Lasierra (see #1) containing valuable annotations and personal observations and commentary by Acosta.
Edición revisada, ampliada y puesta al día de la obra de Abbad y Lasierra (véase #1). Contiene apuntes valiosos y observaciones personales y comentario por Acosta.

ADOLFO NONES, pseud. /seud.
see/véase VALLE, RAFAEL DEL

4   ADSUAR, JORGE. 1. 1883. Bayamón, P.R. 2. 1926. San Juan, P.R. 3. Jorge Adsuar Boneta. 5. Merchant and journalist. A writer of the modernist school, he was closely associated with the literary review El Carnaval and con- tributed frequently to El Mundo and Puerto Rico Ilustrado. †Comerciante y periodista. Escritor de la escuela modern- ista, se asoció con la revista literaria El Carnaval y con- tribuyó con frecuencia a El Mundo y Puerto Rico Ilustrado. 6. Allá va eso (1916); Pico a Pico (1925).

AGAPITO HINOJOSA, pseud. /seud.
see/véase RODRIGUEZ CABRERO, LUIS

5   AGOSTINI DE DEL RIO, AMELIA. 1. 1896. Yauco, P.R. 5. Anthologist, essayist, poet, short-story writer, and professor. Chairman of the Spanish Department at Barnard College, N.Y., until her retirement in 1962. She has been a member of the teaching staff at Vassar College, N.Y., and the City College, N.Y., and a visiting lecturer at Mid- dlebury College, Vt., Columbia University, N.Y., and the University of Denver, Colo. †Antologista, ensayista, poetisa, cuentista, y profesora. Jefa del Departamento de Español en Barnard College, N.Y., hasta su jubilación en 1962. Ha sido miembro de la facultad de Vassar College, N.Y., y de City College, N.Y., y profesora visitante a Middlebury Col- lege, Vt., Columbia University, N.Y., y la Universidad de Denver, Colo. 6. A la sombra del arce (1965); Así es España (1965); Del solar hispánico: lecturas de literatura española e hispanoamericana (1945); El español es nuestra lengua (1972); Flores del romancero (1970); Hasta que el sol se muera (1969); Lecturas hispánicas (1946); Lengua viva y gramática (1960); Mitos para niños (1965); Poesía hispánica: unos momentos líricos (1965); Puertorriqueños en Nueva York (1969); El teatro cómico de Cervantes (1965); Viñetas de Puerto Rico (1965); Visión de España (1968).

Hasta que el sol se muera. Zaragoza, Ed. Río Duero, 1969.
The author's second volume of poetry.
El segundo libro de poesía de la autora.

Puertorriqueños en Nueva York. New York, Ed. Mensaje, 1969.

A collection of stories about Puerto Ricans in New York in which the author expresses love for her countrymen.

Una colección de narraciones sobre los puertorriqueños de Nueva York en la cual la autora manifesta su cariño por sus compatriotas.

Viñetas de Puerto Rico. Madrid, Ed. Alfaguara, 1965.

A collection of short stories about life in Puerto Rico.

Una colección de cuentos sobre la vida en Puerto Rico.

6 AGRAIT, GUSTAVO. 1. 1909. San Germán, P. R. 5. Essayist, short-story writer, and educator. Professor of Spanish language and literature in the Department of Hispanic Studies at the University of Puerto Rico, Río Piedras, for more than thirty-five years. He has also served the University as an administrator: Executive Assistant to Rector Jaime Benítez; Chairman of the Board of Student Services; Chairman of the Theater Council; Acting Dean of the School of General Studies; Director of the General University Library; and member of the Council on Higher Education. He has lectured throughout Latin America and has published literary compositions in various reviews. Executive Assistant to Governor Luis Muñoz Marín; Director of Public Information for the Puerto Rico Economic Development Administration. †Ensayista, cuentista, y educador. Profesor de lengua y literatura española en el Departamento de Estudios Hispánicos de la Universidad de Puerto Rico, Río Piedras, durante más de treinta y cinco años. También ha prestado servicios a la Universidad en carácter de administrador: Asistente Ejecutivo al Rector Jaime Benítez; Presidente de la Junta de Servicios Estudiantiles; Presidente de la Junta de Teatro; Decano Interino de la Facultad de Estudios Generales; Director de la Biblioteca General de la Universidad, y miembro del Consejo Superior de Enseñanza. Ha dado conferencias por toda Latinoamérica y ha contribuido a varias revistas. Ayudante Ejecutivo al Gobernador Luis Muñoz Marín; Director de la Oficina de Información de la Administración de Fomento. 6. El beatus ille en la poesía lírica del Siglo de Oro (1971); Variaciones sobre temas obsesivos, poesías 1932-1966 (1969).

AGUENORA, pseud. /seud.
see /véase ROQUE DE DUPREY, ANA

ALBERTO YUNQUE, pseud. /seud.
see /véase LAGUERRE, ENRIQUE A

7 ALBORNOZ, AURORA DE. 1. España. 5. Poet. A Spanish resident of Puerto Rico, she has published several volumes of poetry and literary criticism and contributed to

various Spanish, American, and Puerto Rican reviews including La Torre. †Poetisa. Una española residente en Puerto
Rico que ha publicado varios volumenes de poesía y crítica
literaria y ha contribuído a distintas revistas europeas,
americanas, y puertorriqueñas, incluso La Torre. 6. Brazo
de niebla (1957); En busca de esos niños en hilera (1967);
Poemas para Alcanzar un segundo (1961); Poesías de guerra
de Antonio Machado (1961); Por la primavera blanca (1962);
La prehistoria de Antonio Machado (1961); La presencia de
Miguel de Unamuno en Antonio Machado (1968); Prosas de
París (1959?).

8   ALEGRIA, JOSE S; 1. 17. VII. 1887. Dorado, P. R. 2. 1965.
Santurce, P. R. 3. José S. Alegría Santos. 5. Lawyer,
poet, politician, and journalist. Elected district court judge
of Salinas-Manatí, P. R. , 1908; member of the Manatí School
Board; President of the Nationalist Party until 1932; President of the Puerto Rico Casino, 1935-1937; elected to the
Puerto Rico House of Representatives, 1936-1940, and reelected, 1940-1944; Editor in Chief of Puerto Rico Ilustrado,
1938-1949; founder and first President of the Society of
Puerto Rican Authors; President of the Society of Puerto
Rican Journalists, 1943-1945; Trustee of the Puerto Rico
Atheneum; President of the Puerto Rican Institute of Hispanic Culture, 1961. The Spanish Government bestowed upon
him the Order of Isabel the Catholic. Father of the well-
known anthropologist and historian Ricardo E. Alegría.
†Abogado, poeta, político, y periodista. Elegido Juez del
Tribunal Distrital de Salinas y Manatí, 1908; miembro de la
Junta Escolar de Manatí; Presidente del Partido Nacionalista hasta 1932; Presidente del Casino de Puerto Rico, 1935-
1937; elegido a la Cámara de Diputados de Puerto Rico,
1936-1940 y re-elegido, 1940-1944; Director de Puerto Rico
Ilustrado, 1938-1949; fundador y primer Presidente de la
Sociedad de Autores Puertorriqueños; Presidente de la So-
ciedad de Periodistas Puertorriqueños, 1943-1945; miembro
de la Directiva del Ateneo Puertorriqueño; Presidente del
Instituto Puertorriqueño de Cultura Hispánica, 1961. El
gobierno español le otorgó la orden de Isabela la Católica.
Padre del bien conocido antropólogo y historiador Ricardo E.
Alegría. 6. El alma de la aldea (1956); Antología de
poetas jóvenes de Puerto Rico (1918); Cartas a Florinda
(1958); Cincuenta años de literatura puertorriqueña (1955);
Crónicas frívolas (1938); Pancho Ibero Encadenado (1918);
El periodismo puertorriqueño hasta el siglo XX (n. d. /s. f.);
Retablos de la aldea (1949); Rosas y flechas (1958).

    Cincuenta años de literatura puertorriqueña. San Juan,
1955.
    A literary history of Puerto Rico from 1900 to 1950.
    Una historia literaria de Puerto Rico desde 1900 hasta
1950.

9　ALEGRIA, RICARDO E.　1.　1921.　San Juan, P.R.　3.　Ricardo Enrique Alegría. ̄5.　Anthropologist and historian.
Professor of Anthropology at the University of Puerto Rico,
Río Piedras.　He has published articles on archaeology and
folklore in academic journals in the United States (American Antiquity), Puerto Rico (Revista del Instituto de Cultura
Puertorriqueña), and Mexico (Revista Mexicana de Estudios
Antropológicos).　As Director of the Institute of Puerto Rican Culture since its foundation in 1955, he has created a
cultural center of major importance.　Recipient of a Guggenheim Foundation fellowship.　†Antropólogo y historiador.
Profesor de Antropología en la Universidad de Puerto Rico,
Río Piedras.　Ha publicado artículos sobre la arqueología y
el folklore en revistas académicas en los Estados Unidos
(American Antiquity), Puerto Rico (Revista del Instituto de
Cultura Puertorriqueña), y México (Revista Mexicana de Estudios Antropológicos).　Como Director del Instituto de Cultura Puertorriqueña desde su comienzo en 1955, ha creado
un centro cultural de mayor importancia.　Recipiente de una
beca de la Fundación Guggenheim.　6.　Cacicazgo among the
aborigines of the West Indes (1947); Café (1967); Cuentos
folklóricos de Puerto Rico (1967); Descubrimiento, conquista
y colonización de Puerto Rico, 1453-1599 (1969); La fiesta
de Santiago Apóstol en Loíza Aldea (1954); El fuerte de San
Jerónimo del Boquerón (1969); Historia de nuestros indios
(1950); El Instituto de Cultura Puertorriqueña: los primeros
años, 1955-1960 (1960); La población aborigen antillana y su
relación con otras áreas de América (1948); Los renegados:
narración inspirada en un cuento popular puertorriqueño
(1962); El tema del café en la literatura puertorriqueña
(1965); The Three Wishes: a collection of Puerto Rican
folktales (1969).

Descubrimiento, conquista y colonización de Puerto Rico,
1493-1599.　San Juan, Instituto de Cultura Puertorriqueña,
1969.
A history of the discovery, conquest, and colonization of
Puerto Rico from 1493 to 1599.
Una historia del descubrimiento, conquista y colonización
de Puerto Rico desde 1493 hasta 1599.

La Fiesta de Santiago Apóstol en Loíza Aldea.　Madrid,
Colección de Estudios Puertorriqueños, 1954.
An anthropological study of the social life and customs of
the villagers of Loíza Aldea.　Alegría stresses the cultural
affinities with other rural village societies.
Un estudio antropológico de la vida social y de las costumbres de la gente de Loíza Aldea.　Alegría subraya las
afinidades culturales con otras sociedades rurales.

El Fuerte de San Jerónimo del Boquerón.　San Juan,
Instituto de Cultura Puertorriqueña, 1969.

A history of San Geronimo, the 16th-century Spanish for-
tress which guards the entrance to Condado Lagoon, San
Juan.
Una historia de San Jerónimo, el fuerte español del siglo
XVI que vigila la entrada a la laguna Condado, San Juan.

El tema del Café en la literatura Puertorriqueña.   San
Juan, Instituto de Cultura Puertorriqueña, 1965.
An anthology on the subject of coffee containing short se-
lections from the works of Puerto Rican authors.
Una antología sobre el tema del café que contiene breves
selecciones de las obras de autores puertorriqueños.

10 ALONSO, MANUEL A. 1.   6. X. 1822.   San Juan, P. R.   2.
    4. XI. 1889.   San Juan, P. R.   3.   Manuel Antonio Alonso y
    Pacheco.   5.   Physician, journalist, and folklorist.   A
    member of the so-called "Little Creole Group" of young
    Puerto Rican students in Barcelona, Spain, who published
    El Album Puertorriqueño, 1844, and El Cancionero de
    Borinquén, 1846.   As a physician, he specialized in the
    treatment of mental illness.   Director of the San Juan Pub-
    lic Welfare Asylum, 1871-1889.   He was a member of the
    Liberal Reform Party, and for several years he edited the
    liberal newspaper El Agente.   He is considered the father
    of Puerto Rican folk literature because he recorded and re-
    counted the folk customs of his time.   †Médico, periodista,
    y folklorista.   Miembro del llamado "Grupito Criollo" de
    jóvenes estudiantes puertorriqueños en Barcelona, España,
    que publicó El Album Puertorriqueño, 1844, y El Cancionero
    de Borinquén, 1846.   Como médico, se especializó en el
    tratamiento de los trastornos mentales.   Fue miembro del
    Partido Liberal Reformista y por período de varios años
    redactaba el periódico liberal El Agente.   Director del Asilo
    de Beneficencia de San Juan, 1871-1889.   Se le considera
    como el padre de la literatura folklórica puertorriqueña
    puesto que registró y recontó los costumbrismos de su época.
    6. El Gíbaro (1849).

    El Jíbaro   Río Piedras, P. R., Ed. Cultural, 1967.
    A classic account of the culture, customs, and folk tradi-
    tions of the jíbaro--the sturdy and resourceful yeoman farm-
    er of Puerto Rico's impoverished hill country.   First pub-
    lished in 1849.
    Estudio clásico de la cultura, costumbres y tradiciones
    del jíbaro--el vigoroso y mañoso campesino del cerro puer-
    torriqueño.   Fue publicado por primera vez en 1849.

11 ALVAREZ, FRANCISCO. 1.   15. XII. 1847.   Manatí, P. R.
    2.   4. III. 1881.   Manatí, P. R.   3.   Francisco Alvarez Mar-
    rero.   5.   Poet.   Self-educated.   Worked as a grocery
    clerk in a rural general store.   He founded and edited the
    Manatí weekly La Voz del Norte, 1879-1880.   A noted ro-

manticist poet, his verse was influenced by Gustavo Adolfo
Bécquer and José Gautier Benítez.   †Poeta.   Autodidacto.
Trabajó de dependiente en una bodega rural.   Fundó y redactó el semanario de Manatí, La Voz del Norte, 1879-1880.
Insigne poeta romántico, su verso demuestra la influencia
de Gustavo Adolfo Bécquer y José Gautier Benítez.   6. Dios
en todas partes o un verso de Echegaray (1881); Flores de
un retamal (1882); Obras literarias (1882).

Obras literarias.   San Juan, Tip. González, 1882.
A collection of plays, poems, and short stories by Francisco Alvarez.
Una colección de obras de teatro, poemas y cuentos escritos por Francisco Alvarez.

12 ALVAREZ NAZARIO, MANUEL.   1.   Aibonito, P. R.   5. Professor and linguist.   Chairman of the Spanish Department at
the University of Puerto Rico, Mayagüez campus, and Professor of Spanish language and literature since 1949.   †Pro-
fesor y filólogo.   Jefe del Departamento de Español de la
Universidad de Puerto Rico, recinto de Mayagüez, y Profesor de lengua y literatura española desde 1949.   6.   El
arcaísmo vulgar en el español de Puerto Rico (1957); El
elemento afronegroide en el español de Puerto Rico (1961);
La influencia canaria en el español de Puerto Rico (1971).

El arcaísmo vulgar en el español de Puerto Rico.   Méxi-
co, Ed. Cultura, 1957.
A linguistic analysis of archaic words and expressions in
Puerto Rican Spanish.
Un análisis lingüístico de las palabras y locuciones arcai-
cas del español de Puerto Rico.

AMERICO AMADOR, pseud. /seud.
see/véase ELZABURU, MANUEL

AMILCAR BARCA, pseud. /seud.
see/véase MELENDEZ MUÑOZ, MIGUEL

13 AMY, FRANCISCO J.   1.   2. VIII. 1837.   Arroyo, P.R.
2.   30. XI. 1912.   San Juan, P. R.   3.   Francisco Javier
Amy.   5.   Multilingual poet, journalist, and translator.   As
overseas agent for a Ponce commercial firm, 1868-1888, he
spent much of his time in the United States and Canada.   Co-
founder with Manuel Zeno Gandía of the Ponce literary review El Estudio, 1883.   Editor of La Gaceta Ilustrada in
New York, with a wide circulation in Latin America, 1889.
Director of an internationally known translation service.   Official translator for the United States military government in
Puerto Rico, 1898.   After the establishment of a civilian
regime, he translated the revised and codified Statutes of
Puerto Rico.   He advocated American annexation of the Is-

land. †Poeta polígloto, periodista, y traductor. Como
agente en el extranjero para una compañía ponceña de 1868-
1888, pasó mucho tiempo en los Estados Unidos y el Canadá.
Cofundador con Manuel Zeno Gandía de la revista literaria
ponceña El Estudio, 1883. Redactor de La Gaceta Ilustrada
de Nueva York de gran tirada por toda América Latina,
1889. Director de un servicio de traducción mundialmente
conocido. Traductor oficial para el gobierno militar norteamericano en Puerto Rico, 1898. Después del establecimiento de un régimen civil, tradujo las leyes revisadas y
codificadas de Puerto Rico. Fue partidario de la anexión
norteamericana de la Isla. 6. Antología poética (1969);
Ecos y notas (1884); Flores y piropos, un puñado de postales
(1903); Letras de molde (1890); Musa bilingüe (1903); Predi-
car en el desierto (1907).

Antología Poética. Río Piedras, P.R., Ed. Edil, 1968.
Anthology of translations including biographical notes
about Manuel Fernández Juncos, Eugenio Astol, and Adolfo
de Hostos.
Antología de traducciones incluyendo apuntes biográficos
sobre Manuel Fernández Juncos, Eugenio Astol, y Adolfo de
Hostos.

14 ANDINO AMEZQUITA, JOSE. 1. 24.III.1751. San Juan,
P.R. 2. 1835. Carolina, P.R. 3. José de Andino y
Amézquita. 5. Journalist. Minister of the Royal Treasury, 1793. As editor of El Diario Económico de Puerto
Rico, 1814-1815, the Island's first non-governmental newspaper, he is considered the father of Puerto Rican journalism. Grandson of don Gaspar Martínez de Andino, Governor and Captain General of Puerto Rico. †Periodista.
Ministro de la Real Hacienda, 1793. En su capacidad de
redactor de El Diario Económico de Puerto Rico, 1814-1815,
el primer periódico civil de la Isla, se le considera como el
padre del periodismo puertorriqueño. Nieto de don Gaspar
Martínez de Andino, gobernador y capitán-general de Puerto
Rico.

15 ANDREU IGLESIAS, CESAR. 1. 31.VII.1915. Ponce, P.R.
5. Journalist, novelist, and short-story writer. Established
a reputation for muckraking journalism with his column
"Cosas de aquí" in the newspaper El Imparcial. His novels
espouse a leftist socio-political point of view. The Communist Party has published some of his writings. Among his
better known short stories are "Soldados" and "La Medalla."
†Periodista, novelista, y cuentista. Ganó fama por su
periodismo agresivo, manifestado en su columna "Cosas de
aquí" del periódico El Imparcial. Abogan sus novelas por
un punto de vista socio-político izquierdista. El partido
comunista ha publicado algunos de sus escritos. Algunos
de sus cuentos más conocidos son "Soldados" y "La Medal-

la. " 6. Los derrotados (1956); El Derrumbe (1960); Una
gota de tiempo (1958); El grito de Lares y la actualidad
puertorriqueña (1948); El Inciso Hache (1964); Independencia
y socialismo (1951); Luis Muñoz Marín: un hombre acorra-
lado por la historia (1964); Un renegado al desnudo (1949);
Los trabajadores y la política (1948).

Los Derrotados. 2a. ed. Río Piedras, P.R., Ed. Cultural, 1964.
The author's first novel, a story of the suffering and
death of nationalism and the birth of a new spirit of liberty
and hope.
La primera novela del autor. Es una historia del sufrimiento y muerte del nacionalismo y el nacimiento de un
nuevo espíritu de la libertad y de la esperanza.

El Derrumbe. San Juan, Ed. Club del Libro de Puerto
Rico, 1960.
A fictionalized account of the urbanization and industriali-
zation of modern Puerto Rico.
Una narración ficticia de la urbanización e industrializa-
ción del Puerto Rico moderno.

EL ANTILLANO, pseud. /seud.
see/véase BETANCES, RAMON EMETERIO

ARAMIS, pseud. /seud.
see/véase BONAFOUX Y QUINTERO, LUIS

16 ARANA, FELIPE N. 1. 1902. Hatillo, P.R. 2. 1963.
5. Poet. Lived in New York. †Poeta. Residió en Nueva
York. 6. Florecillas silvestres (1927); Grito de la tierra
honda, estampas de mi tierra (1960); Música aldeana (1934);
El plato del día (1955); Retoños líricos (1933); Sementera
(1945).

17 ARANA SOTO, SALVADOR. 1. 20.III.1908. San Sebastián,
P.R. 5. Physician and writer. He has produced notable
works of social and literary criticism including contributions
to Revista de Política Internacional of Madrid, and Cuadernos
Hispanoamericanos. †Médico y escritor. Ha producido insignes obras de crítica literaria y social incluso contribuciones a la Revista de Política Internacional de Madrid y
Cuadernos Hispanoamericanos. 6. La camisa volantona y
otros cuentos políticos (1965); Catálogo de farmacéuticos de
Puerto Rico desde 1512 a 1925 (1966); Catálogo de médicos
de Puerto Rico de siglos pasados (1966); Catálogo de poetas
puertorriqueños (1968); Cuba y Puerto Rico no son ... o la
enfermedad de Cuba (1963); Defensa de los capitanes generales españoles (1968); Diccionario de médicos puertorriqueños que se han distinguido fuera de la medicina (1963);
Diccionario de temas regionales en la poesía puertorriqueña

(1962); Historia de nuestras calamidades (1968); Luis Muñoz
Rivera: Savia y sangre de Puerto Rico. 4 vols. (1968-69);
Los médicos en el descubrimiento del mundo nuevo y el
homenaje al Dr. Chanca (1967); Negro y amargo, los últimos puertorriqueños y otros relatos (1969); Papá Buyuyo:
ejercicio en pícara jerga boricua, y la salvación por la
poesía (1967); Las poesías del doctor Cayetano Coll y Toste
(1969); Puerto Rico: alma y paisaje (1970); Nuestra isla
mona (1969).

Catálogo de poetas puertorriqueños. San Juan, Sociedad
de Autores Puertorriqueños, 1968.
A bibliography which contains citations to the works of
approximately 2000 Puerto Rican poets, including high school
students who have been awarded first prize in various literary contests.
Una bibliografía que contiene citaciones a las obras de
aproximadamente 2000 poetas puertorriqueños incluso estudiantes de secundaria que han sido premiados en certámenes
literarios.

Diccionario de Temas Regionales en la Poesía Puertorriqueña. San Juan, Ed. Club de la Prensa, 1962.
A topical dictionary which contains an alphabetical list of
poets who have dealt with native themes.
Un diccionario arreglado por materias que contiene una
lista alfabética de poetas que han tratado de temas regionales.

Luis Muñoz Rivera: Savia y sangre de Puerto Rico. 4
vols. San Juan, 1968-69.
Biography of Luis Muñoz Rivera, the "George Washington"
of Puerto Rico.
Biografía de Luis Muñoz Rivera, el "George Washington"
de Puerto Rico.

Las Poesías del Doctor Cayetano Coll y Toste. San Juan,
1969.
Biobibliography and anthology of the works of Cayetano
Coll y Toste, the beloved national poet and historian of
Puerto Rico.
Biobibliografía y antología de las obras de Cayetano Coll
y Toste, el bien amado poeta nacional y historiador de
Puerto Rico.

Puerto Rico: Alma y Paisaje. San Juan, 1969.
Essays about the land and people of Puerto Rico.
Ensayos sobre la tierra y la gente puertorriqueña.

18 ARCE DE VAZQUEZ, MARGOT. 1. 10. III. 1904. Caguas,
    P. R. 5. Essayist, literary critic, and professor. Chair-
    man of the Department of Hispanic Studies and Professor of
    Spanish language and literature at the University of Puerto

Rico, Río Piedras, 1930-1970. She has published many
articles of literary criticism, chiefly on poetry. †Ensayista,
crítico literario y profesora. Jefa del Departamento de
Estudios Hispánicos. Profesora de lengua y literatura española en la Universidad de Puerto Rico, Río Piedras,
1930-1970. Ha publicado mucho en el campo de la crítica
literaria, mayoramente sobre la poesía. 6. Gabriela
Mistral: persona y poesía (1958); Garcilaso de la Vega:
contribución al estudio de la lírica española del siglo XVI
(1931); Impresiones: ensayos (1950); Lecturas puertorriqueñas: Poesía (1968); Lecturas puertorriqueñas: Prosa
(1966); La obra literaria de José de Diego (1967); Veinticinco años del ensayo puertorriqueño, 1930-1955 (1955).

Impresiones: ensayos. Yauco, P. R., Ed. Yaurel, 1950.
Notes about Puerto Rican literary personalities.
Apuntes sobre personalidades literarias puertorriqueñas.

Lecturas Puertorriqueñas: Poesía, en colaboración con
Laura Gallego y Luis de Arrigoitia. Sharon, Ct., Troutman Pr., 1968.
Lecturas Puertorriqueñas: Prosa, en colaboración con
Mariana Robles de Cardona. Sharon, Ct., Troutman Pr.,
1966.
Biographical sketches and excerpts from the works of
outstanding Puerto Rican writers of the 19th and 20th centuries.
Apuntes biográficos y trozos de las obras de célebres
escritores puertorriqueños de los siglos XIX y XX.

La Obra Literaria de José de Diego. San Juan, Instituto
de Cultura Puertorriqueña, 1962.
A critical analysis of the works of José de Diego, the
beloved poet laureate of Puerto Rico.
Un análisis crítico de las obras de José de Diego, el
bien querido poeta laureado de Puerto Rico.

ARMANDO DUVAL, pseud. /seud.
see/véase MONTEAGUDO, JOAQUIN

19 ARRIVI, FRANCISCO. 1. 1915. San Juan, P. R. 5. Drama-
tist, theater director, poet, and essayist. Teacher of
Spanish language and literature at a Ponce secondary school,
1938-1941. Director of the School of the Air and Executive
Director of WIPR, the public educational broadcasting sta-
tion, since 1953. Director of the theater program of the
Institute of Puerto Rican Culture and of the annual Puerto
Rican theater festivals. Founder of the dramatic society
and experimental theater group "Tinglado Puertorriqueño."
†Dramaturgo, director del teatro, poeta, y ensayista.
Maestro de lengua y literatura española en una escuela se-
cundaria de Ponce, 1938-1941. Director de la Escuela del

Aire y Director Ejecutivo de WIPR, la emisora educacional
pública desde 1953. Director del Programa Teatral del Instituto de Cultura Puertorriqueña y de los festivales anuales
del teatro puertorriqueño. Fundador de la sociedad dramática y grupo de teatro experimental "Tinglado Puertorriqueño."
6. Alumbramiento (1945); Areyto Mayor (1966); Bolero y
Plena (1960); Caso del muerto en vida (1951); Ciclo de lo
ausente (1962); Club de solteros (1962); Cóctel de Don Nadie
(n. d. /s. f.); Conciencia puertorriqueña del teatro contemporáneo 1937-1956 (1967); El diablo se humaniza (1940); Entrada por las raíces (1964); Escultor de la sombra (1965);
Fronteras (1960); La generación del treinta: el teatro
(1960); Isla y nada (1958); María Soledad (1947); Sirena
(1957); Tres piezas de teatro puertorriqueño (1968); Vejigantes (1957).

Areyto Mayor. San Juan, Instituto de Cultura Puertorriqueña, 1966.
A history of Puerto Rican theater from 1930 to the present.
Una historia del teatro puertorriqueño desde 1930 hasta
el presente.

Ciclo de lo Ausente. Barcelona, Ed. Rumbos, 1962.
Metaphysical poetry.
Poesía metafísica.

Conciencia Puertorriqueña del Teatro Contemporáneo,
1937-1956. San Juan, Instituto de Cultura Puertorriqueña,
1967.
A study of the theater in Puerto Rico during the period
1937-1956.
Un estudio del teatro puertorriqueño durante el período
1937-1956.

Entrada por las raíces. San Juan, Ed. Tinglado Puertorriqueño, 1964.
A collection of articles on various cultural subjects published between 1940 and 1964.
Una colección de artículos sobre distintos temas culturales publicados entre los años 1940 y 1964.

Escultor de la Sombra. San Juan, 1965.
A poetic work composed of twelve songs which depict the
landscape of Puerto Rico.
Una obra de poesía compuesta de doce cánticos que re-
tratan el paisaje de Puerto Rico.

Tres Piezas de Teatro Puertorriqueño. San Juan,
Ed. Departamento de Instrucción Pública de Puerto Rico,
1968.
Three plays suitable for school productions: Club de

Solteros, María Soledad, and Vejigantes.
Tres piezas de teatro apropriadas para realizaciones estudiantiles: Club de Solteros, María Soledad, and Vejigantes.

20 ARZOLA, MARINA. 1. 12. VII. 1939.   Guayanilla, P. R.   3.
Marina Angélica Arzola Porcell. 5. Poet. Her award-
winning poems include "Santa Teresa de Jesús, " University
of Puerto Rico, 1957, and "El Niño de Cristal y los Olvidados, " Puerto Rico Atheneum, 1966.   †Poetisa.   Sus poesías
premiadas incluyen "Santa Teresa de Jesús, " Universidad de
Puerto Rico, 1957, y "El Niño de Cristal y los Olvidados, "
Ateneo Puertorriqueño, 1966. 6. Palabras vivas (1968).

Palabras vivas.   Barcelona, Ed. Rumbos, 1968.
The author's first volume of poetry containing verse
written between 1961 and 1963.
El primer libro de poesía de la autora que contiene
poemas escritos entre 1961 y 1963.

21 ASENJO, CONRADO. 1. 28. IX. 1881.   San Juan, P. R.   3.
Conrado Asenjo y del Valle. 5. Pharmacist, writer, edu-
cator, and publicist.   Pharmacist, 1897-1900; Aide to the
Puerto Rico House of Representatives, 1901; Instructor at
Mayagüez Vocational School, 1903-1904; Stenographer in the
office of the Attorney-General, 1904-1915; Secretary, Board
of Examiners for Physicians, Dentists, and Pharmacists,
1915-1916; Municipal functionary in San Juan, 1925-1930;
Custodian of School Property and Acting City Treasurer of
San Juan, 1928-1929; Puerto Rico Bureau of Commerce and
Industry executive, 1931-1933; Director of Research and
Planning, San Juan Regional Office of the National Recon-
struction Administration, 1934-1935; Secretary, Selective
Service, Local Board #1, 1940; Received the Selective Ser-
vice Medal and a Certificate of Merit from the United States
Congress, 1946.   Editor of Almanaque Asenjo, 1913-1919;
Revista Puertorriqueña, 1918; the San Juan daily, La Cor-
respondencia de Puerto Rico, 1915-1916; Cinema, 1923;
El Globo of San Juan, 1924; Puerto Rico Industrial, 1930;
Almanaque Puertorriqueño Asenjo, 1934-1947; and the lit-
erary reviews, El Carnaval, Vida Alegre, and Puerto Rico
Ilustrado.   Organized numerous carnivals, industrial exhibi-
tions, and other public events, 1925-1946; Secretary, Puerto
Rico Employees Association, 1908-1912; Secretary, Puerto
Rico Association of Writers and Artists, 1905-1906; Co-
founder and Director of the Puerto Rico Casino, 1938-1940;
Member of the Federal Postal Employees Association, 1931;
Member of the Puerto Rico Atheneum, 1904-1947.   †Farma-
céutico, escritor, educador y publicista.   Farmacéutico,
1897-1900; Empleado de la Cámara de Diputados de Puerto
Rico, 1901; Instructor en la Escuela Industrial de Mayagüez,
1903-1904; Taquígrafo en la Oficina del Procurador General,
1904-1915; Secretario, Junta Examinadora de Médicos, Den-

tistas y Farmacéuticos, 1915-1916; funcionario municipal en
San Juan, 1925-1930; Director Escolar en Propiedad, Alcalde
y Tesorero interino de la ciudad de San Juan, 1928-1929;
ejecutivo del Departamento de Comercio y Industria de
Puerto Rico, 1931-1933; Director de Investigación y Planifi-
cación, Oficina Regional de San Juan de la Administración
Nacional de Reconstrucción, 1934-1935; Secretario, Servicio
Selectivo, Junta Local #1, 1940. Recibió la Medalla Servicio
Selectivo y un certificado de mérito del Congreso de los Estados
Unidos, 1946. Redactor de Almanaque Asenjo, 1913-1919;
de la Revista Puertorriqueña, 1918; del diario sanjuanero
La Correspondencia de Puerto Rico, 1915-1916; de Cinema,
1923; de El Globo de San Juan, 1924; de Puerto Rico Industrial, 1930; de Almanaque Puertorriqueño Asenjo, 1934-1947;
y de las revistas literarias El Carnaval, Vida Alegre y
Puerto Rico Ilustrado. Organizó muchos carnavales, exhibiciones industriales y otros actos públicos, 1925-1946;
Secretario, Asociación de Empleados de Puerto Rico, 1908-
1912; Secretario, Asociación Puertorriqueña de Escritores y
Artistas, 1905-1906; cofundador y Director del Casino Puertorriqueño, 1938-1940; miembro de la Asociación de Empleados de Correos, 1931; miembro del Ateneo Puertorriqueño,
1904-1947. 6. El alma de Gautier (1930); En amigable
plática (1929); Florecimiento (1908); Geografía de la isla de
Puerto Rico (1910); Quien es quien en Puerto Rico (1948);
Recuerdos y añoranzas de mi viejo San Juan (1961).

22 ASENJO, FEDERICO. 1. 12.IV.1831. Mayagüez, P. R.
    2. 30. VIII. 1893. San Juan, P. R. 3. Federico Asenjo y
    Arteaga. 4. Claro Oscuro. 5. Journalist and political
    economist. One of the first Puerto Ricans to enter the
    field of public administration, he founded and edited a pro-
    fessional journal entitled El Municipio. As a journalist, he
    founded El Fomento de Puerto Rico, El Agente de Negocios,
    and Revista de Agricultura, Industria y Comercio, edited
    El Mercurio, and contributed to El Ramillete and El Bole-
    tín Mercantil. Secretary of the San Juan Port Authority,
    member of the Board of Education, and executive of the
    Bureau of Agriculture, Commerce, and Industry. The "So-
    ciedad Económica de Amigos del País" commissioned him to
    research the data for the monumental 31-volume Historia
    General de Puerto Rico. †Periodista y economista político.
    Fue uno de los primeros puertorriqueños ingresar en el
    campo de la administración pública. Fundó y redactó una
    revista titulada El Municipio. Como periodista, fundó El
    Fomento de Puerto Rico, El Agente de Negocios, y la Re-
    vista de Agricultura, Industria y Comercio, redactó El
    Mercurio y contribuyó a El Ramillete y El Boletín Mercantil.
    Secretario de la Junta de Obras del Puerto de San Juan,
    miembro de la Junta de Instrucción Pública y ejecutivo de
    la Junta de Agricultura, Industria y Comercio. La Sociedad
    Económica de Amigos del País le encargó la investigación

de los datos para la monumental Historia General de Puerto
Rico en 31 volumenes. 6. El catastro de Puerto Rico
(1890); Efemérides puertorriqueñas (n. d. /s. f.); Estudios
económicos (1862); Las fiestas de San Juan (1872); Memoria
... 1891-1892 (1892); Páginas para los jornaleros de Puerto
Rico (1879); Un pequeño libro de actualidad (1883); Viaje de
circunvalación por la plaza principal de Mayagüez (1870).

Estudios económicos. San Juan, Tip. Militar, 1862.
A study of Puerto Rican commerce during the colonial
period and the mercantilist role of the Banco Español de
Puerto Rico.
Un estudio sobre el comercio de Puerto Rico durante el
período colonial y el papel mercantilístico del Banco Español de Puerto Rico.

ASSUR BANI PAL, pseud. /seud.
see/véase PEDREIRA, ANTONIO S.

23 ASTOL, EUGENIO. 1. 25. IX. 1868. Caguas, P. R. 2.
20. XII. 1948. San Juan, P. R. 3. Eugenio Astol Bussatti.
5. Poet, teacher, journalist, and orator. Elementary
school teacher in Mayagüez. Began his career in journalism as a printer's assistant for El Diario Popular of Mayagüez. He soon became a member of the editorial board.
He was editor of El Imparcial of Mayagüez, 1892-1895;
founder of Revista Blanca, 1896; editor of La Democracia,
1896-1898 and 1905-1917; El Correo de Puerto Rico; El
Diario of Ponce, 1900; El Porvenir of Ponce, 1902-1903;
and La Conciencia Libre, 1909-1916; founder and editor of
El Día, 1911-1913; Spanish-language editor of Puerto Rico
School Review, 1917-1923, and 1925-1933; editor of the
Masonic journals El Universo, 1920-1923; and Acacia,
1930-1932; and founder and editor of El Heraldo Teosófico.
Almost every Puerto Rican periodical of the time contains
some of his work. He contributed frequently to El Mundo,
Puerto Rico Ilustrado, and El Diario de Puerto Rico.
Many of his articles were reprinted in foreign newspapers
and magazines. A noted spiritualist, he introduced the
theosophical movement in Puerto Rico. He became a Ma-
son in 1919 and founded the "Hermes" Masonic Lodge in
San Juan in 1928. He held several public offices: Aide to
the Puerto Rican Senate, municipal functionary in Mayagüez,
member of the Ponce School Board, and Chief of Educational
Services for the Puerto Rico Economic Rehabilitation Agency
(PRERA). Active in the field of adult education. Vice-
President of the Puerto Rico Atheneum and President of its
Literature and Fine Arts Section, Honorary President of
the Civic and Literary Institute of New York, distinguished
member of the Puerto Rican Teachers' Association, and
honorary member of the Ponce Casino. The recipient of
a certificate of merit from the Federal Security Agency of

the United States and a Medal of the Order of Juan Pablo
Duarte from the Dominican Republic. †Poeta, maestro,
periodista y orador. Fue maestro de escuela primaria en
Mayagüez. Empezó la carrera de periodista trabajando de
aprendiz de impresor por el periódico El Diario Popular de
Mayagüez. Dentro de poco llegó a ser miembro de la junta
editorial. Fue redactor de El Imparcial de Mayagüez, 1892-
1895; fundador de la Revista Blanca, 1896; redactor de La
Democracia, 1896-1898 y 1905-1917; El Correo de Puerto
Rico; El Diario de Ponce, 1900; El Porvenir de Ponce,
1902-1903; y La Conciencia Libre, 1909-1916; fundador y
redactor de El Día, 1911-1913; redactor del español de
Puerto Rico School Review, 1917-1923, y 1925-1933; redact-
or de las revistas masónicas El Universo, 1920-1923; y
Acacia, 1930-1932; y fundador y redactor de El Heraldo
Teosófico. Sus obras aparecieron en casi todas las revistas
puertorriqueñas de su época. Contribuyó frecuentemente a
El Mundo, Puerto Rico Ilustrado, y El Diario de Puerto
Rico. Muchos de sus artículos fueron reimprimidos en revistas y periódicos extranjeros. Un conocido espiritista,
introdujo el movimiento teosófico a Puerto Rico. Se hizo
masón en 1919 y fundó la logia "Hermes" en San Juan en
1928. Ha ocupado varios cargos públicos: Subsecretario
del Senado de Puerto Rico; funcionario municipal en Mayagüez; miembro de la Junta Escolar de Ponce; y Jefe de Servicios de Educación de la Agencia de Rehabilitación Económica de Puerto Rico (PRERA). Activo en el campo de la
educación para adultos. Vice-Presidente del Ateneo Puertorriqueño y Presidente de su Sección de Literatura y Bellas
Artes, Presidente Honorario del Instituto Cívico y Literario
de Nueva York, miembro distinguido de la Asociación de
Maestros de Puerto Rico, y miembro honorario del Casino
de Ponce. Recibió un certificado de mérito de la Agencia
Federal de Seguridad y la Medalla de la Orden de Juan
Pablo Duarte de la República Dominicana. 6. Cuentos y
fantasías (1904); En terno de Cristo (1932); Las Fiestas de
San Juan (1898); Hombres del Pasado (1934); Laureles (1909);
Noche de fiesta (1897); Pláticas por radio (1934); Tres bande-
ras (1912).

24 ATILES GARCIA, GUILLERMO. 1. 5.II.1882. Ponce, P.R.
2. 1955. 5. Poet, journalist, and historian. Municipal
employee of Ponce for several years. Researched the monumental "Indice Histórico de Puerto Rico" under the direction
of Adolfo de Hostos. Editor of La Correspondencia de
Puerto Rico, La Democracia, and the monthly review, Victoria. †Poeta, periodista e historiador. Durante varios
años fue empleado municipal de la ciudad de Ponce. Hizo
el trabajo de investigación del monumental "Indice Histórico
de Puerto Rico" bajo la dirección de Adolfo de Hostos. Fue
redactor de La Correspondencia de Puerto Rico, La Democracia y de la revista mensual Victoria. 6. Almanaque de

bolsillo (1917); Bloques (1900); Cien Sonetos (1925); En la
línea de fuego (1900); Guéiseres (1900); Independencia o
muerte (1905); La Irlanda del Caribe (1922); Kaleidoscopio
(1905); Lira de Bronce (1900); El mestizo blanco (1948);
Pequeñas facturas (1941); Recopilación de origenes (1948).

25 AYERRA Y SANTA MARIA, FRANCISCO DE. 1. 1630. San
Juan, P. R. 2. 1708. México, D. F. 5. Clergyman and
poet. Lay Priest, Chaplain of the Royal Convent of Jesus
and Mary, first rector of the Tridentino Seminary. Considered the first Puerto Rican poet. His verse is in the
baroque style characteristic of the period. Three of his
sonnets are included in the poetic anthology compiled by
Carlos Sigüenza y Góngora entitled Triumpho parthénico:
"Al corte de tu pluma providente, " "Porque al himeto
aplaude sus panales, " and "¿Qué aquí yaces, oh Nice?"
(dedicated to Sor Juana Inés de la Cruz). In addition, he
composed a song in Petrarchean style, which was also included in the anthology. Ayerra is especially noted for his
Latin epigrams and anagrams. †Clérigo y poeta. Presbítero Secular. Capellán del Convento Real de Jesús y María
y primer rector del Seminario Tridentino. Se le considera
como el primer poeta de Puerto Rico. Su verso es carac-
terístico del estilo baroco del período. Se incluyen tres de
sus sonetos en la antología poética compilada por Carlos
Sigüenza y Góngora y titulada Triumpho parthénico: "Al
corte de tu pluma providente, " "Porque al himeto aplaude
sus panales, " y "¿Qué aquí yaces, oh Nice?" (dedicado a
Sor Juana Inés de la Cruz). De más compuso una canción
en el estilo de Petrarca que se incluye en la antología. Se
destaca Ayerra por su epigramas y anagramas latinos.
6. Versos premiados en el certamen poético para la canon-
ización de San Juan de Dios (1702).

26 BABIN, MARIA TERESA. 1. 1910. Ponce, P. R. 3. María
Teresa Babín de Vicente. 5. Educator and author. Di-
rector of the Spanish language program of the Puerto Rico
Department of Public Instruction. University professor in
Puerto Rico and the United States. Chairman of the Depart-
ment of Hispanic Studies at the University of Puerto Rico,
Mayagüez campus (formerly the College of Agricultural and
Mechanical Arts). Founder and first Chairman of the De-
partment of Puerto Rican Studies at the Herbert H. Lehman
College of the City University of New York. She has con-
tributed to Puerto Rican newspapers and literary reviews in-
cluding Brújula, Puerto Rico Ilustrado, La Nueva Democracia,
Asomante, and El Mundo. †Educadora y autora. Directora
del Programa del Español del Departamento de Instrucción
Pública de Puerto Rico. Ha sido profesora universitaria en
Puerto Rico y los Estados Unidos. Fue Jefa del Departamento de Estudios Hispánicos en la Universidad de Puerto
Rico, recinto de Mayagüez (anteriormente el Colegio de Ag-

ricultura y Artes Mecánicos). Estableció y fue Jefa del
Departamento de Estudios Puertorriqueños en Herbert H.
Lehman College de la Universidad de la Ciudad de Nueva
York. Ha contribuido a periódicos y revistas literarias
incluso Brújula, Puerto Rico Ilustrado, La Nueva Democracia, Asomante y El Mundo. 6. La crítica literaria
(1960); La cultura de Puerto Rico (1970); Fantasía boricua:
estampas de mi tierra (1956); García Lorca: vida y obra
(1955); La hora colmada (1960); Introducción a la cultura
hispánica (1949); Jornadas literarias: temas de Puerto Rico
(1967); El mundo poético de Federico García Lorca (1954);
Panorama de la cultura puertorriqueña (1958); La prosa má-
gica de García Lorca (1962); The Puerto Ricans' spirit
(1971); Siluetas literarias (1967); La situación de Puerto
Rico (1965); Las voces de tu voz (1962).

Fantasía Boricua. New York, Las Américas Publishing
Co., 1957.
Vignettes of Puerto Rican life.
Breves reseñas de la vida en Puerto Rico.

Panorama de la Cultura Puertorriqueña. New York, Las
Américas Publishing Co., 1958.
Survey of historical, literary, artistic, and other notable
contributions to Puerto Rican culture.
Panorama de las obras fundamentales de la historia, lite-
ratura, arte, y cultura de Puerto Rico.

27 BALBUENA, BERNARDO DE. 1. 1561? Valdepeñas, España.
2. 2.X.1627. Puerto Rico. 5. Ecclesiastic and poet.
Abbot of Jamaica, 1608-1620. Appointed Bishop of Puerto
Rico in 1620. Received his investiture in Santo Domingo
and arrived in Puerto Rico in 1623. His invaluable library
was destroyed in the general conflagration which followed
the Dutch attack on San Juan in 1625. An outstanding baroque poet, his best known poems are "La grandeza mexicana," 1604; "El siglo de oro," 1607; and "El Bernardo,"
1624. †Eclesiástico y poeta. Abad de Jamaica, 1608-1620.
Fue nombrado Obispo de Puerto Rico en 1620. Su investi-
dura tuvo lugar en Santo Domingo y él llegó a Puerto Rico
en 1623. Se quemó su valiosa biblioteca en la gran confla-
gración que siguió al ataque holandés de San Juan en 1625.
Destacado poeta barroco. Sus poemas conocidos son "La
grandeza mexicana," 1604; "El siglo de oro," 1607; y "El
Bernardo," 1624. 6. El Bernardo (1808); Grandeza mexicana (1828); Siglo de oro en las selvas de Erífile (1921).

28 BALSEIRO, JOSE A. 1. 23.VIII.1900. Barceloneta, P.R.
3. José Agustín Balseiro y Ramos. 5. Essayist, poet,
novelist, educator, and lecturer. Best known for his literary criticism. Professor of Spanish Language and Literature at several institutions in the United States and Puerto

Rico. Professor of Romance Languages and Literatures,
University of Illinois, 1930-1938; Visiting Professor in the
Department of Hispanic Studies at the University of Puerto
Rico, Río Piedras, 1933-1935; Visiting Professor at North-
western University, Illinois, Summer 1937; Professor of
Spanish-American Literature, University of Miami, Florida,
1946. Member of the Modern Language Association of
America; Corresponding member of the Royal Academy of
Spain, and the Spanish-American Academy of Arts and
Sciences; and Secretary of the Literature Section of the Ma-
drid Atheneum. Contributed to La Esfera, La Libertad,
and La Voz of Puerto Rico; Gaceta Literaria of Madrid;
Nuestra América y Nosotros of Buenos Aires; Atenea of the
University of Chile; and P. M. L. A., Hispania, Modern
Language Journal, and Hispanic Review of the United States.
His essay, "Crítica y estilo literario en Eugenio María de
Hostos, " received an award from the Institute of Puerto Rican Literature in 1939. †Ensayista, poeta, novelista, educador y disertante. Conocido por su crítica literaria. Ha
sido profesor de lengua y literatura española en varias instituciones en los Estados Unidos y Puerto Rico. Fue profesor de lenguas y literaturas románicas en la Universidad
de Illinois, 1930-1938; profesor visitante en el Departamento
de Estudios Hispánicos de la Universidad de Puerto Rico,
Río Piedras, 1933-1935; profesor visitante en Northwestern
University, Illinois, verano de 1937; profesor de literatura
hispanoamericana, Universidad de Miami, Florida, 1946.
Miembro de la Modern Language Association de América;
miembro correspondiente de la Academia Española y de la
Academia Hispano-americana de Artes y Ciencias y Secre-
tario de la Sección de Literatura del Ateneo de Madrid.
Contribuyó a La Esfera, La Libertad y La Voz de Puerto
Rico; Gaceta Literaria de Madrid; Nuestra América y
Nosotros de Buenos Aires; Atenea de la Universidad de
Chile; y P. M. L. A., Hispania, Modern Language Journal, y
Hispanic Review de los Estados Unidos. Su ensayo "Crítica
y estilo literario en Eugenio María de Hostos, " fue premiado
en 1939 por el Instituto de Literatura Puertorriqueña.
6. Al rumor de la fuente (1922); The Americas look at each
other (1969); Blasco Ibáñez, Unamuno, Valle Inclán y Baroja,
cuatro individualistas de España (1949); La copa de Anacreonte
(1924); Crítica y estilo literario en Eugenio María de Hostos
(1939); Cuando el amor nace (n. d. /s. f.); En vela mientras
el mundo duerme (1953); Eugenio María de Hostos: Hispanic
America's public servant (1949); Expresión de Hispanoamérica. 2 vols. (1960, 1963); Flores de primavera (1919); La
gratitud humana (1969); La maldecida (1923); Música cordial,
poemas, 1923-1925, (1926); Novelistas españoles modernos
(1933); Las Palomas de Eros (1924); La pureza cautiva
(1946); El Quijote de la España contemporánea: Miguel de
Unamune (1950); La ruta eterna (1923); Saudades de Puerto
Rico (1957); Seis estudios sobre Rubén Darío (1967); El

sueño de manón (1922); El Vigía I, II, III (1925, 1928,
1942); Vísperas de sombra, y otros poemas (1959).

En Vela Mientras el Mundo Duerme. San Juan, Nuevo-
Imp. Radio, S. A., 1953.
A novel which portrays the obstacles confronting a university student in achieving financial and social success.
En esta novela se narran los problemas que enfrenta un
estudiante universitario para lograr el éxito financiero y
social.

Saudades de Puerto Rico. Madrid, Ed. Aguilar, 1957.
Poems about Puerto Rico.
Poesía sobre Puerto Rico.

29 BAUZA, GUILLERMO. 1. 1916. 5. Poet, dramatist, and
novelist. †Poeta, dramaturgo y novelista. 6. Canción de
pesadumbre (1965); Con los brazos abiertos (1963); Los
cuatro ejes (1964); Don Cristóbal (1963); Cuentos de misterio
y fantasía (1967); El fils del ensueño (1962); La Guerra
(1969); La loba (1964); Racismo (1964); El triángulo (1964);
Vidas inconclusas (1963).

Con los Brazos Abiertos. Barcelona, Ed. Rumbos, 1963.
Poetry.
Poesía.

Los Cuatro Ejes. Barcelona, Ed. Rumbos, 1964.
Poems about life, death, love, and country--the four pivo-
tal points in human existence.
Poesía con temas de la vida, la muerte, el amor, y la
patria--los cuatro ejes alrededor de los cuales gira la vida
humana.

Don Cristóbal. Barcelona, Ed. Rumbos, 1963.
Drama in three acts depicting the struggle between ma-
terialism and spiritualism and the conflict between traditional
and contemporary life styles in Puerto Rico.
Obra de teatro en tres actos que narra la lucha entre el
materialismo y el espiritualismo, y el conflicto entre la vida
puertorriqueña tradicional y estilos de vida contemporáneos.

El Fils del Ensueño. San Juan, Ed. Campos, 1962.
Fifty poems on various themes.
Cincuenta poemas sobre distintos temas.

Vidas Inconclusas. Barcelona, Ed. Rumbos, 1963.
A novel about student life and activities at the University
of Puerto Rico.
Una novela acerca de la vida estudiantil en la Universidad
de Puerto Rico.

30 BAUZA, OBDULIO. 1. 31. XII. 1907. Lares, P. R. 3. Ob-
    dulio Bauzá González. 5. Lawyer and poet. Member of
    the Puerto Rico House of Representatives, 1945-1949, and
    Associate Justice of the Supreme Court of Puerto Rico.
    The land and freedom of Puerto Rico are his principal
    poetic themes. †Abogado y poeta. Representante a la
    Cámara de Diputados de Puerto Rico, 1945-1949, y Juez
    Asociado de la Corte Suprema de Puerto Rico. Sus temas
    principales tratan de la tierra y de la libertad de Puerto
    Rico. 6. La canción de los olivos (1958); Cartas de Viet-
    nam (1966); La casa solariega (1954); Las hogueras de cal
    (1947); El libro de las nubes (1959); Poemas Selectos (1961);
    Las voces esperadas (1956).

    La Canción de los Olivos. Barcelona, Ed. Rumbos,
    1958.
    Poetry.
    Poesía.

    La Casa Solariega, Poemas de Tierra Adentro. San
    Juan, Biblioteca de Autores Puertorriqueños, 1954.
    The author reminisces about his childhood in Puerto Rico.
    Reminiscencias de la juventud del autor en Puerto Rico
    expresadas en poesía.

31 BELAVAL, EMILIO S. 1. 8. XI. 1903. Fajardo, P. R.
    5. Dramatist, essayist, short-story writer, and lawyer.
    Business manager, public relations director, and Chief of
    the Legal Department of the "Porto Rico" Telephone Com-
    pany, 1928-1931; in private legal practice, 1931-1941; Mem-
    ber of the Puerto Rico Labor Relations Board, 1942; Trustee
    of the Puerto Rico Institute of Tropical Agriculture; Judge
    of the District Court of Bayamón, 1942; and San Juan, 1945-
    1946; Associate Justice of the Supreme Court of Puerto Rico.
    In 1945 he was commissioned by the Higher Council on Edu-
    cation to conduct a feasibility study to determine the most
    appropriate language of instruction for Puerto Rico's schools.
    President of the Eugenio María de Hostos Cultural Society
    and activist in the Student Government of the University of
    Puerto Rico, Río Piedras, 1924; Editor of Revista Telefónica
    Puertorriqueña, 1925-1929; President of the Fine Arts Section
    of the Puerto Rico Atheneum, 1933-1935; Art Director
    of the Puerto Rico Casino, 1934-1938; President of the Pro-
    Arte Musical of Puerto Rico, 1935; Member of the Editorial
    Board of Revista del Ateneo Puertorriqueño, 1935-1937;
    President of the Puerto Rico Atheneum, 1937-1938; Member
    of the Hays Commission to Investigate the Ponce Massacre,
    1937; President of the Literature Section of the Puerto Rico
    Atheneum, 1939-1940; Founder and first president of the
    Areyto Theater Group, 1940; President of the History Sec-
    tion of the Puerto Rico Atheneum, 1941-1942; Member of the
    Institute of Puerto Rican Literature, 1941-1945; President of

the Social and Political Sciences Section of the Puerto Rico
Atheneum, 1944-1945; Vice-President of the Puerto Rico
Atheneum, 1946-1947; President of the Dramatic Society of
the College of the Sacred Heart, Santurce, P. R., 1945-1947;
Member of the Puerto Rican Association of Journalists, the
San Juan Theater Council, the Society of Puerto Rican Authors, and the National Lawyers Guild; and Corresponding
Member of the Dominican Atheneum. †Dramaturgo, ensayista, cuentista y abogado. Gerente comercial, Director de
Relaciones Públicas y Jefe del Departamento Legal de la
Compañía de Teléfonos de Puerto Rico, 1928-1931. Ejerció
la carrera de leyes, 1931-1941. Miembro de la Junta Insular de Relaciones Obreras, 1942; Síndico del Instituto Puertorriqueño de Agricultura Tropical; Juez de la Corte Distrital de Bayamón, 1942, y de San Juan, 1945-1946; Juez
Asociado de la Corte Suprema de Puerto Rico. En 1945
fue encargado por el Consejo Superior de Enseñanza de llevar
a cabo un estudio para determinar cual era el idioma de
enseñanza más apropiado para las escuelas de Puerto Rico.
Presidente de la sociedad cultural "Eugenio María de Hostos" y fue activo en el gobierno estudiantil de la Universidad
de Puerto Rico, Río Piedras, 1924. Redactor de la Revista
Telefónica Puertorriqueña, 1925-1929; Presidente de la Sección de Bellas Artes del Ateneo Puertorriqueño, 1933-1935;
Director de Arte del Casino de Puerto Rico, 1934-1938;
Presidente del Pro-Arte Musical de Puerto Rico, 1935;
miembro de la junta de redacción de la Revista del Ateneo
Puertorriqueño, 1935-1937; Presidente del Ateneo Puertorriqueño, 1937-1938; miembro de la Comisión Hays que fue
encargada de investigar la matanza de Ponce; Presidente de la
Sección de Literatura del Ateneo Puertorriqueño, 1939-1940;
fundador y primer Presidente del Grupo Teatral Areyto,
1940; Presidente de la Sección de Historia del Ateneo
Puertorriqueño, 1941-1942; miembro del Instituto de Literatura Puertorriqueña; Presidente de la Sección de Ciencias
Sociales y Políticas del Ateneo Puertorriqueño, 1944-1945;
Vice-Presidente del Ateneo Puertorriqueño, 1946-1947;
Presidente de la Sociedad dramática del Colegio del Sagrado
Corazón, Santurce, P. R., 1945-1947; miembro de la Asociación Puertorriqueña de Periodistas, de la Junta de Teatro
de San Juan, de la Sociedad de Autores Puertorriqueños, del
Colegio Profesional Nacional de Abogados; y miembro correspondiente del Ateneo Dominicano. 6. Areyto (1948); Circe
o el amor (1963); Cuando las flores de Pascuas son flores
de azahar (1939); Cuentos de la Plaza Fuerte (1963); Los
Cuentos de la universidad (1967); Cuentos para colegiales
(1922); Cuentos para fomentar el turismo (1936); La hacienda
de los cuatro vientos (1940); Hay que decir la verdad (1940);
La literatura de transición (1960); El libro azul (1918); La
Muerte (1953); El niño Sanromá (1962); La novela de una
vida simple (1935); La presa de los vencedores (1939); La
romanticona (1926); La vida (1959).

Circe o el Amor. Barcelona, Ed. Rumbos, 1963.
A farce in three acts based on the Circe myth.
Una farsa de tres actos basada en el mito de Circe.

Cuentos de la Plaza Fuerte. Barcelona, Ed. Rumbos,
1963.
Short stories. This work was awarded first prize by the
Institute of Puerto Rican Literature.
Cuentos. Esta obra fue premiada por el Instituto de
Literatura Puertorriqueña.

Los Cuentos de la Universidad. Barcelona, Ed. Rumbos,
1967.
Humorous short stories about university student life in
the 1920's.
Divertidos cuentos que tienen por tema la vida universitaria durante la década entre 1920 y 1930.

La Literatura de Transición. San Juan, Instituto de Cul-
tura Puertorriqueña, 1960.
Paper read at a conference at the General Library of the
University of Puerto Rico. An analysis of two decades of
Puerto Rican literature, 1940-1960.
Un discurso pronunciado a una conferencia que tuvo lugar
en la Biblioteca General de la Universidad de Puerto Rico.
El tema principal es la literatura puertorriqueña del período
1940-1960.

32 BENITEZ, JAIME. 1. 29.X.1908. Vieques, P.R. 5. Educator and essayist. Rector of the University of Puerto Rico,
Río Piedras, 1942-1966. He also served the University as
Instructor of Political Science, 1931-1941; Associate Professor, 1941-1942; and Chancellor, 1966-1971. Under his
leadership the University adopted many fundamental reforms
including required and elective courses, university autonomy,
and academic freedom, and received accreditation from the
Middle States Association of Colleges and Universities. The
author of numerous essays on jurisprudence and philosophy,
and in recent years, on higher education. He has contributed
to Revista Sur of Buenos Aires; Cuadernos of Paris; La
Torre of the University of Puerto Rico; Revista de Occidente
of Madrid; and other cultural reviews at home and abroad.
He has received honorary degrees from the Interamerican
University of San Germán, P.R., 1950; New York University,
1960; Fairleigh Dickinson University, N.J., 1961; and the
Catholic University of Puerto Rico, 1966. †Educador y ensayista. Ocupó el cargo de Rector de la Universidad de
Puerto Rico, Río Piedras, desde 1942 hasta 1966, después
de haber desempeñado los siguientes cargos de instrucción
en la misma Universidad: Instructor de Ciencias Políticas,
1931-1941, y Profesor Asociado, 1941-1942. Fue Canciller
de la Universidad de 1966 a 1971. Bajo su mando se

llevaron a cabo reformas fundamentales tales como el establecimiento de asignaturas obligatorias y electivas, autonomía universitaria y libertad académica.   Gracias a sus esfuerzos, la Universidad fue acreditada por la "Middle States
Association of Colleges and Universities. " Es el autor de
numerosos ensayos sobre la jurisprudencia, la filosofía y,
recientemente, la educación.   Ha contribuido a la Revista
Sur de Buenos Aires; Cuadernos de París; La Torre de la
Universidad de Puerto Rico; la Revista de Occidente de Madrid; y a otras revistas culturales en Puerto Rico y en el
extranjero.   Ha recibido doctorados honorarios de la Universidad Interamericana de San Germán, P.R. , 1950; la
Universidad de Nueva York, 1960; la Universidad de Fairleigh Dickinson, N.J. , 1961; y de la Universidad Católica
de Puerto Rico, 1966.   6.   Crisis en el mundo y en la educación (1969); Education for democracy on a cultural fron-
tier (1955); Etica y estilo de la Universidad (1964); Junto a
la torre: Jornadas de un programa universitario (1963);
Sobre el futuro cultural y político de Puerto Rico (1965); La
universidad del futuro (1964).

   Junto a la Torre.   San Juan, Universidad de Puerto Rico,
1963.
   An historical account of life at the major universities of
Puerto Rico from 1942-1962.
   Una narración histórica sobre la vida en las principales
universidades de Puerto Rico de 1942 a 1962.

33 BENITEZ, MARIA BIBIANA. 1. 1.XII.1783. Aguadilla, P.R.
    2.   12.IV.1873. San Juan, P.R. 5. Poet. She is con-
    sidered the first woman poet of Puerto Rico. Her father,
    José Benítez, was a Spanish Army Lieutenant and Agent of
    the Royal Treasury in Ponce, P.R. †Poetisa. Fue la
    primera poetisa de Puerto Rico. Su padre, José Benítez,
    fue un Teniente del Ejército español y Agente de la Tesore-
    ría Real en Ponce, P.R. 6. A la vejez (n.d. /s.f.); La
    cruz del morro (1862); Diálogo Alegórico (1858); La ninfa
    de Puerto Rico (1831); Soneto (1839).

    BENJAMIN DUVAL, pseud. /seud.
    see/véase CESTERO, FERDINAND R.

34 BERNAOLA, PEDRO. 1. 5.II.1916. Aibonito, P.R. 2.
    27.VII.1972. Madrid, España. 5. Poet. Public relations
    officer for the Puerto Rico Department of State, 1963. He
    has received several awards for poetry from the Puerto
    Rico Atheneum. †Poeta. Fue el encargado de relaciones
    públicas del Departamento de Estado de Puerto Rico.
    Ha recibido varios premios del Ateneo Puertorriqueño por su
    poesía. 6. Brechas (1963); Diario (1965); Madrugada (1967);
    Sirimiri (1965); Trémolo de angustias (1961).

Brechas. Barcelona, Ed. Rumbos, 1963.
Sonnets.
Sonetos.

Diario. Barcelona, Ed. Rumbos, 1965.
Poetry.
Poesía.

35 BETANCES, RAMON EMETERIO. 1. 8. IV. 1827. Cabo Rojo,
P. R. 2. 16. IX. 1898. Paris, France. 4. El Antillano.
Bin tah. 5. Physician, writer, politician, diplomat, and
revolutionary. General practitioner in Mayagüez, where he
gained notoriety by offering free medical care to the poor
during the severe cholera epidemic of 1855. Founder of
San Antonio Hospital in Mayagüez. The greatest Puerto
Rican nationalist of the 19th century, he organized and directed the Lares Uprising of 1868 from exile in St. Thomas,
V. I. He endured 31 years of exile in a long and arduous
struggle for Antillian independence. In 1885 he and Segundo
Ruiz Belvis cofounded a secret Abolitionist Society which
fought for the emancipation of the slaves. Cuban diplomatic
representative in Paris during the second Cuban War of Independence, 1895-1898. An accomplished author and poet in
both Spanish and French, he contributed to Le XIX Siécle,
Le Jour, Le Temps, La Presse, Moniteur d'Haiti, La Revue
Diplomatique, La República Cubana, América en París, El
Heraldo de Madrid, El Progreso, and other literary reviews
of Europe and America. Much of his poetry remains uncollected. In 1887, the French Government conferred the Cross
of the Legion of Honor for his outstanding contributions to
medical research. †Médico, escritor, político, diplomático
y revolucionario. Se ganó la desaprobación de las autoridades al ofrecer servicio médico gratis a los pobres durante
la epidemia de cólera de 1855. Fundó el Hospital de San
Antonio en Mayagüez. Fue el más grande de los nacionalistas puertorriqueños del siglo XIX y organizó y dirigió el
Grito de Lares de 1868 desde su exilio en Santo Tomás,
Islas Vírgenes. Aguantó 31 años de destierro
durante la larga y penosa lucha por la independencia antillana. En 1885 él y Segundo Ruiz Belvis establecieron una
Sociedad Abolicionista secreta que luchó por la emancipación
de los esclavos. Fue el representante diplomático de Cuba
ante el gobierno francés durante la Segunda Guerra de Independencia Cubana, 1895-1898. Fue un hábil escritor y poeta
en francés así como español y contribuyó a Le XIX Siécle,
Le Jour, Le Temps, La Presse, Moniteur d'Haiti, La Revue
Diplomatique, La República Cubana, América en París, El
Heraldo de Madrid, El Progreso y a otras revistas literarias de Europa y América. Gran parte de su poesía se ha
quedado dispersa. En 1887 el gobierno francés le otorgó
la Cruz de la Legión de Honor en reconocimiento a su
destacadas contribuciones a la medicina. 6. Betances

(1970); La botijuela (1863); Las cortesanas en París (1853);
Ensayo sobre Alejandro Petion (llamado el "Washington hai-
tiano") (1871); Imagen de Betances (1967); Un premio de
Luis XIV (1853); Toussaint Louverture, Los dos indios
(1852); Los viajes de Scaldado (1890); La Vierge de Borinquén (1859).

La Botijuela.   San Juan, Talleres Gráficos Interamericanos, 1969.
    New edition of an adaptation of the work by Plauto en-
titled "Aulalaria." First published in New York in 1863.
    Nueva edición de una adaptación de la obra de Plauto
titulada "Aulalaria" que Betances publicó por primera vez
en Nueva York en 1863.

La Vierge de Borinquén.   Ponce, P.R., Ed. Cofresí,
Vigía, Sociedad de Jóvenes Pro Cultura Puertorriqueña, n. d.
    Tale of fantasy.   Originally written in French and trans-
lated into Spanish by Miguel Angel Santana.   First published
in Paris in 1859.
    Un relato de fantasía publicado originalmente en francés
en París en 1859.   Fue traducido al español por Miguel
Angel Santana.

BIN TAH, pseud. /seud.
    see/véase BETANCES, RAMON EMETERIO

36 BLANCO, ANTONIO NICOLAS. 1. 10.IX.1887. San Juan,
P.R. 2. 1945. Hato Rey, P.R. 5. Poet, dramatist,
and commercial broker.   Upon graduation from high school,
he clerked for the Bull Insular Line shipping company and
later became a commercial broker.   A businessman with a
literary avocation, he contributed regularly to Revista de
las Antillas, El Diluvio, and Puerto Rico Ilustrado.   Editor
of Alma Latina.   One of Puerto Rico's greatest modernist
poets, he was profoundly influenced by Rubén Darió.
†Poeta, dramaturgo y cambista comercial.   Al graduarse
de escuela secundaria trabajó en la capacidad de oficinista
por la compañía naviera "Bull Insular Line" y más tarde
se hizo cambista.   Fue un hombre de negocios de avocación
literaria quien contribuyó con regularidad a la Revista de
las Antillas, El Diluvio y Puerto Rico Ilustrado.   Fue redactor de Alma Latina.   Gran poeta modernista que ha sido
influido profundamente por Rubén Darío. 6. Alas perdidas
(1928); Antología (1959); El jardín de Pierrot (1914); La
leyenda del bambú (1926); No me toque usted el trigémino
(1929); El pozo de la pancha (1926); Los Ruiseñores (1923);
S. Rey Lee (1922); Sonetinos (1919); Y muy sencillo (1919).

37 BLANCO, TOMAS. 1. 1900. Santurce, P.R. 3. Tomás
Blanco Geigel. 5. Essayist, literary and art critic, novelist, historian, and physician specialist in tropical parasitol-

ogy for the Puerto Rico Department of Health.   Contributed
to various literary reviews at home and abroad.   †Ensayista,
crítico de arte y literatura, novelista, historiador y médico
especializado en la parisitología del trópico quien trabajó
por el Departamento de Salud de Puerto Rico.   Contribuyó
a revistas literarias en Puerto Rico y el extranjero.
6.   Los aguinaldos del Infante (1954); Los cinco sentidos
(1955); Cuentos sin ton ni son (1970); La dragontea (1956);
Letras para música (1963); Miserere (1959); El prejuicio
racial en Puerto Rico (1952); Prontuario histórico de Puerto
Rico (1935); Sobre Palés Matos (1950); Los Vates (1949).

Los Cinco Sentidos.   San Juan, Instituto de Cultura
Puertorriqueña, 1968.
Five essays on various subjects.   First published in 1955.
Cinco ensayos sobre varios temas.   Publicado original-
mente en 1955.

Cuentos Sin Ton Ni Son.   San Juan, Instituto de Cultura
Puertorriqueña, 1970.
First compilation of the author's short stories which re-
flect his unique view of Puerto Rican reality.
La primera recopilación de los cuentos del autor que
reflejan su interpretación de la realidad puertorriqueña.

Prontuario Histórico de Puerto Rico.   San Juan, Biblio-
teca de Autores Puertorriqueños, 1935.
Brief history of Puerto Rico to 1935.
Breve historia de Puerto Rico hasta 1935.

Los Vates; Embeleco Fantástico para Niños Mayores de
Edad.   San Juan, Asomante, 1949.
A fantasy, especially for older children, about a journal-
ist who was unhappy with his station in life.
Una fantasía escrita especialmente para niños mayores.
Se trata de un periodista descontento de su vida.

38 BONAFOUX Y QUINTERO, LUIS. 1. 1855. St. Lubetz,
France. 2. 1918. London, England. 3. Luis Tulio
Bonafoux y Quintero. 4. Aramis. Juan de Madrid.
5. Journalist, short-story writer, and novelist. Contributed
to several Puerto Rican literary reviews including El Buscapié. He was banished from the Island for having written a
controversial essay entitled "El Carnaval de las Antillas"
in which he criticized the colonial regime. Spent the re-
mainder of his life as an expatriate writer in France and
Spain. †Periodista, cuentista y novelista. Contribuyó a
varias revistas literarias puertorriqueñas, entre ellas El
Buscapié. Fue desterrado de la Isla por haber escrito un
ensayo polémico titulado "El Carnaval de las Antillas" en el
cual criticó al régimen colonial. Pasó el resto de su vida
como escritor expatriado en Francia y España. 6. El

Asesinato de Víctor Noir (1877); El Avispero (1892); Be-
tances (1901); Bilis (1908); Bombos y palos (1907); Casi
Críticas: Rasguños (1910); Clericanallas (1910); De mi vida
y Milagros (1910); Emilio Zola (1900); Esbozos novelescos
(1894); Los españoles en París (1912); Franceses y francesas
(1913); Gotas de sangre: crímenes y criminales (1910);
Huellas literarias (1894); Melancolía (1911); Mosquetazos de
Aramís (1885); Paños calientes (1905); París al día (1900);
Por el mundo arriba: viajes (1909); Risas y lágrimas (1900);
Siluetas episcopales (1907); Tiquismiquis (1888); Ultramarinos
(1882); Yo y el plagiario Clarín (1888).

Betances. San Juan, Instituto de Cultura Puertorriqueña,
1970.
Biography of Ramón Emeterio Betances, the outstanding
Puerto Rican writer, orator, and revolutionary leader.
First published in 1901.
La biografía de Ramón Emeterio Betances, el célebre
escritor, orador y dirigente revolucionario puertorriqueño.
Publicada originalmente en 1901.

39 BRASCHI, WILFREDO. 1. 1918. New York, New York.
5. Journalist, literary critic, and short-story writer. Professor of the Social Sciences at the University of Puerto
Rico, Río Piedras, radio-television commentator, and Public
Relations Director for several government agencies. Joined
the Editorial Board of La Democracia and El Mundo. He
received the Journalism Prize of the Institute of Puerto Rican Literature for his brilliant editorials. Grandson of the
noted journalist, Mario Braschi. †Periodista, crítico literario y cuentista. Profesor de ciencias sociales en la Universidad de Puerto Rico, Río Piedras, locutor de radio y
televisión y director de relaciones públicas de varias
agencias gubernamentales. Ha sido miembro de la junta
editorial de La Democracia y El Mundo. Recibió el premio
para periodismo del Instituto de Literatura Puertorriqueña
por sus destacados editoriales. Es el nieto del conocido
periodista Mario Braschi. 6. Apuntes para la historia del
teatro puertorriqueño contemporáneo (1952); Apuntes sobre
el Teatro Puertorriqueño (1970); Cuatro caminos (1963);
Metrópoli (1968); Nuevas relaciones públicas (1969); Nuevas
tendencias en la literatura puertorriqueña (1957).

Apuntes sobre el Teatro Puertorriqueño. San Juan, Ed.
Coquí, 1970.
A study of the Puerto Rican theatre from its beginnings
to the 20th century, with emphasis on the modern period.
Based on the author's master's thesis (1952).
Un estudio del teatro puertorriqueño desde sus principios
hasta el siglo XX. Se pone énfasis en el período moderno.
Basado en la tesis presentada por el autor para lograr el
grado de maestría (1952).

Cuatro Caminos. San Juan, Ed. Juan Ponce de León, 1963.
This volume containing 62 ancient European chronicles was awarded first prize by the Institute of Puerto Rican Literature.
Este libro, ganador del premio del Instituto de Literatura Puertorriqueña, se compone de 62 viejas crónicas de Europa.

Metrópoli. San Juan, Ed. Juan Ponce de León, 1968.
A collection of short stories, some humorous, some ironic, concentrating on internal conflicts.
Una colección de cuentos, algunos humorísticos, otros irónicos, que tienen que ver con conflictos internos.

Nuevas Tendencias en la Literatura Puertorriqueña. San Juan, Instituto de Cultura Puertorriqueña, 1957.
The text of a lecture delivered at a symposium of the Institute of Puerto Rican Culture in which the author catalogs the new movements and trends in Puerto Rican literature.
El texto de una conferencia pronunciada en el Instituto de Cultura Puertorriqueña en la cual el autor discursó sobre las nuevas formas de la literatura puertorriqueña.

40 BRAU, SALVADOR. 1. 11.I.1842. Cabo Rojo, P.R. 2. 5.XI.1912. San Juan, P.R. 3. Salvador Brau y Asencio. 5. Historian, sociologist, dramatist, poet, essayist, short-story writer, journalist, and novelist. Self-educated, City Councilman and Member of the Local School Board, 1873. Fiscal officer of the San Juan Treasury Department, 1880-1889; elected to the Provincial Assembly from Mayagüez; Secretary of the Autonomist Party, 1889-1893; commissioned by the Assembly to research Puerto Rican history in the Archive of the Indies at Seville, 1894; Deputy Collector of Customs in San Juan, before and after the arrival of the Americans, 1895-1902; Official Historian of Puerto Rico, 1903-1912. Editor of El Agente, 1875-1883; El Asimilista, 1882-1885; and El Clamor del País, 1883-1894; and frequent contributor to El Buscapié, 1877-1918; and Revista Puertorriqueña, 1887-1893. He advocated "home rule" for Puerto Rico rather than complete independence or statehood. †Historiador, sociólogo, dramaturgo, poeta, ensayista, cuentista, periodista y novelista. Autodidacto. Fue Síndico del Consejo Municipal y vocal de la Junta Local de Instrucción, 1873. En 1880 fue nombrado cajero de la Tesorería de San Juan y en 1889 Diputado Provincial de Mayagüez. Fue secretario del Partido Autonomista, 1889-1893; encargado por la Asamblea Provincial de hacer investigaciones de historia puertorriqueña en los Archivos de las Indias en Sevilla, 1894. Ocupó el cargo de Jefe de Aduana en San Juan antes y después de la llegada de los norteamericanos, 1895-1902. Historiador Oficial de

Puerto Rico, 1903-1912. Redactor de El Agente, 1875-
1883; El Asimilista, 1882-1885; y El Clamor del País,
1883-1894; y contribuidor frecuente a El Buscapié, 1877-
1918; y la Revista Puertorriqueña, 1887-1893. Abogó por la
autonomía de Puerto Rico dentro del sistema del gobierno
norteamericana en vez de la independencia completa o reconocimiento como estado.   6. El abolengo separatista
(1912); La campesina (1886); La caña de azúcar (1906); Las
clases jornaleras de Puerto Rico (1882); La colonización de
Puerto Rico, 1493-1550 (1907); La danza Puertorriqueña
(1885); De cómo y cuándo nos llegó el café (1906); De la
superficie al fondo (1874); Disquisiciones sociológicas, y
otros ensayos (1956); Dos factores de la colonización de
Puerto Rico (1896); Ecos de la batalla (1886); El Fantasma
del Puente (1870); La fundación de Ponce (1909); La herencia
devota (1887); Héroe y Mártir (1871); Historia de los primeros cincuenta años de colonización de Puerto Rico (1896);
Historia de Puerto Rico (1904); Hojas Caídas (1909); Hojas
Secas (1909); En honor de la prensa (1901); Los horrores
del triunfo (1886); Una invasión de filibusteros (1881); La
Isla de Vieques (1912); Lo que dice la historia (1893); El
maestro Rafael Cordero (1891); Patria (1899); La pecadora
(1890); Una poema de Brau (1905); Puerto Rico en Sevilla
(1896); Puerto Rico y su historia (1892); La realidad de un
sueño (1881); El tesoro escondido (1883); La vuelta al hogar
(1877); Obra teatral. 2 vols. (1972).

La Colonización de Puerto Rico.   San Juan, Instituto de
Cultura Puertorriqueña, 1966.
A history of Puerto Rico from its discovery in 1493 to
the year 1550.   First published in 1907.
Una historia de Puerto Rico desde su descubrimiento en
1493 hasta el año 1550.   Publicada inicialmente en 1907.

Historia de Puerto Rico.   San Juan, Ed. Coquí, 1966.
This profusely illustrated history traces Puerto Rico's
development from its discovery in 1493 to the American occupation in 1898.   First published in 1904.
Esta historia, publicada por primera vez en 1904, trata
del desarrollo de Puerto Rico desde su descubrimiento en
1493 hasta la toma de posesión norteamericana en 1898.   El
libro contiene muchos grabados.

Obra Teatral.   2 t.   San Juan, Ed. Coquí, 1972.
Theater works.
Piezas de teatro.

41 BURGOS, JULIA. 1. 17.II.1914. Carolina, P.R. 2. 6.VII.
1953. New York, N.Y. 3. Julia Constancia Burgos García. 5. Poet, journalist, and schoolteacher. Employed in
a rural day care center operated by the Puerto Rico Economic Reconstruction Administration, 1934. In 1935, she

became a school teacher in Naranjito.   Deeply influenced
by the revolutionary nationalism of Pedro Albizu Campos,
her first poems dealt with socio-political issues.   In 1936
she joined the School of the Air, a radio series of the
Puerto Rico Department of Public Instruction, but was
obliged to resign in 1937 for political reasons.   Emigrated
to New York in 1940 and went to Cuba later that year.
Committed to independence and social justice, she was active in a variety of "leftist" and "progressive" causes.   In
1942 she left Cuba and returned to New York, where she
found employment in an optical firm.   Later she worked as
a laboratory technician, saleswoman, editor of Pueblos Hispanos, office worker, and seamstress.   In 1944 she went
to Washington, D.C. with her husband and worked in the
Office of Inter-American Affairs.   A victim of alcoholism,
she was hospitalized several times between 1946 and her
tragic death in 1953.   A post-modernist, her best known
poem is "Río Grande de Loíza."   She contributed to El
Mundo, Alma Latina, Puerto Rico Ilustrado, and Asomante.
†Poetisa, periodista y maestra.   Trabajó en un centro de
niños rural auspiciado por la Administración de Reconstrucción Económica de Puerto Rico, 1934.   En 1935 se hizo
maestra de escuela en Naranjito.   Fue profundamente im-
presionada por el nacionalismo revolucionario de Pedro Albizu Campos de manera que sus primeros poemas trataron
de asuntos socio-políticos.   En 1936 trabajó por la Escuela
del Aire, un programa de radio del Departamento de Instrucción Pública de Puerto Rico, pero se vió obligada retirarse en 1937 por motivos políticos.   Emigró a Nueva
York en 1940 más tarde en el mismo año fue a Cuba.   Dedicada a los conceptos de independencia y justicia social, fue
activa en una variedad de causas izquierdistas y progresivis-
tas.   En 1942 salió de Cuba y regresó a Nueva York donde
trabajó por una empresa que fabricaba instrumentos ópticos.
Más tarde trabajó de laboratorista, vendedora, redactora de
Pueblos Hispanos, oficinista y costurera.   En 1944 fue a
Washington, D.C. con su marido y trabajó en la Oficina de
Asuntos Interamericanos.   Fue una víctima del alcoholismo
y se hospitalizó varias veces durante el período desde 1946
hasta su muerta trágica en 1953.   Una posmodernista, su
poema más conocido es "Río Grande de Loíza."   Contribuyó a El Mundo, Alma Latina, Puerto Rico Ilustrado, y
Asomante.   6.   Canción de la verdad sencilla (1939); El mar
y tú, y otros poemas (1954); Obra poética (1961); Poemas
en veinte surcos (1938); Poemas exactos a mí misma (1937);
Poesías (1964).

El Mar y Tú, y otros poemas. · 1954.
A collection of poetry by a popular poet.
Una colección de poesía por una poetisa popular.

Obra Poética.   San Juan, Instituto de Cultura Puertorri-
queña, 1961.
Poetry of Julia de Burgos.
Poesía de Julia de Burgos.

42   CADILLA DE MARTINEZ, MARIA.   1.   21. XII. 1886.   Arecibo,
P. R.   2.   23. VIII. 1951.   Arecibo, P. R.   4.   Triana.
5.   Essayist, folklorist, poet, historian, teacher, and paint-
er.   Began teaching in a rural school at the age of 16.
English teacher in Arecibo, P. R., 1903-1916.   Professor
of Spanish History and Literature at the University College
of Santurce, 1916.   School principal in Arecibo, 1916-1920.
Teacher in Arecibo High School, 1921-1922.   Taught Spanish
Literature, Art History, and Puerto Rican History at the
University of Puerto Rico High School, 1923-1930.   Instructor of Education and Supervisor of Student Teaching at the
University of Puerto Rico, Río Piedras, 1930-1936.   Presi-
dent of the Puerto Rico Historical Society, 1928, and member of the Puerto Rican Academy of History, 1934.   Member of many foreign folklore institutes and historical societies, including those of France, Mexico, Argentina, the
Dominican Republic, the United States, Brazil, Cuba, Uruguay, and India.   President of the Women's Club of Arecibo,
Vice-President of the Puerto Rican League of Women Voters,
Director of the Mental Health Association of Puerto Rico,
Vice-President of the Section of Moral and Political Sciences
of the Puerto Rico Atheneum, 1934-1935; first President of
the Puerto Rican Chapter of the Union of American Women,
1934-1936; Honorary Chairman of the Arecibo Economic De-
velopment Commission.   She received medals from the
Soviet Union, 1933, and France, 1941, and awards from the
Puerto Rico Atheneum in 1916 and 1925 for Literature, and in
1917 for Art; the Arecibo Women's Club in 1915; the Puerto
Rican Society of Writers and Artists in 1913; the Society of
Writers and Artists of Ponce in 1914; and the Institute of
Puerto Rican Literature in 1943.   †Ensayista, folklorista,
poetisa, historiadora, maestra, y pintora.   Empezó a enseñar en una escuela rural a la edad de 16 años.   Fue
maestra de inglés en Arecibo, P. R., 1903-1916.   Profesora
de Historia y Literatura Española en el Colegio Universitario
de Santurce, 1916.   Directora de escuela en Arecibo, 1916-
1920.   Maestra en la Escuela Superior de Arecibo, 1921-
1922.   Enseñó la literatura española, la historia de arte, y
la historia de Puerto Rico en la Escuela Secundaria de la
Universidad de Puerto Rico, 1923-1930.   Instructora de
educación y Supervisora de práctica de enseñanza en la Universidad de Puerto Rico, Río Piedras, 1930-1936.   Presidenta de la Sociedad de Historia de Puerto Rico, 1928, y
miembro de la Academia de la Historia Puertorriqueña,
1934.   Miembro de muchos institutos folklóricos y sociedades
de historia extranjeros incluso los de Francia, México, la
Argentina, la República Dominicana, los Estados Unidos,

Brasil, Cuba, Uruguay, e India. Presidenta del Club de
Damas de Arecibo, Vice-Presidenta de la Asociación Puertorriqueña de Mujeres Votantes, Directora de la Asociación de
Higiene Mental de Puerto Rico, Vice-Presidenta de la Sección de Ciencias Morales y Políticas del Ateneo Puertorriqueño, 1934-1935; primera Presidenta de la sucursal puertorriqueña de la Unión de Mujeres Americanas, 1934-1936;
Presidenta honoraria de la Comisión para Fomento de Arecibo. Fue condecorada por la Unión Soviética, 1933, y por
Francia, 1941, y fue premiada por el Ateneo Puertorriqueño en 1916 y 1925 por literatura y en 1917 por arte; por
el Club de Damas de Arecibo en 1915; por la Sociedad
Puertorriqueña de Escritores y Artistas en 1913; por la
Sociedad de Escritores y Artistas de Ponce en 1914; y por
el Instituto de Literatura Puertorriqueña en 1943. 6. La
alegría de Juan de Castellanos (1931); Alturas paralelas
(1941); La campesina de Puerto Rico (1937); Cantos y juegos
infantiles de Puerto Rico (1940); Cazadora en el alba y otros
poemas (1933); Costumbres y tradicionalismos de mi tierra
(1938); Cuentos a Lillian (1925); Un factor descuidado en
nuestra economía (1938); Hitos de la raza (1945); Juegos y
canciones infantiles de Puerto Rico (1940); La mística de
Unamuno y otros ensayos (1934); La poesía popular en
Puerto Rico (1933); Raíces de mi tierra (1941); Rememoran-
do el pasado heroico (1946); Semblanzas de un carácter:
Lola Rodríguez de Tió (1936).

Costumbres y Tradicionalismos de Mi Tierra. San Juan,
Imp. Venezuela, 1938.
Customs, traditions, folklore and legends of 19th-century
Puerto Rico.
Este libro trata de las tradiciones, folklore y leyendas
de Puerto Rico del siglo XIX.

Hitos de la Raza. San Juan, Imp. Venezuela, 1945.
Traditional short stories and folktales of Puerto Rico.
Cuentos tradicionales y folklore de Puerto Rico.

La Poesía Popular en Puerto Rico. Madrid, Universidad
de Madrid, 1933.
Popular poetry of Puerto Rico.
Poesía popular de Puerto Rico.

43 CADILLA DE RUIBAL, CARMEN ALICIA. 1. 1908. Arecibo,
P.R. 5. Journalist and poet. Employed by the Puerto
Rico Department of Public Instruction. Her poetry is in the
post-modernist style. †Periodista y poetisa. Trabaja por
el Departamento de Instrucción Pública de Puerto Rico. Su
poesía pertenece al estilo posmodernista. 6. Ala y ancla
(1940); Antología poética (1941); Canciones en flauta blanca
(1934); Cien sinrazones (1962); Diapasón (1939); Entre el silencio y Dios (1966); Litoral del sueño (1937); Lo que tú y

yo sentimos (1933); Mundo sin geografía (1948); Raíces azules (1936); Los silencios diáfanos (1931); Tierras del alma (1969); Voz de las islas íntimas (1939); Zafra amarga (1937).

Cien Sinrazones. San Juan, Ed. Club de la Prensa, 1962.
One hundred short poems extolling beauty, friendship, and brotherhood in the face of injustice and adversity.
Cien breves poesías que elogian la belleza, la amistad, y la cordialidad ante la injusticia y la adversidad.

Entre el Silencio y Dios. San Juan, Ed. Juan Ponce de León, 1966.
A heavily illustrated volume of poetry.
Poemas con ilustraciones.

CAMILO SARMIENTO, pseud. /seud.
see/véase ZENO GANDIA, MANUEL

UN CAMPESINO, pseud. /seud.
see/véase MORALES, JOSE PABLO

44 CANALES, NEMESIO R. 1. 18.XII.1878. Jayuya, P.R. 2. 14.IX.1923. New York, N.Y. 3. Nemesio R. Canales y Rivera. 5. Lawyer, poet, journalist, critic, and dramatist. Established his legal practice in Ponce and became active in Union Party politics. Contributed a column of social and political commentary entitled "Paliques" to the Ponce newspaper El Día. Elected to the Puerto Rican legislature, in 1909 he introduced a bill to extend the franchise to women. Assistant Attorney General in the Puerto Rico Department of Justice, 1922, a post from which he soon resigned for political reasons. Professor in the School of Law at the University of Puerto Rico, Río Piedras. He died in 1923 en route to Washington, D.C. to testify before a Senate Committee on Puerto Rican-American relations. His poetry is dispersed in literary reviews at home and abroad including Revista de las Antillas, edited by Luis Lloréns Torres, Juan Bobo, (later called Idearium) which he co-published with Lloréns Torres in 1915, La Semana of San Juan, and Cuasimodo of Buenos Aires. His best known poems are "Mi caballo," "Cuando cae la tarde," "Por el camino," and "En tu oído." †Abogado, poeta, periodista, crítico y dramaturgo. Estableció su gabinete jurídico en Ponce y se metió en los asuntos del Partido Unión. Escribió una columna de comentario social y político titulada "Paliques" para el periódico ponceño El Día. Fue elegido a la legislatura puertorriqueña en 1909 y introdujo legislación en pro del voto para mujeres. Fue Procurador Asistente en el Departamento de Justicia de Puerto Rico, 1922, un cargo que dejó por motivo de asuntos políticos. También fue Profesor en la

Facultad de Leyes de la Universidad de Puerto Rico, Río
Piedras. Murióse en 1923 durante un viaje a Washington,
D. C. donde había de testificar antes del Comité sobre Relaciones Puertorriqueñas del Senado. Su poesía se encuentra dispersa en revistas literarias tanto del Puerto Rico
como del extranjero incluso la Revista de las Antillas, re-
dactada por Luis Lloréns Torres, Juan Bobo (luego titulada
Idearium) que redactó junto con Lloréns Torres en 1915,
La Semana de San Juan y Cuasimodo de Buenos Aires.
Entre sus poesías se destacan "Mi caballo, " "Cuando cae
la tarde, " "Por el camino" y "En tu oído. " 6. Feliz
pareja (n. d. /s. f.); Hacia un lejano sol (n. d. /s. f.); El
héroe galopante (1923); La leyenda benaventina (1912); Mi
voluntad se ha muerto (1921); Nuevos paliques y otras
páginas (1965); Paliques (1915).

El Héroe Galopante. 2a ed. San Juan, Ed. Coquí, 1967.
A one-act comedy about an 18-year-old girl and her
guardian. First published in 1923.
Una pieza de un acto sobre una chica de 18 años y su
guardián. Publicada por primera vez en 1923.

EL CARIBE, pseud. /seud.
see /véase PADILLA, JOSE GUALBERTO

45 CARRERAS, CARLOS N. 1. 3. V. 1895. San Juan, P. R.
2. 26. IX. 1959. Santurce, P. R. 3. Carlos Noriega Carreras. 5. Poet, journalist, and short-story writer. Editor-in-Chief of El Carnaval, 1919; Puerto Rico Ilustrado,
1920-1922, Heraldo de Puerto Rico, 1925; Cóndor, 1936; El
Sol, 1937-1939; and El Boletín Mercantil, 1945. Contributed
to El Diluvio, El Mundo, El Diario de la Mañana, and Mundial. Secretary of the Puerto Rico Atheneum, 1929; Honorary
Consul of the Dominican Republic, 1930-1933. President of
the Puerto Rico Atheneum Section of Fine Arts, 1930;
member of the Puerto Rican Academy of History, 1934;
Director of the Acting School of the Puerto Rico Economic
Reconstruction Administration (PRERA), 1935; Honorary
Member of the Argentine Cultural Committee of Buenos
Aires, 1939; Principal Investigator for "Indice Histórico del
Gobierno de Puerto Rico, " 1940-1944; Instructor of compara-
tive literature and creative writing in the evening session
of Santurce Central High School from 1943; Director of the
Santurce Public Library from 1945. A noted modernist, he
received a literary award from the Puerto Rico Atheneum.
Father of poet Carlos Noriega Rodríguez. †Poeta, periodista
y cuentista. Redactor de El Carnaval, 1919; Puerto Rico
Ilustrado, 1920-1922; Heraldo de Puerto Rico, 1925; Cóndor,
1936; El Sol, 1937-1939; y El Boletín Mercantil, 1945.
Contribuía a El Diluvio, El Mundo, El Diario de la Mañana
y Mundial. Secretario del Ateneo Puertorriqueño, 1929.
Cónsul Honorario de la República Dominicana, 1930-1933.

67   CARRION MADURO

Presidente del Ateneo Puertorriqueño, Sección de Bellas
Artes, 1930.   Miembro de la Academia Puertorriqueña de
Historia, 1934; Director de la Escuela de Drama de la Administración de Reconstrucción Económica Puertorriqueña
(PRERA), 1935; Miembro Honorario del Comité Cultural Argentino, Buenos Aires, 1939; Investigador Principal para el
"Indice Histórico del Gobierno de Puerto Rico, " 1940-1944;
desde 1943 instructor de literatura comparativa y periodismo
en la Escuela Secundaria Central de Santurce; Director de
la Biblioteca Municipal de Santurce desde 1945.   Destacado
modernista, fue premido por el Ateneo Puertorriqueño.
Fue padre del poeta Carlos Noriega Rodríguez.   6.   Alma
criolla (n. d. /s. f.); Antología completa de poetas puertorriqueños.   3 vols.   (1922); Betances, el antillano proscrito
(1961); El caballero del silencio (1940); Florilegio de cuentos
puertorriqueños (1924); Hombres y mujeres de Puerto Rico
(1957); Hostos, Apóstol de la libertad (1950); Ideario de
Hostos (1966); Indice Histórico del Gobierno de Puerto Rico
(1940-1944); Juan Ponce de León (1932); Luna verde y otros
cuentos (1958); El ruiseñor extraviado (1959); La sortija de
agua (1957).

Betances, el Antillano Proscrito.   San Juan, Ed. Club de
la Prensa, 1961.
Biography of Ramón Emeterio Betances, a famous doctor
who fought for the abolition of slavery in Puerto Rico.   He
also participated actively in several conspiracies and revolutionary movements.
Biografía de Ramón Emeterio Betances, un médico
famoso que luchó por la abolición de la esclavitud en
Puerto Rico y quien tomó parte en numerosos complotes y
actividades revolucionarias.

Hombres y Mujeres de Puerto Rico.   México, Ed. Orion,
1957.
Brief biographical sketches of outstanding Puerto Ricans.
Breves reseñas biográficas de célebres puertorriqueños.

Luna Verde y Otros Cuentos.   Barcelona, Ed. Rumbos,
1958.
Short Stories.
Cuentos.

46 CARRION MADURO, TOMAS.   1.   4. I. 1870.   Juana Díaz, P. R.
2.   13. III. 1920.   Ponce, P. R.   4.   Cumba.   5.   Poet, politician, journalist, and orator.   Represented Puerto Rico at
the World Hispanic Congress which convened in London in
1911.   Editor-in-Chief of El Aguila de Puerto Rico and El
Día of Ponce.   In 1894 he went to Cuba, where he spent a
year as a journalist.   Upon his return to Puerto Rico, he
was indicted by a colonial tribunal on charges of political
radicalism.   A member of the pro-statehood Republican

Party, he served several terms in the Puerto Rico House
of Representatives. An eloquent orator, he sparred with
many political adversaries including the celebrated poet,
José de Diego. †Poeta, político, periodista y orador. Fue
el representante de Puerto Rico ante el Congreso Hispánico
Mundial que se reunió en Londres en 1911. Fue el redactor
de El Aguila de Puerto Rico y El Día de Ponce. En 1894
fue a Cuba donde se quedó un año trabajando de periodista.
Al regresar a Puerto Rico fue acusado de actividades radi-
cales por un tribunal del gobierno. Fue un miembro del
Partido Republicano y sirvió de representante a la Cámara
de Diputados. Orador elocuente, tuvo muchos antagonistas
políticos incluso el célebre poeta, José de Diego. 6. Alma
Latina (1905); Cumba (1903); Oradores parlamentarios y
hombres notables de la Asamblea Legislativa de Puerto Rico
(1904); Ten con ten: impresiones de un viaje a la América
del Norte (1906).

47 CASTRO, TOMAS DE JESUS. 1. 21. XII. 1902. Carolina,
P. R. 5. Prose writer, journalist, and lawyer. Publisher
of the San Juan literary review, Sábado, 1938-1941. Contributed to Puerto Rico Ilustrado, El Mundo, El Imparcial,
Florete, and El Diluvio. Although not a poet, he is credited
with two poetic compositions: "Lontañanza" and "Bíblico
asno...." †Prosista, periodista y abogado. Editor de la
revista literaria sanjuanera Sábado, 1938-1941. Contribuyó
a Puerto Rico Ilustrado, El Mundo, El Imparcial, Florete,
y El Diluvio. Aunque no era poeta, se le acreditan dos
poemas: "Lontañanza" y "Bíblico asno...." 6. Al Capone
en el municipio (1934); Aldea y urbe (1941); Bufonadas del
Instituto de Literatura Puertorriqueña (1957); Comerío: Alba
y Crepúsculo (1954); Emboscada a Morfeo (1964); Esbozos
I, II, III (1945, 1957, 1958); Nueva York (1950); Vistos de
cerca (1962).

Emboscada a Morfeo. Madrid, Ed. Jet, 1964.
A collection of narratives by the author.
Una colección de relatos del autor.

Vistos de Cerca. San Juan, Ed. Club de la Prensa,
1962.
An anthology of articles which the author published in El
Mundo in 1935.
Una antología de artículos publicados originalmente en El
Mundo en 1935.

48 CEBOLLERO, PEDRO. 1. 1896. San Sebastián, P. R.
3. Pedro Angel Cebollero. 5. Educator, essayist, and
poet. A modernist writer with contributions in Revista de
las Antillas and other popular literary magazines. His
poem, "Canto a la Fuente," received an award from the
Puerto Rico Atheneum in 1924. His other well-known poems

include: "Lirio, " "Tus diez dedos, " "Blanca Rosa, " "Tú
lo sabes, " "Canciones del alma. " †Educador, ensayista y
poeta. Es un escritor de la escuela modernista que ha
contribuido a Revista de las Antillas y otras revistas literarias. Su poema, "Canto a la Fuente, " recibió un premio
del Ateneo Puertorriqueño en 1924. Sus otros poemas
conocidos son "Lirio, " "Tus diez dedos, " "Blanca Rosa, "
"Tú lo sabes, " "Canciones del alma. " 6. Aritmética social (1962); Caminos (1966); Education in Porto Rico, 1920-
1930 (1931); La enseñanza de las ciencias naturales en la
escuela primaria (1953); Nuestro mundo: aire y sol (1956);
La evaluación del trabajo escolar (1963); Nuestro mundo
tropical (1953); La política lingüística--escolar de Puerto Rico
(1945); Nuestro mundo: tierra y cielo (1955); Reactions of Puerto
Rican Children in New York City to Psychological Tests (1936).

49 CEIDE, AMELIA. 1. 1908. Aguadilla, P.R. 3. Amelia
Ceide de Loewenthal. 5. Schoolteacher, poet, and journalist. †Maestra, poetisa y periodista. 6. Cuando el cielo
sonríe (1946); Interior (1936); Mi cantar de cantares (1940);
Puertas (1946); Stahl: estudio biográfico (1960).

   Cuando el Cielo Sonríe. San José, Costa Rica, Ed.
Borracé, 1946.
   Lyrical poems.
   Poesía lírica.

   Interior. San Juan, Imp. Venezuela, 1936.
   Poetry.
   Poesía.

CESAR DE BAZAN, pseud. /seud.
see/véase VIZCARRONDO, JULIO L. DE

50 CESTERO, FERDINAND R. 1. 16.X.1864. San Juan, P.R.
2. 15.III.1945. San Juan, P.R. 4. Benjamín Duval.
Ferdinand. 5. Poet. President of the Puerto Rico
Atheneum, 1908. Chief Archivist of the Puerto Rican Ar-
chives and Records Service, 1929. His poetry appeared in
El Mundo, El Carnaval, Revista de las Antillas, Puerto
Rico Ilustrado, and El Diluvio. Member of the Puerto Ri-
can Society of Writers and Artists, and Corresponding Mem-
ber of the West Indian Academy of Languages. Received lit-
erary awards from the Mayagüez Casino and the Puerto Rico
Atheneum for "El Soneto, " "Canto al amor, " "El romance
Castellano, " "El alma de las piedras, " and "Canto idílico. "
His other well-known poems include "La leyenda del aire, "
"Epopeya de volcanes, " "El alma de las cosas, " "Señor
Chuchú Benité Castaño, " and "Canto a México en su Día
Nacional. " †Poeta. Presidente del Ateneo Puertorriqueño,
1908. Jefe del Archivo Histórico de Puerto Rico, 1929.
Su poesía apareció en El Mundo, El Carnaval, la Revista de

las Antillas, Puerto Rico Ilustrado y El Diluvio. Fue
miembro de la Sociedad Puertorriqueña de Escritores y
Artistas y miembro correspondiente de la Academia Antillana de la Lengua. Ha recibido premios literarios del
Casino de Mayagüez y del Ateneo Puertorriqueño por "El
Soneto, " "Canto al amor, " "El Romance Castellano, " "El
Alma de las Piedras" y "Canto Idílico. " Otros bien conocidos poemas suyos son "La Leyenda del aire, " "Epopeya
de volcanes, " "El Alma de las Cosas, " "Señor Chuchú Benité Castaño" y "Canto a México en su Día Nacional. "
6. A Teresita, epístola (1889); Ave populi (1904); Banderas
y palmas (1940); Lira y corazón (1929); Lírica: página
azul (1905); Poesías laureadas (n. d. /s. f.); San Juan, mi
ciudad amada (1960); Sueños y Quimeras (1939).

51 CIFRE DE LOUBRIEL, ESTELA. 5. Historian. Associate
Professor in the Department of History at the University of
Puerto Rico, Río Piedras. †Historiadora. Profesora
asociada en el Departamento de Historia de la Universidad
de Puerto Rico, Río Piedras. 6. Catálogo de extranjeros
residentes en Puerto Rico en el siglo XIX (1962); La inmi-
gración a Puerto Rico durante el siglo XIX (1964).

   Catálogo de Extranjeros Residentes en Puerto Rico en el
Siglo XIX. Río Piedras, P.R., Universidad de Puerto Rico,
Ed. Universitaria, 1962.
   Census of the foreign population of Puerto Rico in the
19th century, including brief biographies, a list of occupations represented, and the number of immigrants from each
country.
   Un censo de la población extranjera residente en Puerto
Rico en el siglo XIX que comprende breves biografías, una
lista de los oficios de las personas representadas, y el
número total de inmigrantes de cada país.

CLARO OSCURO, pseud. /seud.
see /véase ASENJO, FEDERICO

EL COLABORADOR, pseud. /seud.
see /véase MORALES, JOSE PABLO

52 COLBERG, JUAN ENRIQUE. 1. 19. IX. 1917. Cabo Rojo,
P.R. 2. 21. XII. 1964. Hato Rey, P.R. 3. Juan Enrique
Colberg Petrovich. 5. Essayist, short-story writer,
journalist, and poet. Correspondent for El Diario de Puerto
Rico and El Mundo. Served in the United States Army,
1942-1946. Employed in the Personnel Office of the Commonwealth of Puerto Rico. Public Relations executive in
San Juan, 1953-1958. Public Relations Director for the
Puerto Rico Department of Agriculture and Commerce,
1958-1959; Editorial Assistant, 1959-1964. In 1954, he received a prize from the Puerto Rico Atheneum for his short

story "Pedro García." That same year the Puerto Rico
Coffee Merchants Association bestowed an award for his
legend "Doña Rúa, la hechicera." He also received the
Cervantes Prize of the University of Puerto Rico, Río
Piedras. His best known poems are: "Amanecer," "Mi
Noche," "El Viejo Muro," "Nupcias eternas," "Delirios,"
and "Fugacidad." Much of his verse remains unpublished.
†Ensayista, cuentista, periodista y poeta. Corresponsal de
El Diario de Puerto Rico y El Mundo. Servicio militar en
el Ejército de los Estados Unidos, 1942-1946. Trabajó en
la Oficina de Personal del Estado Libre Asociado de Puerto
Rico. Fue ejecutivo de relaciones públicas en San Juan,
1953-1958; Director de Relaciones Públicas del Departamento
de Agricultura y Comercio de Puerto Rico, 1958-1959;
Ayudante de Editor, 1959-1964. En 1954 fue premiado por
el Ateneo Puertorriqueño por su cuento "Pedro García."
En el mismo año recibió un premio de la Asociación de
Cafeteros de Puerto Rico por su leyenda "Doña Rúa, la
hechicera." Recibió también el Premio Cervantes de la
Universidad de Puerto Rico, Río Piedras. Sus poemas más
conocidos son "Amanecer," "Mi noche," "El viejo Muro,"
"Nupcias eternas," "Delirios," y "Fugacidad." Gran parte
de su verso se ha quedado inédita. 6. Cuatro autores
clásicos contemporáneos de Puerto Rico; Concha Meléndez,
Miguel Meléndez Muñoz, José A. Balseiro, Cesáreo Rosa
Nieves (1966); Del orbe ideológico de Marañón (1962); Hablar
de una Andadura Breve (1960).

53 COLL Y TOSTE, CAYETANO. 1. 30. XI. 1850. Arecibo,
P. R. 2. 19. XI. 1930. Madrid, Spain. 5. Physician,
biographer, journalist, historian, and poet. Better known
as a historian than a literary figure. Began his career as
a writer for the Spanish literary review Ramillete, which
he founded and edited. Founder and first Director of Monserrate Hospital in Arecibo, and given the title of Royal
Physician of Puerto Rico, 1893. Civilian Governor for the
northern region of the Island, 1897. During the brief autonomous period in 1897, he served as Undersecretary of
Agriculture and Commerce. A leader of the "Generation of
'98," a group which included Zeno Gandía, Hostos, De Diego,
Muñoz Rivera, Barbosa, Matienzo Cintrón, Fernández Juncos and others who experienced the social and cultural impact of the American takeover. In 1898, the United States
military governor appointed him Secretary of the Treasury,
a position he resigned to take office in the new American-
sponsored civilian government. One of the leaders of the
Liberal Party founded by Luis Muñoz Rivera, and a member
of the Puerto Rico House of Representatives. Founded and
edited La Semana Política, a Republican newspaper which folded
in 1906. His monumental Boletín Histórico de Puerto Rico,
1914-1927, consists of 14 volumes of excellent historical
source material. Contributed to Revista Puertorriqueña,

Plumas Amargas (Journal of the Puerto Rican Society of Writers and Artists), and Repertorio Histórico de Puerto Rico. Started to publish the definitive Puerto Rican bibliography in La Democracia and Puerto Rico Ilustrado in 1910, but his work was interrupted in the letter "A." President of the Puerto Rico Historical Society, the Puerto Rico Atheneum, and the Puerto Rican Society of Writers and Artists. Corresponding Member of the Spanish Royal Academy of History and the National Academies of Cuba, Venezuela, and Colombia and Assistant Director of the West Indian Academy of Languages. Official Historian of Puerto Rico, 1913-1930. His best known poems are: "El incendio," "La ola," "La molienda," "Cruzando la cordillera," "El mártir de Atenas," "Hacia la luz," and "Génesis." †Médico, biógrafo, periodista, historiador y poeta. Aunque fue un personaje literario, es mejor conocido como historiador. Empezó su carrera como escritor para la revista literaria española Ramillete la cual él fundó y redactó. Fue el fundador y primer Director del Hospital Monserrate en Arecibo y fue nombrado Médico Real de Puerto Rico en 1893. Fue Gobernador Civil de la parte septentrional de la Isla, 1897. Durante el breve período de autonomía en 1897, desempeñó el cargo de Subsecretario de Agricultura y Comercio. Fue un dirigente de la "Generación del '98," un grupo compuesto de Zeno Gandía, Hostos, De Diego, Muñoz Rivera, Barbosa, Matienzo Cintrón, Fernández Juncos y otros que sintieron el impacto social y cultural de la toma de posesión norteamericana. En 1898 el gobernador militar norteamericano le nombró Secretario de Hacienda, un puesto que abandonó para ocupar un cargo en el nuevo gobierno civil regido por los norteamericanos. Fue uno de los dirigentes del Partido Liberal fundado por Luis Muñoz Rivera y fue un representante de la Cámara de Diputados de Puerto Rico. Fundó y redactó La Semana Política, un periódico republicano que se fracasó en 1906. Su monumental Boletín Histórico de Puerto Rico, 1914-1927, consta de 14 volumenes de excelentes fuentes históricas. Contribuyó a la Revista Puertorriqueña, Plumas Amargas (revista de la Sociedad Puertorriqueña de Escritores y Artistas) y al Repertorio Histórico de Puerto Rico. Empezó a publicar la bibliografía puertorriqueña definitiva en La Democracia y Puerto Rico Ilustrado en 1910, pero se le interrumpió el trabajo antes de que se hubiera terminado la letra "A." Fue Presidente de la Sociedad de la Historia de Puerto Rico, del Ateneo Puertorriqueño y de la Sociedad Puertorriqueña de Escritores y Artistas. Miembro correspondiente de la Real Academia Española de la Historia y de las academias nacionales de Cuba, Venezuela y Colombia y Director Asistente de la Academia Antillana del Lenguaje. Historiador de Puerto Rico, 1913-1930. Entre sus poemas se destacan "El incendio," "La ola," "La molienda," "Cruzando la cordillera," "El mártir de Atenas," "Hacia la luz," y "Génesis." 6. Boletín histórico de

Puerto Rico 14 vols. (1914-1927); Colón en Puerto Rico (1893); Crónicas de Arecibo (1891); Historia de la esclavitud en Puerto Rico (1969); Historia de la instrucción pública en Puerto Rico hasta el año 1898 (1910); Leyendas y tradiciones puertorriqueñas. 3 vols. (1924-1925); Narraciones históricas (1962); Prehistoria de Puerto Rico (1907); Puertorriqueños ilustres (1957); Repertorio histórico de Puerto Rico (1896); Reseña del estado social, económico y industrial de la Isla de Puerto Rico al tomar posesión de ella los Estados Unidos (1899); Selección de leyendas puertorriqueñas (1962); Tratamiento de la fiebre amarilla (1895).

Historia de la Esclavitud en Puerto Rico.   San Juan, Sociedad de Autores Puertorriqueños, 1968.
A collection of documents about Negro slavery in Puerto Rico prior to its abolition in 1873.
Una colección de documentos relacionados con la escalvitud negra en Puerto Rico anterior a su abolición en 1873.

Narraciones Históricos.   Barcelona, Ed. Rumbos, 1962.
Life in Puerto Rico depicted in a collection of short stories.
La vida puertorriqueña narrada en una colección de cuentos.

Puertorriqueños Ilustres.   New York, Las Américas Publishing Co., 1957.
Brief biographical sketches of outstanding Puerto Ricans.
Breves reseñas biográficas de ilustres puertorriqueños.

Selección de Leyendas Puertorriqueñas.   Barcelona, Ed. Rumbos, 1962.
A selection of 92 legends originally published in Boletín Histórico de Puerto Rico, 1914-1927.
Una selección de 92 leyendas publicadas originalmente en el Boletín Histórico de Puerto Rico, 1914-1927.

54 COLL VIDAL, ANTONIO. 1. 28. IX. 1898. Lares, P. R. 3. Antonio Coll y Vidal. 5. Poet, dramatist, and journalist. Assistant to the President of the Puerto Rican Senate, 1917-1924.   Founder and Editor of the Bayamón literary review, Chantecler, 1915, and the San Juan monthly Los Seis, 1924. Editor of El Mundo, El Diluvio, and The Puerto Rico World Journal and Editor-in-Chief of La Democracia and El Imparcial.   Recording Secretary at the 6th Panamerican Conference in Havana, Cuba, 1929, where he planted a Panamerican friendship tree in soil gathered from Puerto Rico and the 22 independent nations of the Americas.   Member of the Board of Directors of the Puerto Rico Atheneum; the Cuban Press Association; and the International Press Syndicate of Madrid.   He is also well-known for his brilliant comedies.
† Poeta, dramaturgo y periodista.   Ayudante del Presidente

del Senado de Puerto Rico, 1917-1924. Fundador y redactor de la revista literaria de Bayamón, Chantecler, 1915, y de la revista mensual de San Juan, Los Seis, 1924. Fue redactor de El Mundo, El Diluvio y The Puerto Rico World Journal y Jefe de la Redacción de La Democracia y El Imparcial. Fue Secretario de Actas de la Sexta Conferencia Panamericana que tuvo lugar en La Habana, Cuba, 1929, donde plantó un árbol en tierra recogida de Puerto Rico y de 22 naciones independientes de las Américas. Miembro de la Junta Directiva del Ateneo Puertorriqueño; de la Asociación de Prensa Cubana; y del Sindicato de Prensa Internacional de Madrid. Conocido por sus comedias brillantes. 6. Feminismo y prohibición (1921); Un Hombre de cuarenta años (1928); Madre haraposa (1918); Mediodía (1919); Rosario (1929); Trovas de amor (1915).

Un hombre de cuarenta años. La Habana, 1928.
A comedy.
Una comedia.

55 COLLADO MARTELL, ALFREDO. 1. 13. IV. 1900. Santo Domingo, Dominican Republic. 2. 9. IV. 1930. San Juan, P. R. 5. Journalist, poet, and short-story writer. Immigrated to Puerto Rico with his family in 1908. Employed as a chemical analyst in the sugar industry, and a clerk in the Statistics Division of the Puerto Rico Department of Public Instruction. Like his contemporary, Antonio Oliver Frau, he figured in the transition from modernism to post-modernism in Puerto Rican literature. He joined with Antonio S. Pedreira, Samuel R. Quiñones and Vicente Géigel Polanco in founding the literary review Indice in 1928. His most notable short stories are "El Perro de San Gerónimo, " and "Los espectros del río Casey. " His best known poems include: "La serenata de los ángeles, " "En el cementerio, " "Hora de crepúsculo, " "Balada del tabaco, " "Tarde del Viernes Santo, " "Mi cuartito de hotel, " "Balada de inovación serena," "Balada del ideal cristiano. " Died at the age of 30. †Periodista, poeta y cuentista. Emigró a Puerto Rico con su familia en 1908. Trabajó de analista de químicos en la industria azucarera y de oficinista en la División de Estadísticas del Departamento de Instrucción Pública de Puerto Rico. Al igual que su contemporáneo Antonio Oliver Frau, figuró Collado Martell en la transición del modernismo a posmodernismo. Junto con Antonio S. Pedreira, Samuel R. Quiñones y Vicente Géigel Polanco, fundó la revista Indice en 1928. Sus cuentos más destacados son "El perro de San Gerónimo, " y "Los espectros del río Casey. " Entre sus más conocidos poemas figuran "La serenata de los ángeles, " "En el cementerio, " "Hora de crepúsculo, " "Balada del tabaco, " "Tarde del Viernes Santo, " "Mi cuartito de hotel, " "Balada de inovación serena, " "Balada del ideal cristiano. " Murió a la edad de 30 años. 6. Cuentos Absurdos (1931).

Cuentos <u>Absurdos</u>. San Juan, Ed. Campos, 1931.
Humorous short stories.
Cuentos humorísticos.

56 COLORADO, ANTONIO J. <u>1</u>. 13.II.1903. San Juan, P.R.
<u>5</u>. Educator, translator, essayist, literary critic, and
polemicist. Professor and Dean of the Humanities Faculty
at the University of Puerto Rico, Río Piedras. Contributor
to <u>Asomante, Puerto Rico Ilustrado, El Mundo, El Imparcial,
La Torre,</u> and other literary publications. Editor of <u>El
Diario de Puerto Rico,</u> 1948. His best known essays include: "En torno a nuestro idioma, " 1958; "Noticia y pulso
del movimiento político puertorriqueño--1808-1898-1952, "
1955; "Un libro de Palés Matos: Tun tun de pasa y grifería,"
1937; and "Los libros más importantes de la literatura
puertorriqueña 1930-1954, " 1955. †Educador, traductor,
ensayista, crítico literario y polemista. Profesor y Decano
de la Facultad de Humanidades de la Universidad de Puerto
Rico, Río Piedras. Ha contribuido a <u>Asomante, Puerto
Rico Ilustrado, El Mundo, El Imparcial, La Torre</u> y a otras
revistas literarias. Fue redactor de <u>El Diario de Puerto
Rico,</u> 1948. Entre sus ensayos más conocidos figuran "En
torno a nuestro idioma, " 1958; "Noticia y pulso del movimiento político puertorriqueño--1808-1898-1952, " 1955;
"Un libro de Palés Matos: Tun tun de pasa y grifería, "
1937; y "Los libros más importantes de la literatura puertorriqueña 1930-1954, " 1955. 6. <u>Albizu Campos</u> (1969);
<u>The first book of Puerto Rico</u> (juvenile) (1965); <u>Luis Palés
Matos: el hombre y el poeta</u> (1964); <u>Puerto Rico: la tierra
y otros ensayos</u> (1972).

<u>Albizu Campos</u>. Montevideo, El Siglo Ilustrado, 1969.
Essays about Pedro Albizu Campos, the founder of the
Puerto Rican Nationalist Party.
Ensayos sobre Pedro Albizu Campos, el fundador del
Partido Nacionalista de Puerto Rico.

<u>Luis Palés Matos (1898-1959), el Hombre y el Poeta.</u>
Yauco, P.R., Ed. Rodadero, 1964.
A biography of the well-known Afro-Antillean poet.
Una biografía del famoso poeta afro-antillano.

57 CORCHADO, MANUEL. 1. 12.IX.1840. Isabela, P.R.
2. 30.XI.1884. Madrid, Spain. 3. Manuel María Corchado y Juarbe. 5. Lawyer, journalist, dramatist, orator,
and poet. After practicing law in Puerto Rico, he was sent
to Spain in 1872 to represent Mayagüez in Cortes (Spanish
Parliament). An eloquent orator, he earned respect for his
brilliant attack on slavery and his vigorous struggle to obtain social, political, and economic reforms for Puerto
Rico and the other Spanish possessions in the West Indies.
His most outstanding oration, "La Pena de muerte, " in

which he opposed capital punishment was delivered before
the Madrid Atheneum. In Madrid he founded the political
review, Las Antillas, in 1866 in collaboration with José
Coll y Britapaja, and contributed to Nuevo Cancionero de
Borinquén, 1872; Almanaques Aguinaldos of Acosta; and
Poetas puertorriqueños, an anthology compiled by Monge,
Sama, and Ruiz Quiñones. His best known poems are:
"Confianza en Dios," "Amor a los padres," "La resurrección del mundo," "A Luisa." He returned to Puerto Rico
in 1879 and took up the cause of civil rights and civil liber-
ties. In the elections of 1884 he was the victim of a political intrigue which deprived him of his seat in the Cortes
(Parliament). Although not a prolific writer, his work re-
flects his profound commitment to social justice. In 1863
he received a prize for his ode to the painter José Campeche. His poems remain uncollected. †Abogado, periodista, dramaturgo, orador y poeta. Después de ejercer la
carrera de leyes en Puerto Rico, fue enviado a España en
1872 a representar Mayagüez en Cortes. Orador elocuente,
ganóse respeto por su brillante ataque contra la esclavitud
y por su vigorosa lucha para obtener reformas sociales,
políticas y económicas para Puerto Rico y las otras posesi-
ones españolas de las Antillas. Su oración más destacada,
"La pena de muerte," en la cual se opuso a la pena de
muerte, fue pronunciada ante el Ateneo de Madrid. En
Madrid fundó la revista política Las Antillas, en 1866 en
colaboración con José Coll y Britapaja, y contribuyó a El
Nuevo Cancionero de Borinquén, 1872; los Almanaques
Aguinaldos de Acosta; y Poetas puertorriqueños, una antología compilada por Monge, Sama, y Ruiz Quiñones. Entre
sus poemas se destacan "Confianza en Dios," "Amor a los
padres," "La resurrección del mundo," "A Luisa." Regresó a
Puerto Rico en 1879 y defendió la causa de los derechos civiles
y de las libertades civiles. Dejó de ser Diputado a Cortes a
causa de una intriga política en las elecciones de 1884. Aunque
no era un escritor prolífico, su obra refleja su profunda dedicación a la justicia social. En 1863 fue premiado por su oda al
pintor José Campeche. Sus poemas se han quedado dispersos.
6. Abraham Lincoln: estudio biográfico (1868); Las Barricadas
(1870); El Capitán Correa (1885); Desde la comedia al drama
(1887); Dios (n. d. /s. f.); Historias de Ultratumba (1872); María
Antonieta (1880); Oda a Campeche (1872); Páginas sangrientes
(1875); El Trabajo (1878).

EL CORRESPONSAL, pseud. /seud.
see/véase MORALES, JOSE PABLO

58 CORRETJER, JUAN ANTONIO. 1. 1908. Ciales, P. R.
5. Poet, essayist, journalist, and politician. An ardent
nationalist and a follower of Pedro Albizu Campos, he was
implicated in the political violence which occurred in Puerto
Rico in 1935. Sentenced to the Federal penitentiary in Atlanta, Georgia, where he continued to write poetry. Re-

leased from prison, he became editor of the periodical
Pueblos Hispanos in New York. One of Puerto Rico's most
outstanding poets, his principal themes are patriotism, na-
tionalism, Puerto Rican historical events, and native cultural traditions. †Poeta, ensayista, periodista y político.
Nacionalista apasionado y partidario de Pedro Albizu Campos, fue implicado en la violencia política que sucedió en
Puerto Rico en 1935 y fue condenado al Presidio Federal en
Atlanta, Georgia, donde escribió poesía. Al salir desempeñó el cargo de redactor de Pueblos Hispanos en Nueva
York. Es uno de los más célebres poetas de Puerto Rico.
Sus temas principales tratan del patriotismo, del nacionalismo, de las hazañas históricas puertorriqueñas y de las
costumbres tradicionales. 6. Agüeybana (1932); Alabanza
en la torre de Ciales (1953); Albizu Campos and the Ponce
Massacre (1965); Amor de Puerto Rico (1937); El buen
borincano (1945); Cántico de guerra (1937); Contestación al
miedo (1954); Distancias (1957); Don Diego en el cariño
(1956); Futuro sin falla: Mito, realidad antillanía (1963);
Genio y figura (1961); Imagen de Borinquén (195?); El leñero
(1944); Lloréns: Juicio histórico (1947); La lucha por la independencia de Puerto Rico (1949); Mitología del Grito de
Lares (n.d. /s.f.); Nuestra bandera (1947); Pausa para el
amor (1967); Los primeros años (1950); La revolución de
Lares (1947); La sangre en huelga: notas de la resistencia
al servicio militar obligatorio (1966); Tierra nativa (1951);
Ulises (1933); Yerba brujá (1957).

Agüeibana. Ponce, P.R. Ed. Alerta, 1970.
Three pamphlets of poetry bound together. Originally
published in 1932, 1933, and 1937, respectively.
Tres folletos de poesía que fueron publicados en 1932,
1933, y 1937, respectivamente.

Alabanza en la Torre de Ciales. 2a. ed. San Juan,
Talleres Gráficos Interamericanos, 1965.
Poetry. First published in 1953.
Poesía. Publicada por primera vez en 1953.

Genio y Figura, Rapsodia Criolla. Guaynaba, P.R., 1961.
Poems originally published in El Mundo and Asomante.
Poemas inicialmente publicados en El Mundo y Asomante.

CORTADILLO, pseud. /seud.
see/véase RODRIGUEZ CABRERO, LUIS

59 CORTON, ANTONIO. 1. 29.V.1854. San Juan, P.R.
2. IX.1913. Madrid, Spain. 3. Antonio Cortón y del Toro.
4. Lord Harrison. Quijotín. 5. Journalist, essayist,
politician, and critic. Well known in both Puerto Rico and
Spain. Published his first poems at the age of 16. Many
of his early works appear in the "Almanaques" of Acosta.

In 1876, he published a series of articles in La Prensa of
Mayagüez defending the institution of civil marriage in
Puerto Rico.   Secretary of the Section of Moral and Politi-
cal Sciences of the Puerto Rico Atheneum, 1881.   In 1886,
he was challenged to a pistol duel by a reader who had mis-
interpreted one of his articles.   The dispute was ultimately
settled without resort to violence.   Contributed to La Araña,
El Progreso, La Razón, Don Simplicio, La Prensa, El
Globo of Madrid, and El Buscapié; and edited El Liberal of
Madrid and El Tribuno in 1886.   He belonged to the Liberal
Reform Party and later to the Autonomist Party.   Elected
to the Cortes (Spanish Parliament) from the districts of
Mayagüez and Guayama in 1889.   Reelected to the Cortes on
a pro-independence ticket in 1898.   The Spanish-American
War began on the very day he was scheduled to take his
oath of office.   †Periodista, ensayista, político y crítico.
Bien conocido tanto en Puerto Rico como en España.   Pub-
licó sus primeros poemas a la edad de 16 años.   Muchas
de sus primeras obras aparecen en los "Almanaques" de
Acosta.   En 1876 publicó una serie de artículos en la prensa
que defendió la institución del matrimonio civil en Puerto
Rico.   Fue Secretario de la Sección de Ciencias Morales y
Políticas del Ateneo Puertorriqueño, 1881.   En 1886 por
motivo de un artículo que había escrito fue retado a batirse
en duelo, pero se resolvió el asunto sin recurso a violencia.
Contribuyó a La Araña, El Progreso, La Razón, Don Simplicio, La Prensa, El Globo de Madrid, y El Buscapié, y
redactó El Liberal de Madrid y El Tribuno en 1886.   Perte-
neció al Partido de Reforma Liberal y más tarde al Partido
Autonomista.   Fue elegido a Cortes en 1889 representando
los distritos de Mayagüez y Guayama y reelegido en 1898.
Se estalló la Guerra de 1898 entre los Estados Unidos y
España el mismo día que había de prestar juramento de su
cargo.   6.   Las Antillas (1898); Espronceda (1906); El fantasma del separatismo (1898); Gustavo Adolfo Bécquer (n.d. /
s.f.); La India en fotografías (1898); Las letras en el siglo
XIX (1898); La literata (1883); Pandemonium (1889); Patria y
cosmopolitismo (1881); Sarasate (n.d. /s.f.); Toussaint
L'Ouverture (1879); Un viaje a la China (1908).

Pandemonium.   Madrid, Victoriano Suárez, 1889.
Collection of journal articles written by the author.
Una colección de artículos escritos por el autor.

60 COTTO THORNER, GUILLERMO. 1. 1916. Juncos, P.R.
5.   Novelist and clergyman.   Baptist minister in Wisconsin
and New York for 5 years.   He later became a Professor
of Literature at several American universities.   Contributed
to literary periodicals in both North and South America including: Hispania, Revista Iberoamericana, and La Nueva
Democracia.   †Novelista y clérigo.   Pastor Bautista en los
estados de Wisconsin y Nueva York durante un período de

cinco años. Más tarde enseñó la literatura en varias universidades norteamericanas. Ha contribuido a revistas literarias en Norte y Latinoamérica incluso Hispania, la Revista Iberoamericana y La Nueva Democracia. 6. Camino de victoria (sermones) (1945); Gambeta (1971); Trópico en Manhattan (1951).

Trópico en Manhattan. San Juan, Ed. Occidente, 1951.
Novel about a Puerto Rican migrant family and its adaptation to life in New York.
Una novela sobre una familia puertorriqueña y su adaptación a Nueva York.

CRISTOFILO SARDANAPALO, pseud. /seud.
see/véase TAPIA Y RIVERA, ALEJANDRO

61 CRUZ MONCLOVA, LIDIO. 1. 13. VIII. 1899. Río Piedras, P. R. 5. Educator, lawyer, historian, and writer. Professor of Puerto Rican History at the University of Puerto Rico, Río Piedras, 1923-1925; President of the José Gautier Benítez Literary Society, 1917; the Aurora Society, 1919; and the Puerto Rico Cultural Society; and member of the Puerto Rican Young Radical Society; the Puerto Rico Historical Society; and the Puerto Rico Atheneum. The principal authority on 19th-century Puerto Rican history. Practiced law, 1924-1933. In 1933, he returned to the University to lecture on Puerto Rican History and Literature. In 1922 he received a prize from the Puerto Rico Atheneum for his work Folklore de Puerto Rico. He has since received the Atheneum Prize for Journalism in 1945, and Prizes for Literature in 1952, 1959, and 1964. †Educador, abogado, historiador y escritor. Profesor de la Historia de Puerto Rico en la Universidad de Puerto Rico, Río Piedras, 1923-1925; Presidente de la Sociedad Literaria "Jose Gautier Benítez," 1917; de la Sociedad Aurora, 1919; y de la Sociedad Cultural de Puerto Rico. Es miembro de la Sociedad Juvenil Radical Puertorriqueña; de la Sociedad Histórica de Puerto Rico; y del Ateneo Puertorriqueño. Ejerció la carrera de leyes entre 1924 y 1933. En 1933 regresó a la vida universitaria y dió conferencias sobre la historia y literatura puertorriqueña. En 1922 fue premiado por el Ateneo Puertorriqueño por su obra Folklore de Puerto Rico. Desde entonces ha recibido los premios del mismo Ateneo por periodismo, 1945, y por literatura, 1952, 1959, y 1964. 6. Baldorioty de Castro: su vida, sus ideas (1966); Los documentos, ¿qué dicen? (1960); El grito de lares (1968); Historia de Puerto Rico--Siglo XIX 6 vols. (1952-1964); Historia del año 1887 (1958); Luis Muñoz Rivera: los primeros diez años de su vida política (1959); Noticia y pulso del liberalismo puertorriqueño del siglo XIX, 1808-1898-1952 (1955); Noticia y pulso del movimiento político de Puerto Rico, 1808-1890-1952 (1955).

Baldorioty de Castro. San Juan, Instituto de Cultura
Puertorriqueña, 1966.
Biography of an outstanding Puerto Rican patriot who
fought for the abolition of slavery and the independence of
his country.
Biografía de un ilustre patriota puertorriqueño que luchó
por la abolición de la esclavitud y por la autonomía de su
patria.

Historia de Puerto Rico. 6t. Río Piedras, P.R., Uni-
versidad de Puerto Rico, Ed. Universitaria, 1962-1964.
A political, social and economic history of 19th-century
Puerto Rico.
La historia política, social y económica de Puerto Rico
en el siglo XIX.

Historia del Año 1887. Río Piedras, P.R., Universidad
de Puerto Rico, Ed. Universitaria, 1969.
A historical account of the oppressive regime of Gover-
nor Romualdo Palacios and the era of the Compontes in
Puerto Rico. First published in 1958.
La narración histórica del régimen opresivo del Goberna-
dor Romualdo Palacios y la época de los Compontes en
Puerto Rico. Publicada inicialmente en 1958.

Luis Muñoz Rivera: los Primeros Diez Años de Su Vida Po-
lítica. San Juan, Instituto de Cultura Puertorriqueña, 1959.
Biographical account of the political life of Luis Muñoz
Rivera.
Narración biográfica de la vida política de Luis Muñoz
Rivera.

Noticia y pulso del movimiento político de Puerto Rico,
1808-1898-1952. México, Ed. Orion, 1955.
A survey of political developments in Puerto Rico during
the 19th and 20th centuries. Antonio J. Colorado is the
joint author.
Una historia de los sucesos políticos ocurridos en Puerto
Rico durante los siglos XIX y XX. Antonio J. Colorado es
el coautor.

62 CRUZ Y NIEVES, ANTONIO. 1. 1907. San Juan, P.R.
5. Poet and journalist. Editor of Puerto Rico Ilustrado
and El Diluvio. Compositions in various periodicals and,
especially, in Gráfico de Puerto Rico. †Poeta y periodista.
Redactor de Puerto Rico Ilustrado y El Diluvio. Sus composiciones han aparecido en varias revistas, especialmente
en Gráfico de Puerto Rico. 6. Cuentos (1963); Versos
(1964).

Cuentos. Barcelona, Ed. Rumbos, 1963.
Twelve stories depicting the many kinds of human con-

flict which modern life engenders.

Doce cuentos que narran la variedad de conflictos humanos que produce la vida moderna.

63 CUCHI COLL, ISABEL. <u>1</u>. 1904. Arecibo, P.R. <u>5</u>. Journalist, dramatist, prose writer, and poet. Worked for United Press International in New York for several years, and became a cultural leader of the local Hispanic community. Catalonian by ancestry and Puerto Rican by birth, she blends the cultures of Spain and America in her literary compositions. She has written essays, novels, short stories, and dramas, as well as radio programs broadcast in Puerto Rico and Latin America. Officer of the Institute of Puerto Rican Culture for 13 years and President of the Society of Puerto Rican Authors. She has travelled extensively throughout Europe and the Americas. She has republished the excellent historical writings of her maternal grandfather, Dr. Cayetano Coll y Toste. In 1968 she received the Journalism Prize of the Institute of Puerto Rican Literature. †Periodista, dramaturga, prosista y poetisa. Trabajó durante varios años por la Prensa Unida Internacional en Nueva York y se hizo una dirigente cultural de la comunidad hispana. De antepasados catalanes, y puertorriqueña por nacimiento, mezcla las culturas de España y de América en sus obras. Ha escrito ensayos, novelas, cuentos y dramas así como programas de radio para difusión tanto en Puerto Rico como en la América Latina. Por espacio de 13 años fue oficial del Instituto de Cultura Puertorriqueña y Presidenta de la Sociedad de Autores Puertorriqueños. Ha recorrido por Europa y las Américas. Ha reimprimido las excelentes obras históricas de su abuelo Dr. Cayetano Coll y Toste. En 1968 recibió el Premio para Periodismo del Instituto de Literatura Puertorriqueña. 6. <u>Del Madrid Literario</u> (n.d. /s.f.); <u>Dos poetisas de América: Clara Lair y Julia de Burgos</u> (1965); <u>La familia de Justo Malgenio</u> (1963); <u>Historia de la esclavitud en Puerto Rico (información y documentos)</u> (1972); <u>Mujer</u> (1945); <u>La novia del estudiante</u> (1965); <u>Oro Nativo</u> (n.d. /s.f.); <u>El seminarista</u> (1971); <u>Trece novelas cortas</u> (1965).

<u>La Familia de Justo Malgenio</u>. Barcelona, Ed. Rumbos, 1963.

A three-act farce about a typical Puerto Rican migrant family in the Bronx, New York.

Una farsa sobre una familia de inmigrantes puertorriqueños en el Bronx, Nueva York.

<u>Mujer</u>. México, Ed. Cultural, 1945.

A Puerto Rican journalist describes what it means to be a woman.

Una periodista puertorriqueña cuenta lo que significa ser mujer.

La Novia del Estudiante. Barcelona, Ed. Rumbos, 1965.
A play based on the author's short story about student
life in Puerto Rico. First published in 1948.
Una obra de teatro que trata de la vida estudiantil en
Puerto Rico. Basado en un cuento del autor. Publicada
por primera vez en 1948.

CUMBA, pseud. /seud.
see/véase CARRION MADURO, TOMAS

64 DALMAU CANET, SEBASTIAN. 1. 1884. Spain. 2. 1937.
San Juan, P.R. 3. Sebastián Dalmau y Canet. 5. Journalist. Correspondent for several Puerto Rican newspapers
and Editor of La Democracia for many years. Personal
friend of José de Diego. †Periodista. Fue corresponsal
de varios periódicos puertorriqueños y redactor de La Democracia durante muchos años. Fue amigo personal de José
de Diego. 6. Crepúsculos literarios (1904); Emilio Zola
boceto literario (1903); Luis Muñoz Rivera, su vida, su
obra, su carácter (1917); Próceres (1929); La república en
España (1907).

65 DAUBON, JOSE ANTONIO. 1. 1840. San Juan, P.R.
2. 1922. San Juan, P.R. 5. Poet, journalist, and folklorist. Employed in the Puerto Rico Treasury Department.
He later became controller of the San Juan Port Authority.
Contributed to various Puerto Rican newspapers and literary
reviews. A brilliant folklorist, he had a keen eye for typical characters and situations. Some of his romanticist
poems appear in Nuevo Cancionero de Borinquén, 1872:
"Las Siete palabras," "La flor marchita," "A Licio."
Other well-known poems are: "El Negro José," 1886;
"Epístola al Caribe," 1885; and "El Maestro Rafael."
†Poeta, periodista y folklorista. Trabajó en el Departa-
mento de Hacienda de Puerto Rico. Más tarde llegó a ser
tesorero de la Junta del Puerto de San Juan. Contribuyó a
varios periódicos y revistas literarias puertorriqueñas.
Célebre folklorista, supo captar caracteres y situaciones
típicos. Algunos de sus poemas románticos aparecieron en
Nuevo Cancionero de Borinquén, 1872: "Las siete palabras,"
"La flor marchita," "A licio." Otros poemas conocidos son
"El negro José," 1886; "Epístola al Caribe," 1885; y "El
maestro Rafael." 6. Cosas de Puerto Rico. 2 vols.
(1904); Poesías (1900); El proceso de 1889 (1899).

66 DAVILA, ARTURO V. 1. Santurce, P.R. 5. Educator and
art historian. Professor of Art History and Chairman of
the Department of Fine Arts at the University of Puerto
Rico, Río Piedras, since 1966. Secretary of the Commission on Historic Monuments of the Institute of Puerto Rican
Culture. Member of the Council on Sacred Art of the Arch-
bishopric of San Juan. †Educador e historiador del arte.

Desde 1966 es Profesor de la Historia del Arte y Jefe del
Departamento de Bellas Artes en la Universidad de Puerto
Rico, Río Piedras. Es Secretario de la Comisión de Monu-
mentos Históricos del Instituto de Cultura Puertorriqueña.
Es miembro de la Junta del Arte Sacro del Arzobispado de
San Juan. 6. Las encíclicas sobre la Revolución Hispano-
americana y su divulgación en Puerto Rico (1965).

Las Encíclicas sobre la Revolución Hispanoamericana y
Su Divulgación en Puerto Rico. Río Piedras, P.R., Uni-
versidad de Puerto Rico, 1965.
A study of the Papal encyclicals concerning Latin Ameri-
can social revolution and their relevance to Puerto Rico.
Un estudio sobre las encíclicas pontificales tocante a la
revolución social de hispanoamérica y su significado para
Puerto Rico.

67 DAVILA, JOSE ANTONIO. 1. 7.X.1898. Bayamón, P.R.
2. 4.XII.1941. Bayamón, P.R. 5. Physician and poet.
Practiced medicine in Bayamón. A prolific writer, his
poems appeared in El Mundo, El Imparcial, Puerto Rico
Ilustrado, Alma Latina, and Revista del Ateneo Puertorriqueño. The author of several volumes of post-modernist
verse, some of which is in English. He translated Shakespeare, Milton, Keats, Shelley, Byron, Wordsworth, Stevenson, Wilde, Yeats, Bryant, and Poe into Spanish and published English translations of poems by Gautier Benítez,
Lloréns Torres, José S. Alegría, Jesús María Lago, Ortiz
Stella, Joaquín López López, Clara Lair, Ribera Chevremont, and Virgilio Dávila. He also wrote literary criticism:
"El decir y su sombra," "La crítica como orientadora de
nuestra cultura," and "Mariano Feliú Balseiro, apuntes biográficos." Son of Virgilio Dávila. †Médico y poeta.
Ejerció la medicina en Bayamón. Fue un escritor prolífico
cuyos poemas aparecieron en El Mundo, El Imparcial,
Puerto Rico Ilustrado, Alma Latina y la Revista del Ateneo
Puertorriqueño. Es el autor de varios volumenes de verso
posmodernista, alguno del cual fue escrito en inglés. Ha
traducido al español las obras de Shakespeare, Milton,
Keats, Shelley, Byron, Wordsworth, Stevenson, Wilde,
Yeats, Bryant y Poe y al inglés poemas de Gautier Benítez,
Lloréns Torres, José S. Alegría, Jesús María Lago, Ortiz
Stella, Joaquín López López, Clara Lair, Ribera Chevremont y
Virgilio Dávila. También escribió la siguiente crítica literaria: "El decir y su sombra," "La crítica como orientadora de nuestra cultura," y "Mariano Feliú Balseiro,
apuntes biográficos." Fue el hijo de Virgilio Dávila.
6. Almacén de baratijas (1941); Motivos de Tristán (1957);
Poemas (1964); Prosa: ensayos, artículos y cartas literarias (1971); Vendimia (1940).

Vendimia; poemas, 1917-1939.   4a. ed.   Río Piedras,

P. R.   Ed. Cultural, 1967.
Twenty years of Dávila's poetry.   Brief biobibliography
of his life and works by José A. Torres-Morales.   First
published in 1940.
Veinte años de la poesía de Dávila.   El libro comprende
una breve biografía y bibliografía de su vida y obra por
José A. Torres-Morales.   Publicado por primera vez en
1940.

68 DAVILA, VIRGILIO. 1. 28. I. 1869. Toa Baja, P. R.
2. 22. VIII. 1943. Bayamón, P. R. 3. Virgilio Dávila
Cabrera. 5. Poet, schoolteacher, agriculturist, and politician. A modernist poet who specialized in describing native customs. Contributed to Almanaque Aguinaldo de la
Isla de Puerto Rico, El Carnaval, and other Puerto Rican
literary reviews. Father of José Antonio Dávila. † Poeta,
maestro de escuela, agricultor y político. Fue un poeta
modernista que se especializó en retratar las costumbres
tradicionales. Contribuyó a Almanaque Aguinaldo de la Isla
de Puerto Rico, El Carnaval y a otras revistas literarias
puertorriqueñas. Fue el padre de José Antonio Dávila.
6. Aromas del terruño (1916); Un libro para mis nietos
(1923); Obras completas (1964); Patria (1903); Pueblito de
antes (1917); Viviendo y Amando (1912).

Aromas del Terruño. 5a. ed. San Juan, Ed. Cordillera,
1963.
A volume of poetry, sonnets and couplets reflecting
Puerto Rican esthetics. Contains a brief biography of the
author. First published in 1916.
Poemas, sonetos y coplas que reflejan la estética puertorriqueña. Contiene una breve biografía del autor. Publicada originalmente en 1916.

Obras Completas. San Juan, Instituto de Cultura Puertorriqueña, 1964.
Contains the five volumes of poetry published by Dávila
with critical notes by Cesáreo Rosa Nieves.
Contiene los cinco libros de poesía de Dávila con apuntes
críticos por Cesáreo Rosa Nieves.

69 DEGETAU, FEDERICO. 1. 5. XII. 1862. Ponce, P. R.
2. 20. I. 1914. San Juan, P. R. 3. Federico Degetau y
González. 5. Lawyer, politician, novelist, short-story
writer, poet, and journalist. Went to Madrid where he became an exponent of Puerto Rican liberalism. He campaigned against slavery and capital punishment and for national self-determination. In 1887 he founded a tabloid, La
Isla de Puerto Rico, solely to oppose the despotic Governor
Romualdo Palacios. Elected to represent Puerto Rico in
the Cortes (Spanish Parliament) in 1897, he resigned the
following year when the Island surrendered to the American

invasion forces.   He returned to Puerto Rico and joined the
pro-statehood Republican Party.   In 1900 he was elected
the first Resident Commissioner of Puerto Rico in Washington, D.C., a post which he held until 1905.   In his last
years he was a member of the Board of Trustees of the
University of Puerto Rico, Río Piedras.   Interested in early
childhood education, he promoted the ideas of Froebel, the
German educator who developed the "kindergarten" concept.
President of the Section of Moral and Political Sciences of
the Academy of Anthropological Sciences of Madrid and
member of the Spanish Academy of Jurisprudence and Legislation.   †Abogado, político, novelista, cuentista, poeta y
periodista.   Fue a Madrid donde se hizo exponente del
liberalismo puertorriqueño.   Luchó contra la esclavitud y
la pena de muerte y apoyó la autodeterminación para Puerto
Rico.   En 1887 fundó el periódico, La Isla de Puerto Rico,
con el solo motivo de oponerse al gobernador despótico, el
General Romualdo Palacios.   Fue elegido a representar a
Puerto Rico en Cortes en 1897.   Renunció su cargo el año
siguiente al entregar los españoles a Puerto Rico a las
fuerzas norteamericanas.   Regresó a Puerto Rico y ingresó
en el Partido Republicano que abogaba por el reconocimiento
de Puerto Rico como estado.   En 1900 fue elegido al cargo
de Comisionario Residente de Puerto Rico en Washington,
D.C., un puesto que ocupó hasta 1905.   En sus últimos
años fue Síndico de la Universidad de Puerto Rico, Río
Piedras.   Se interesó en la educación de la niñez y promovió las ideas de Froebel, el educador alemán que fomentó
el concepto del "jardín de la infancia."   Fue Presidente de
la Sección de Ciencias Morales y Políticas de la Academia
de Ciencias Antropológicas de Madrid y miembro de la
Academia Española de Jurisprudencia y Legislación.   6. Al
escritor puertorriqueño (1895); El A.B.C. del sistema Froebel (1896); Cuentos para el viaje (1894); Cuentos pedagógicos
y literarios (1925); Fe (1915); El fondo del Aljibe (1885); La
injuria (1893); Juventud (1895); The Political Status of Puerto
Rico (1902); ¡Qué Quijote! (1883); La redención de un quinto
(1882); El secreto de la Domadora (1886).

70 DELGADO, EMILIO. 1. 1904. Corozal, P.R.   2.   1967.
New York, N.Y. 3. Emilio R. Delgado. 5. Poet and
journalist.   Co-founder of the avant-garde literary reviews
Faro, 1926; Vórtice, 1927; and Hostos, 1928, in which he
published "diepalista" and "noísta" poetry.   Much of his
verse is in El Imparcial and various literary reviews of
Spain and Latin America.   He is also the author of two unpublished volumes of poetry: "Pequeños poemas" and "Testamento de un rebelde" and an unpublished novel, "Ay, bendito."   †Poeta y periodista.   Fue el cofundador de las revistas literarias vanguardistas Faro, 1926; Vórtice, 1927;
y Hostos, 1928, en las cuales publicó su poesía "diepalista"
y "noísta."   Gran parte de su verso apareció en El Impar-

cial y en distintas revistas literarias de España y de Latinoamérica. Es el autor también de dos volumenes inédi-
tos de poesía: "Pequeños poemas" y "Testamento de un
rebelde" y de una novela inédita, "Ay, bendito. " 6. Tiempos del amor breve (1958).

DEMOCRITO, pseud. /seud.
see/véase MUÑOZ RIVERA, LUIS

DIABOLIN, pseud. /seud.
see/véase RODRIGUEZ CABRERO, LUIS

71 DIAZ ALFARO, ABELARDO M. 1. 24. VII. 1920. Caguas,
P. R. 3. Abelardo Milton Díaz Alfaro. 5. Social worker
and short-story writer. Employed as a social worker in
the rural zone of Puerto Rico. Most of his stories deal
with rural social life and customs. Frequent contributor to
Puerto Rico Evangélico, Alma Latina, La Democracia of
New York, El Mundo, Revista del Instituto de Cultura
Puertorriqueña, and Asomante. For several years he produced a series on country themes for WIPR radio, the public educational broadcasting station. †Trabajador social y
cuentista. Trabajó como trabajador social en la zona rural
de Puerto Rico. La mayoría de sus cuentos tratan de la
vida rural y de las costumbres rurales. Contribuye con
frecuencia a Puerto Rico Evangélico, Alma Latina, La
Democracia de Nueva York, El Mundo, la Revista del Instituto de Cultura Puertorriqueña y a Asomante. Hace varios
años que produce un programa de radio sobre temas rurales para WIPR, la emisora pública de enseñanza. 6. Mi
isla soñada (1967); Terrazo (1947).

Terrazo. San Juan, 1970.
A collection of short stories which received first prizes
from the Institute of Puerto Rican Literature in 1947.
Una colección de cuentos que fue premiada por el Instituto de Literatura Puertorriqueña en 1947.

72 DIAZ MONTERO, ANIBAL. 1. 27. VIII. 1911. Río Grande,
P. R. 5. Journalist, short-story writer, and novelist.
Studied journalism in New York. Employed as a translator
for the Puerto Rican Legislature. Contributed to El Mundo,
El Imparcial, El Diario de Puerto Rico, El Día, Alma La-
tina, Prensa Literaria, and Artes y Letras. Abroad he has
contributed to Rumbos of Barcelona; La Tarde of Málaga;
La voz de Puerto Rico of New York; and Temas of New
York. Member of the Puerto Rican Society of Journalists
and Writers, and the Ibero-American Circle of Writers and
Poets, and Treasurer of the Society of Puerto Rican Authors.
†Periodista, cuentista y novelista. Estudió periodismo en
Nueva York. Trabaja de traductor por la legislatura puer-
torriqueña. Ha contribuido a El Mundo, El Imparcial, El

Diario de Puerto Rico, El Día, Alma Latina, Prensa Literaria, y Artes y Letras.   En el extranjero a Rumbos de
Barcelona; La Tarde de Málaga; La Voz de Puerto Rico de
Nueva York; y Temas de Nueva York.   Es miembro de la
Sociedad Puertorriqueña de Periodistas y Escritores, y el
Círculo Iberoamericano de Escritores y Poetas y es Tesorero de la Sociedad de Autores Puertorriqueños.   6.   América
del Sur (1972); La biblioteca encantada (1957); La brisa
mueve las guajanas (1953); Cerro y llanura (1964); Hablando
con ellos (1960); Una mujer y una sota (1955); Pedruguito y
sus amigos (1951); Veredas de la finca (1968); Young Peter
and his friends (1965).

La Biblioteca Encantada.   San Juan, Ed. Club de la
Prensa, 1967.
A work of fiction about an "enchanted library."
Una obra de ficción sobre una "biblioteca encantada."

Cerro y Llanura.   San Juan, 1964.
A collection of fourteen short stories, mainly about
Puerto Rican peasant farmers.
Una colección de catorce cuentos que tratan de los jíbaros
de la cordillera.

Hablando con Ellos.   San Juan, Ed. Club de la Prensa,
1969.
Conversations with Puerto Ricans throughout the Island.
Charlas con puertorriqueños en toda la Isla.

73 DIAZ SOLER, LUIS M. 1.   12.XI.1916.   San Juan, P.R.
3.   Luis Manuel Díaz Soler.   5.   Historian.   Professor and
Chairman of the Department of History and Dean of the
Humanities Faculty at the University of Puerto Rico, Río
Piedras.   Editor of Historia, the journal of the Puerto Ri-
can Chapter of the National History Honorary Society of the
United States.   Member of the Puerto Rican Academy of
History, the Editorial Board of The Historian of the United
States, the P.E.N. Club of England, and the Panamerican
Institute of Geography and History.   His most outstanding
articles are: "Desarrollo de la esclavitud blanca en Puerto
Rico, 1517-1530," and "Relaciones angloespañolas durante
la Guerra Hispanoamericana, 1895-1898."   In 1969 he re-
edited Proyecto para la abolición de la esclavitud en Puerto
Rico, an abolitionist tract originally published by Segundo
Ruiz Belvis in 1869.   †Historiador. Profesor y Jefe del Departamento de Historia y Decano de la Facultad de Humanidades en la Universidad de Puerto Rico, Río Piedras.   Redactor de Historia, la revista de la sucursal puertorriqueña
de la Sociedad Nacional Honoraria de Historia de los Estados
Unidos.   Es socio de la Academia Puertorriqueña de Historia, de la Junta Editorial de The Historian de los Estados
Unidos, de la P.E.N. Club de Inglaterra y del Instituto Pan-

americano de Geografía e Historia. Sus más destacados
artículos son "Desarrollo de la esclavitud blanca en Puerto
Rico, 1517-1530, " y "Relaciones angloespañolas durante la
Guerra Hispanoamericana, 1895-1898. " En 1969 redactó
Proyecto para la abolición de la esclavitud en Puerto Rico,
un tracto abolicionista que fue publicado por primera vez
en 1869 por Segundo Ruiz Belvis. 6. La esclavitud negra
en Puerto Rico (1957); Historia de la esclavitud negra en
Puerto Rico, 1493-1890 (1953); Rosendo Matienzo Cintrón:
orientador y guardián de una cultura 2 vols. (1960).

Historia de la Esclavitud Negra en Puerto Rico, 1493-
1890. Madrid, Revista de Occidente, 1953.
   A study of the African slave trade in Puerto Rico, the
life and work of the slave, slave revolts and the history
of the abolitionist movement. Includes a bibliography.
   Un estudio del comercio de esclavos en Puerto Rico, incluyendo la vida y labor de los esclavos, sus sublevaciones
y la abolición de la esclavitud. Contiene una bibliografía.

74 DIAZ VALCARCEL, EMILIO. 1. 16. X. 1929. Trujillo Alto,
   P. R. 5. Short-story writer. Upon graduation from high
   school, he was inducted into the United States Army and
   served two years in Korea. This wartime experience pro-
   vided the background for many of his stories. In 1954 he
   enrolled in the College of Social Sciences at the University
   of Puerto Rico, Río Piedras. Employed in the Publications
   Unit of the Puerto Rico Division of Community Education.
   He has received prizes from the Puerto Rico Atheneum for
   the short stories "La última sombra, " 1956, and "Sol negro, " 1958, and from the Institute of Puerto Rican Literature for "El Asedio, " 1958. In 1957, WIPR-TV televised
   his Korean war drama entitled "Una sola puerta hacia la
   muerte. " †Cuentista. Al graduarse de escuela secundaria,
   ingresó en el Ejército Norteamericano donde pasó dos años en
   Corea. Sus experiencias militares forman el fondo de muchos de
   sus cuentos. En 1954 ingresó en la Facultad de Ciencias
   Sociales de la Universidad de Puerto Rico, Río Piedras.
   Trabaja en la Unidad de Publicaciones de la División de
   Educación de la Comunidad de Puerto Rico. Ha sido premiado por el Ateneo Puertorriqueño por sus cuentos "La
   última Sombra, " 1956, y "Sol Negro, " 1958, y por el Instituto de Literatura Puertorriqueña por "El Asedio, " 1958.
   En 1957 "Una sola puerta hacia la muerte, " su drama sobre
   la Guerra Coreana, fue estrenado por la emisora WIPR-TV.
   6. El Asedio, y otros cuentos (1958); Banzai y otros cuentos (n. d. /s. f.); Dónde se esconde el silencio (n. d. /s. f.);
   Figuraciones en el mes de marzo (1972); El hombre que
   trabajó el lunes (1966); Napalm (1970); Proceso en diciembre
   (1963).

   El Hombre que Trabajó el Lunes. México, Alacena, Ed.

Era, 1966.
A collection of short stories.
Una colección de cuentos.

Proceso en Diciembre. Madrid, Ed. Taurus, 1963.
A fictional account of the participation of Puerto Rican
soldiers in the Korean War.
Un relato en ficción de la participación de soldados
puertorriqueños en la guerra de Corea.

75 DIEGO, JOSE DE. 1. 16. IV. 1866. Aguadilla, P. R.
    2. 16. VII. 1918. ⁻New York, N. Y. 3. José de Diego y
    Martínez. 4. León Americano. 5. ⁻Lawyer, poet, ora-
    tor, journalist, and politician. One of the first modernists
    in Puerto Rico, he later adopted the post-modernist literary
    style. In Spain he was imprisoned for protesting political
    oppression. Contributed to Madrid Cómico and Semana
    Cómica as well as other Spanish literary reviews. Under-
    secretary of Justice for the short-lived autonomous govern-
    ment of 1897. District Attorney of Mayagüez, 1899. As
    President of the Puerto Rico Atheneum, his efforts were di-
    rected toward establishing relations with similar cultural in-
    stitutions in Spain and Latin America. Honorary Member of
    the Royal Spanish-American Academy of Cádiz; the Ibero-
    American Union of Madrid; and the International Cervantes
    League. President of the Society of Puerto Rican Writers
    and Artists. Founder of the West Indian Academy of Lan-
    guages in 1916. In 1904 he cofounded the Union Party of
    Puerto Rico together with Luis Muñoz Rivera, Manuel Zeno
    Gandía, Herminio Díaz Navarro, Rosendo Matienzo Cintrón,
    Rafael del Valle Rodríguez and others. Speaker of the Puerto
    Rico House of Representatives in 1907. The most eloquent
    orator of his time, he made a brilliant and vigorous defense of
    Spanish as the language of instruction in Puerto Rico. An
    advocate of "hispanismo" and self-determination for Puerto
    Rico, he earned the nickname "Knight of the 'Race'."
    †Abogado, poeta, orador, periodista y político. Fue uno de
    los primeros modernistas de Puerto Rico, pero más tarde
    adoptó un estilo literario posmodernista. Fue encarcelado
    en España por motivo de sus manifestaciones en contra de
    la opresión política. Contribuyó tanto a Madrid Cómico y
    Semana Cómica como a otras revistas literarias españolas.
    Fue Sub-secretario de Justicia bajo el breve gobierno
    autónomo de 1897. Fiscal de Mayagüez, 1899. Como
    Presidente del Ateneo Puertorriqueño se esforzó en estable-
    cer enlaces con otras instituciones culturales en España y
    Latinoamérica. Miembro Honorario de la Real Academia
    Española-Americana de Cádiz; de la Unión Ibero-americana
    de Madrid; y de la Liga Cervantina Internacional. Fue
    Presidente de la Sociedad de Escritores y Artistas Puer-
    torriqueños. Fundador de la Academia Antillana de las
    Lenguas en 1916. En 1904 junto con Luis Muñoz Rivera,

Manuel Zeno Gandía, Herminio Díaz Navarro, Rosendo Matienzo
Cintrón, Rafael del Valle Rodríguez y otros, fundó el Partido
Unión de Puerto Rico. Fue Presidente de la Cámara de
Diputados en 1907. Fue el orador más elocuente de su
época y llevó a cabo una brillante y vigorosa defensa del
español como idioma de enseñanza en Puerto Rico. Fue
partidario de hispanismo y de la autodeterminación de
Puerto Rico y ganó el apodo de "Caballero de la Raza. "
6. Apuntes sobre delincuencia y penalidad (1901); Cantos
de Pitirre (1949); Cantos de rebeldía (1916); La codificación
administrativa (1890); Los grandes infames (1885); Jovillos
(1916); Nuevas campañas (1916); Obras completas: Poesía
(1966); Obras completas: Prosa (1966); El plebiscito puertorriqueño (1918); Poesías (1959); Pomarrosas (1904); Porto
Rican citizenship (1913); El problema de Puerto Rico (1913);
Sor Ana (1887); La Unión Antillana (1915); Cuadernos de
poesía (1959).

Nuevas Campañas. Río Piedras, P. R.   Ed. Cordillera,
1966.
Essays advocating Puerto Rican independence, West In-
dian confederation, and Latin American unity and solidarity.
First published in 1916.
Ensayos en pro de la independencia de Puerto Rico, la
unión Antillana, y la solidaridad de la América Latina.
Publicado originalmente en 1916.

Obras Completas. 2t.   San Juan, Instituto de Cultura
Puertorriqueña, 1966.
Collected works of a political writer and poet of the
modern period.
Las obras completas de un escritor político y poeta del
período moderno.

76 DIEGO PADRO, JOSE I DE. 1. 12. IV. 1896. Vega Baja,
P. R. 3. José Isaac de Diego Padró. 4. Raúl de la Vega.
5. Poet, novelist, short-story writer, and journalist. Director of Public Information for the Puerto Rican Department of Health. In 1921, he and Luis Palés Matos created
a short-lived school of post-modernist verse based on ono-
matopoeia which they called "diepalismo, " an acronym for
Diego and Palés. He received literary awards from the
Puerto Rico Atheneum in 1915, 1919, and 1922; the Institute
of Puerto Rican Literature in 1940 and 1952, and the Society of Puerto Rican Authors. †Poeta, novelista, cuentista
y periodista. Fue Director de Información Pública del Departamento de Salud de Puerto Rico. En 1921,
junto con Luis Palés Matos, fundó una escuela de poesía
posmodernista basada en onomatopeya y llamada "diepalismo"--acrónimo por Diego y Palés. Fue de breve duración. Recibió premios literarios del Ateneo Puertorriqueño
en 1915, 1919, y 1922; del Instituto de Cultura Puertorri-

queña en 1940 y 1952 y de la Sociedad de Autores Puertorriqueños. 6. Un cencerro y dos badajos (1969); De Hortus
Siccus (n. d. /s. f.); En Babia (1940); Escaparate iluminado
(1959); El Minotauro se devora a sí mismo (1965); Los
Murciélagos de oro (n. d. /s. f.); Ocho epístolas mostrencas
(1952); Sebastián Guenard (1924); El Tiempo jugó conmigo
(1960); La Ultima lámpara de los dioses (1921); El Yo dis-
perso y otros poemas (n. d. /s. f.).

La última lámpara de los dioses. Madrid, Tip. Hernán-
dez, 1921.
Poems.
Poesía.

DIOGENES, pseud. /seud.
see/véase MUÑOZ RIVERA, LUIS

DR. SANGREDO, pseud. /seud.
see/véase RODRIGUEZ CABRERO, LUIS

77 DOMINGUEZ, JOSE DE JESUS. 1. 24. VI. 1843. Añasco,
P. R. 2. 18. II. 1898. Mayagüez, P. R. 4. Gerardo Alcides. 5. Physician, journalist, politician, historian,
dramatist, and poet. A notable romanticist, his poem "Las
huríes blancas, " 1886, presaged the advent of modernism.
†Médico, periodista, político, historiador, dramaturgo y
poeta. Insigne romanticista, su poema "Las huríes blancas,"
1886, anunció la llegada del modernismo. 6. Antología
(1963); La Autonomía administrativa en las Antillas (1887);
Las Huríes blancas (1886); Los Jíbaros de Puerto Rico
(n. d. /s. f.); Juan Guttenberg (1882); Odas elegiacas (1883);
Poesías de Gerardo Alcides (1879); Prehistoria de Burikén
(n. d. /s. f.); El Sueño de la cacica (n. d. /s. f.); Teoría de la
visión (1880).

DORIDA MESENIA, pseud. /seud.
see/véase EULATE SANJURJO, CARMEN

78 ELZABURU, MANUEL. 1. 2. I. 1851. San Juan, P. R.
2. 12. II. 1892. San Juan, P. R. 3. Manuel de Elzaburu
y de Vizcarrondo. 4. Américo Amador. Fabián Montes.
5. Lawyer, prose writer, poet, journalist, French translator, and lecturer. Founder and first President of the
Puerto Rico Atheneum, 1876-1892. His law office, often
called "Little Parnassus, " became a center for informal
literary gatherings. His enthusiasm for French verse
linked Puerto Rico with the revitalizing currents of the
Parnassian movement. An intimate friend of the celebrated
poet José Gautier Benítez, Elzaburu later collected Gautier's
writings and published them posthumously. He has a great
number of cultural achievements to his credit, including the
creation, in 1888, of an Institute for Higher Learning affili-

ated with the University of Havana. Member of the Liberal
Reform Party. A great orator, he delivered two famous
lectures "El Sentimiento de Nacionalidad" and "La Influencia
de la Literatura en la Historia." Contributed to La Ilustración Española y Americana and La Ilustración Popular of
Madrid and founded Revista Puertorriqueña de Literatura y
Ciencias in 1878. †Abogado, prosista, poeta, periodista,
traductor del francés y disertante. Fue el fundador y
primer Presidente del Ateneo Puertorriqueño, 1876-1892.
Su despacho, llamado "el pequeño parnaso, " llegó a ser
un centro para tertulias literarias, y su gran entusiasmo
para la poesía francesa ligó Puerto Rico con el movimiento parnasiano. Fue amigo íntimo del célebre poeta
José Gautier Benítez cuyas obras recogió y publicó después
de su muerte. Ha realizado gran número de proyectos
culturales incluso la creación, en 1888, del Instituto para
Enseñanza Superior, afiliado con la Universidad de Habana.
Miembro del Partido Reforma Liberal. Gran orador,
pronunció dos discursos famosos "El sentimiento de nacionalidad, " y "La influencia de la literatura en la historia."
Contribuyó a La Ilustración Española y Americana y La
Ilustración Popular de Madrid, y fundó la Revista Puertorriqueña de Literatura y Ciencias en 1878. 6. El Ateneo
(1888); Las hojas de una cartera (1872); La Institución de
enseñanza superior de Puerto Rico (1888); Prosas, poemas
y conferencias (1971); Una relación de la historia con la
literatura (1888); El sentimiento de nacionalidad (1889).

79 ENAMORADO CUESTA, JOSE. 1. 7.X.1892. Yauco, P.R.
5. Journalist, poet, and politician. United States Customs
Inspector, 1916-1929; enlisted in the United States Infantry
in 1918 and rose to the rank of Captain, 1930. A political
radical and a veteran leader of the Puerto Rican Communist
Party. Editor of the weekly newspaper Puerto Rico Libre.
Member of the Executive Congress for Independence, 1946.
He received an award from the Argentine Institute of Cultural Sociology of Buenos Aires for his essay, "El destino
de América, " which appears at the end of his volume of
poetry Euforia. †Periodista, poeta y político. De 1916
a 1929 fue un fiscal del servicio aduanero de los Estados
Unidos. En 1918 se alistó en el ejército de los E.U.A. y
obtuvo el rango de Capitán de Infantería en 1930. Fue un
político radical y un dirigente del Partido Comunista de
Puerto Rico. Redactor del semanal Puerto Rico Libre.
Miembro del Congreso Ejecutivo para la Independencia,
1946. Fue premiado por el Instituto Argentino de Sociología
Cultural de Buenos Aires por su ensayo "El Destino de
América, " que aparece al final de su volumen de poesía
Euforia. 6. Con sangre roja (1946); En tropel (1942);
Ensayos étnico-sociológicos (1931); Estampas del Vivac
(1962); Euforia (1949); Fuera de la ley (1957); El imperialis-

mo yanqui y la revolución en el Caribe (1936); Manuel Corchado Juarbe, auténtico liberal puertorriqueño (1955);
Pedernales (1931); Porto Rico, past and present: the Island
after thirty years of American rule (1929); La princesa y el
oso blanco (1955); Salve hispania (1958); Tres banderas y
otros poemas (1953); Verano (1934); Yo estuve en "La Princesa" (1952).

El Imperialismo Yanqui y la Revolución en el Caribe.
2a. ed. San Juan, Talleres Gráficos Interamericanos, 1966.
A discourse on "neo-colonialism," social revolution, and
American "imperialism." First published in 1936.
Un discurso sobre "neo-colonialismo," revolución social,
y "imperialismo" norteamericano. Publicado por primera
vez en 1936.

ENRIQUE, pseud. /seud.
see/véase MORALES, JOSE PABLO

80 ESTEVES, JOSE DE JESUS. 1. 15. X. 1882. Aguadilla, P.R.
2. 1. XI. 1918. New York, N.Y. 5. Poet, journalist,
lawyer, and accountant. A modernist poet, his principal
themes are love and patriotism. Originally a member of
the Federal Party, he later joined the Unionists. Editor of
El Eco Juvenil and Fiat Lux; and contributor to Puerto Rico
Ilustrado, Revista de las Antillas, La Democracia, El Carnaval, Plumas Amargas, Pictorial Review of New York, El
Cojo Ilustrado of Caracas, and Revista Mundial of Paris.
His poem, "Alma Adentro," received an award from the
"Father of Modernism," Rubén Darío, in 1913. He delivered a brilliant lecture on "El Modernismo en la poesía"
in the Carnegie Library of San Juan in 1914. †Poeta, periodista, abogado y contador. Poeta modernista, sus temas
principales tratan del amor y del patriotismo. Era miembro del Partido Federal pero más tarde se unió a los
Unionistas. Redactor de El Eco Juvenil y Fiat Lux; y contribuidor a Puerto Rico Ilustrado, Revista de las Antillas,
La Democracia, El Carnaval, Plumas Amargas, Pictorial Review de Nueva York, El Cojo Ilustrado de Caracas, y la
Revista Mundial de París. Su poema "Alma Adentro" fue
premiado por Rubén Darío, "El Padre de Modernismo," en
1913. Dió una brillante conferencia titulada "El Modernismo
en la poesía" en la Biblioteca Carnegie de San Juan en 1914.
6. Besos y plumas (1901); Crisálidas (1909); Poemas selec-
tos (1954); Rosal de amor (1917).

Rosal de Amor. San Juan, Tip. Real Hnos., 1917.
Poems.
Poesías.

81 EULATE SANJURJO, CARMEN. 1. 30. VIII. 1871. San Juan,
P.R. 2. 1961. 4. Dórida Mesenia. 5. Translator,

journalist, biographer, novelist, essayist, poet, and short-story writer. Fluent in seven languages, she translated the works of Shakespeare, Poe, D'Annunzio, Verlaine, Tennyson, and several oriental poets into Spanish. Studied in Puerto Rico, Cuba, and Spain and became a frequent contributor to numerous Puerto Rican, Cuban, and Spanish literary reviews including Revista Puertorriqueña, La Ilustración Puertorriqueña, El Correo de Puerto Rico, Revista de Cuba, and La Mujer. She also wrote biographies of outstanding women in history including Marie Antoinette, Queen Isabela, and Mary Stuart. †Traductora, periodista, biógrafa, novelista, ensayista, poetisa y cuentista. Habló corrientemente siete idiomas y tradujo al español las obras de Shakespeare, Poe, D'Annunzio, Verlaine, Tennyson y de varios poetas orientales. Hizo estudios en Puerto Rico, Cuba y España y contribuyó a numerosas revistas literarias puertorriqueñas, cubanas y españolas incluso la Revista Puertorriqueña, La Ilustración Puertorriqueña, El Correo de Puerto Rico, la Revista de Cuba y La Mujer. También escribió biografías de mujeres famosas de la historia, entre ellas María Antoinetta, Isabel la Católica, y María Stuart. 6. Los amores de Chopin (1943); Antología de poetas orientales (1921); Cántigas de amor (translated from Arabic) (1920); Desilusión (1912); Eulate, la España heroica y la América magnánima: estampas de la guerra naval de 1898 (1951); Franz Schubert y su tiempo (1941); Isabel la Católica: su vida, sus grandes obras narradas a la juventud (1942); La juventud apasionada de Goethe (1943); Marqués y marquesa (1911); La mujer en la historia (1915); La mujer moderna (1924); La muñeca, perfil de mujer (1893); Perfiles de mujeres (1900); Teresa y María (1927); Las veleidades de Consuelo (1930); La vida humilde y gloriosa de Schubert (1942); Vida sentimental de Schiller (1942); Wolfgang Mozart: la vida del glorioso músico, relatada a la juventud (1936).

FABIAN MONTES, pseud. /seud.
see/véase ELZABURU, MANUEL

FAIR FAX, pseud. /seud.
see/véase MUÑOZ RIVERA, LUIS

82 FELICES, JORGE. 1. 21.XII.1917. San Juan, P.R.
3. Jorge Felices Pietriantoni. 5. Journalist, novelist, and short-story writer. Editor of the newspaper El Mundo and contributor to Puerto Rico Ilustrado, Revista del Ateneo Puertorriqueño and other periodicals. Founded the literary reviews Zig-Zag (1933) and Páginas (1936). His best known stories are "Hambre," "Carta a María," "Mi mejor cuento," "Marisa," "El padre, " "El espejo, " and "Desilusión." †Periodista, novelista y cuentista. Redactor del periódico El Mundo y contribuidor a Puerto Rico Ilustrado, Revista del Ateneo Puertorriqueño y a otras revistas. Fundó las

revistas literarias Zig Zag (1933) y Páginas (1936). Sus
más conocidos cuentos son "Hambre," "Carta a María, "
"Mi mejor cuento, " "Marisa, " "El padre, " "El espejo, " y
"Desilusión. " 6. Cantares de Biáfara; poemas (1970);
Documents on the Constitutional History of Puerto Rico 2a
ed. (1964); Enrique Abril, héroe (1947).

83 FELICIANO MENDOZA, ESTER. 1. 9. XII. 1917. Aguadilla,
    P. R. 3. Ester María Feliciano Mendoza. 5. Poet and
    short-story writer. Professor of the Humanities in the
    School of General Studies at the University of Puerto Rico,
    Río Piedras. She is particularly noted for the "nanas, " her
    excellent contributions to juvenile literature. †Poetisa y
    cuentista. Profesora de Humanidades en la Escuela de Es-
    tudios Generales de la Universidad de Puerto Rico, Río
    Piedras. Ha ganado fama por las "nanas, " sus excelentes
    contribuciones a la literatura juvenil. 6. Antonio Pérez
    Pierret: vida y obra (1968); Arcoiris (1951); Cajita de
    música (1968); Coquí (1956); Literatura infantil puertorri-
    queña (1960); Nanas (1945); Nanas de la adolescencia (1963);
    Nanas de la Navidad (1959); Sinfonia de Puerto Rico: mitos
    y leyendas (1968); Voz de mi tierra (1956).

    FERDINAND, pseud. /seud.
    see/véase CESTERO, FERDINAND R.

84 FERNANDEZ DE OVIEDO, GONZALO. 1. 1478. Madrid,
    Spain. 2. 1557. 3. Gonzalo Hernández de Oviedo y
    Valdés. 5. Historian. Personal aide to Prince Don Juan.
    In 1514 he became overseer of the gold mining operations in
    the New World and subsequently, a royal chronicler. He
    travelled through much of Latin America recording the most
    important events of the Spanish conquest. †Historiador.
    Ayudante al príncipe Don Juan. En 1514 fue nombrado
    superintendente de la explotación de las minas de oro del
    Nuevo Mundo. Más tarde llegó a ser cronista real. Re-
    corrió gran parte del Nuevo Mundo registrando los sucesos
    más importantes de la conquista. 6. Crónica de las Indias
    (1547); Della generale et naturale historia delle Indie a
    tempi nostri ritrovate (1556); Histoire du Nicaragua (1840);
    Historia General de las Indias 193 fols. (1535); Historia
    General y Natural de las Indias, islas y tierra firma de
    mar 4 vols. (1851-1855); The hystorie of the oueste Indies
    (1555); Libro de la Cámara Real del Príncipe Don Juan e
    officios de su casa e servicio ordinario (1870); Libro del
    muy esforzado e invencible caballero Don Claribalte (1519);
    Natural history of the West Indies (1959); Ouiedo de la
    natural hystoria de las Indias (1526); Summario de la na-
    turale et general historia de l'Indie Occidentali (1534).

85 FERNANDEZ JUNCOS, MANUEL. 1. 11. XII. 1846. Tresmon-
    tes, Asturias, Spain. 2. 18. VIII. 1928. San Juan, P. R.

5. Businessman, journalist, literary critic, poet, folklorist, politician, educator, and lecturer. Self-educated.
An Asturian by birth, he arrived in Puerto Rico at the age
of 12. He settled in Ponce, later in Juana Díaz, Adjuntas,
and Vega Baja and clerked in a general store. He soon began to write about his milieu--the country, the peasant, the
worker, the mayor, the ticket agent--developing a magnificent descriptive technique. Contributed to El Porvenir and
other publications of Ponce, Mayagüez, and San Juan. His
major contributions to Puerto Rican literature appeared in
the weekly El Buscapié, 1877-1896; 1917-1918, which he
founded in 1877. Founded Revista de Literatura, Ciencias y
Artes, 1887-1893. Active in reform politics, he was suspected of disloyalty by the Spanish authorities. On several
occasions he was tried for articles protesting political op-
pression. Secretary of the Autonomist Party, he presided
over the convention in Aguadilla in 1894. In 1897, he
served as Secretary of the Treasury in the autonomous
government. One of Puerto Rico's most outstanding and
versatile writers, he excelled in almost all genres: newspaper articles, short stories, poems, juvenile literature,
popular songs (in collaboration with the musical composer,
Braulio Dueño Colón), criticism, essays, treatises, and
various dramatic forms. His works often depict the social
and cultural adaptations necessitated by the change of
sovereignty in 1898. He helped to adapt curriculum materials, selecting Spanish-language translations of standard
American textbooks. Some of his own works have appeared
in Puerto Rican schoolbooks and supplemental readers. He
fought for the creation of normal schools for both men and
women. Founding member of the Puerto Rico Atheneum
and the primary benefactor of the Home for Destitute Orphans in San Juan, P.R. In 1880, he founded a public library in San Juan. Corresponding member of the Spanish
Cervantes Society. He wrote the original lyrics for "La
Borinqueña, " the present Puerto Rican anthem. †Negociante,
periodista, crítico literario, poeta, folklorista, político,
educador y disertante. Autodidacto. Asturiano por nacimiento, arribó a Puerto Rico a la edad de 12 años. Se
estableció en Ponce, y después en Juana Díaz, Adjuntas, y
Vega Baja y trabajó de oficinista en un almacén general.
Pronto comenzó a escribir acerca de su ambiente--la patria,
el campesino, el obrero, el alcalde, el agente de boletos--
desarrollando una técnica descriptiva esplendorosa. Contribuyó a El Porvenir y a otras publicaciones de Ponce, Mayagüez, y San Juan. Sus mayores contribuciones a la literatura puertorriqueña aparecieron en el semanario El Buscapié,
1877-1896; 1917-1918, el cual fundó en 1877. Fundó la Revista de Literatura, Ciencias, y Artes, 1887-1893. Participó en reformas políticas, y fue sospechoso de deslealtad
por las autoridades españolas. En varias ocasiones fue
juzgado por artículos protestando de la opresión política.

En su calidad de Secretario del Partido Autonomista, presidió sobre la convención que tuvo lugar en Aguadilla en 1894. En 1897, sirvió como Secretario de Tesorería en el gobierno autónomo. Uno de los escritores más sobresalientes y versátiles de Puerto Rico, se destacó en casi todos los géneros literarios: artículos periodísticos, cuentos, poemas, la literatura juvenil, canciones populares (en colaboración con el compositor Braulio Dueño Colón), críticas, ensayos, tratados y varias formas dramáticas. Sus trabajos muchas veces retrataban las adaptaciones sociales y culturales necesitadas por el cambio de soberanía en 1898. Ayudó a adaptar asignaturas, escogiendo traducciones al español de libros de texto norteamericanos. Algunas de sus propias obras aparecieron en los libros escolares puertorriqueños. Luchó por la creación de escuelas normales para hombres y mujeres. Fue el miembro fundador del Ateneo Puertorriqueño y el benefactor principal de la Casa de Huérfanos Destituidos en San Juan, P. R. En 1880, fundó una biblioteca pública en San Juan. Miembro correspondiente de la Sociedad Cervantina Española. Escribió las líricas originales de "La Borinqueña, " el himno puertorriqueño. 6. Antología de sus obras (1960); Antología Puertorriqueña, prosa y verso (1907); Compendio de moral (1904); Costumbres y tradiciones (1883); Cuentos y narraciones (1907); De Puerto Rico a Madrid (1886); Don Bernardo de Balbuena, Obispo de Puerto Rico (1884); Epístola satírica (1893); Galería puertorriqueña: tipos y caracteres, costumbres y tradiciones (1958); Habana y Nueva York (1886); Lecturas escogidas (1910); Los primeros pasos en castellano (1901); Sátiras contra vicios y malas costumbres actuales (1893); Semblanzas Puertorriqueñas (1888); Tipos y caracteres (1882); La última hornada (1928); Varias cosas (1888); The Vision of Sir Launfal (1905).

Galería Puertorriqueña. San Juan, Instituto de Cultura Puertorriqueña, 1958.
The traditions, customs, and legends of 19th-century Puerto Rico.
Un panorama de las tradiciones, costumbres y leyendas de Puerto Rico del siglo XIX.

86 FERNANDEZ MENDEZ, EUGENIO. 1. 11. VII. 1924. Cayey, P. R. 5. Journalist, essayist, anthropologist, and professor. Professor of Anthropology and Chairman of the Sociology Department at the University of Puerto Rico, Río Piedras. As Director of the University Press, he has published many scholarly monographs relating to Puerto Rico. Profoundly interested in developing Puerto Rican self-awareness and cultural identity. Chairman of the Board of Directors of the Institute of Puerto Rican Culture since 1956. He has contributed to El Mundo, La Torre, Asomante, Revista del Instituto de Cultura Puertorriqueña, and other

newspapers and literary reviews.   †Periodista, ensayista,
antropólogo y profesor.   Profesor de Antropología y Jefe
del Departamento de Sociología en la Universidad de Puerto
Rico, Río Piedras.   En su capacidad de Director de la
Editorial Universitaria, ha publicado muchas monografías tratando de Puerto Rico.   Se ha mostrado muy interesado en
el desarrollo de la identidad cultural puertorriqueña.   Desde
1956 es Presidente de la Junta Directiva del Instituto de
Cultura Puertorriqueña.   Ha contribuido a El Mundo, La
Torre, Asomante, la Revista del Instituto de Cultura Puertorriqueña y a otros periódicos y revistas literarias.
6.   Antología de la poesía puertorriqueña (1968); Conceptos
fundamentales de antropología física (1964); Criterios de la
periodización cultural de la historia (1959); Crónicas de
Puerto Rico desde la conquista hasta nuestros días, 1493-
1955 2 vols. (1957); Desarrollo histórico de la sociedad
puertorriqueña (1959); Las encomiendas y la esclavitud de
los indios de Puerto Rico, 1508-1550 (1966); Ensayos de
antropología popular (1961); Filosofía y sentido de una isla:
Puerto Rico (1955); Historia cultural de Puerto Rico, 1493-
1968 (1970); Historia de la cultura en Puerto Rico, 1493-
1960 (1964); La identidad y la cultura: críticas y valora-
ciones en torno a la historia social de Puerto Rico (1959);
Portrait of a society: a book of readings on Puerto Rican
Sociology (1956); Proceso histórico de la conquista de
Puerto Rico (1508-1640) (1970); Salvador Brau y su tiempo:
Drama y paradajo de una sociedad (1956); El significado
histórico del Grito de Lares (1970); The Sources on Puerto
Rican culture history: a critical appraisal (1967); Tras
siglos (1958); Unidad y esencia del Ethos Puertorriqueños
3 vols. (1954); Viaje Histórico de un Pueblo (1973).

Las Encomiendas y la Esclavitud de los Indios de Puerto
Rico, 1508-1550.   San Juan, Ed. El Cemí, 1969.
A new, illustrated edition of a work about the system of
land tenure and Indian slavery in Puerto Rico from 1508 to
1550.
Una nueva edición ilustrada de una obra sobre las encomiendas y la esclavitud de los indios de Puerto Rico
entre 1508 y 1550.

Historia Cultural de Puerto Rico, 1493-1968.   San Juan,
Ed. El Cemí, 1970.
The author traces Puerto Rican history and culture from
its Iberian antecedents to date.
El autor traza la historia de la cultura puertorriqueña
desde sus antecedentes ibéricos hasta el presente.

La Identidad y la Cultura.   2a. ed.   San Juan, Instituto
de Cultura Puertorriqueña, 1965.
Essays on various subjects including education, politics,
anthropology, and Puerto Rican youth.   First published in

1959.
Ensayos sobre varios temas incluso la educación, la política, la antropología y la juventud de Puerto Rico. Publicado originalmente en 1959.

Salvador Brau y Su Tiempo.   San Juan, Universidad de Puerto Rico, 1956.
Biography of Salvador Brau, the 19th-century historian.
Biografía de Salvador Brau, historiador del siglo XIX.

El Significado Histórico del Grito de Lares.   Río Piedras, P. R.   Tip. Porvenir, 1970.
An essay on the historical significance of the Lares Uprising of 1868.
Un ensayo que trata del significado histórico del Grito de Lares.

87 FERNANDEZ VANGA, EPIFANIO. 1. 30. IV. 1880. Manatí, P. R. 2. 10. V. 1961. Santurce, P. R. 5. Essayist, poet, journalist, and lawyer. Chairman of the San Juan School Board, President of the Puerto Rico Atheneum. Member of the Council on Higher Education of the University of Puerto Rico, Río Piedras, and President of the Institute of Puerto Rican Literature. A member of the Union Party of Puerto Rico, he later joined the Popular Democrats. Remembered for his staunch defense of Spanish as the language of instruction in Puerto Rican schools. Contributed to Puerto Rico Ilustrado and Revista de las Antillas. His outstanding poems are "A bordo, " "Azul, " "Sevillana, " and "La pilada. " †Ensayista, poeta, periodista y abogado. Presidente de la Junta Escolar de San Juan, Presidente del Ateneo Puertorriqueño, miembro del Consejo sobre la Educación Superior de la Universidad de Puerto Rico, Río Piedras, y Presidente del Instituto de Literatura Puertorriqueña. Miembro del Partido Unión de Puerto Rico, más tarde se juntó a los Demócratas Populares. Es recordado por su vigorosa defensa del español como idioma de enseñanza en las escuelas puertorriqueñas. Contribuyó a Puerto Rico Ilustrado y Revista de las Antillas. Sus más destacados poemas son "A bordo, " "Azul, " "Sevillana, " y "La pilada. " 6. El idioma de Puerto Rico y el idioma escolar de Puerto Rico (1931); La Pilada, poema épico electoral (1946).

88 FERRER CANALES, JOSE. 1. 1913. Santurce, P. R. 5. Essayist and professor. Professor of Spanish and Latin-American Literature at the University of Puerto Rico, Río Piedras; Dillard University, New Orleans, La.; University of South Texas; University of Houston, Tex.; and Howard University, Washington, D. C. He has lectured on Puerto Rican and Latin-American themes in Cuba, Mexico, and the United States and has contributed to literary reviews of both North and South America including El Mundo, Asomante,

Cuadernos Americanos, Revista Hispánica Moderna, Repertorio Americano, and Revista del Instituto de Cultura Puertorriqueña. †Ensayista y profesor. Profesor de Literatura Española e Hispanoamericana en la Universidad de Puerto Rico, Río Piedras; Dillard University, Nueva Orleans, La.; University of South Texas; University of Houston, Tex.; y Howard University, Washington, D.C. Ha dado conferencias sobre temas puertorriqueños y latinoamericanos en Cuba, México y los Estados Unidos y ha contribuido a revistas literarias de Norte y Sur América incluso El Mundo, Asomante, Cuadernos Americanos, Revista Hispánica Moderna, Repertorio Americano, y Revista del Instituto de Cultura Puertorriqueña. 6. Acentos cívicos: Martí, Puerto Rico y otros temas (1971); Imagen de Varona (1964); Marginalia (1939); Varona, escritor (1952).

89 FERRER HERNANDEZ, GABRIEL. 1. 5.X.1847. San Juan, P.R. 2. 1900. 5. Physician, professor, poet, dramatist, and essayist. Elementary school teacher in Bayamón; Physics and Chemistry instructor at the Institute of Secondary Education and Professor of Anatomy at the Institute of Higher Education; Vice-President of the Puerto Rico Atheneum; Member of the Autonomist Party, and delegate to the Puerto Rico House of Representatives. "Consecuencias," "El entierro de Corchado," and "Luz y Sombras" are some of his well-known poems. His outstanding essays are "La Mujer Puertorriqueña" (1881) and "La instrucción pública en Puerto Rico" (1885). †Médico, profesor, poeta, dramaturgo y ensayista. Maestro de Educación Primaria en Bayamón; Instructor de Química y de Física en el Instituto de Educación Superior; Vice-Presidente del Ateneo Puertorriqueño; miembro del Partido Autonomista y delegado a la Cámara de Diputados de Puerto Rico. "Consecuencias," "El entierro de Corchado," y "Luz y Sombras" son algunos de sus más conocidos poemas. Sus ensayos más sobresalientes son "La Mujer Puertorriqueña" (1881) y "La instrucción pública en Puerto Rico" (1885). 6. El bastardo (1883); Herir en el corazón (1883); Anhelos y esperanzas (1962); Consecuencias (1892).

90 FERRER OTERO, RAFAEL. 1. 21.VIII.1885. San Juan, P.R. 2. 15.II.1951. San Juan, P.R. 5. Prose writer. A leading representative of modernist prose. He was also active in political affairs. Contributed to Revista de las Antillas, Juan Bobo, and Puerto Rico Ilustrado. †Prosista. Era exponente de la prosa moderna. Tomó parte en asuntos políticos. Contribuyó a Revista de las Antillas, Juan Bobo y Puerto Rico Ilustrado. 6. Lienzos (1965).

91 FIGUEROA, EDWIN. 1. 26.III.1925. Guayama, P.R. 3. Edwin Figueroa Berríos. 5. Linguist, professor, essayist, and short-story writer. Actor and radio commenta-

tor for station WIAC of San Juan; Professor of humanities
in the School of General Studies; Professor of language and
literature in the Department of Hispanic Studies; Director
of the Institute of Linguistics; and research associate of the
Council on Higher Education at the University of Puerto
Rico, Río Piedras. In 1955 he received an award for his
story "Lolo Manco." He has received several other short-
story awards from the Puerto Rico Atheneum. A frequent
contributor to Asomante, Revista del Instituto de Cultura
Puertorriqueña, and other periodicals. He has written a
scholarly Estudio Lingüístico de la zona de Cayey, 1955,
which is still unpublished. †Lingüista, profesor, ensayista
y cuentista. Actor y locutor para la emisora WIAC de San
Juan. Profesor de Humanidades en la Escuela de Estudios
Generales, Profesor de Lengua y Literatura en el Departamento de Estudios Hispánicos, Director del Instituto de
Lingüística, y colaborador en las investigaciones del Consejo
Superior de Enseñanza en la Universidad de Puerto Rico,
Río Piedras. En 1955 fue premiado por su cuento "Lolo
Manco." Ha recibido otros premios del Ateneo Puertorriqueño por sus cuentos. Contribuye con frecuencia a Asomante, la Revista del Instituto de Cultura Puertorriqueña y
otras revistas. Ha escrito un Estudio Lingüístico de la
zona de Cayey, 1955, que ha quedado inédito. 6. Aguinaldo Negro (1953); Sobre este suelo: nuevos cuentos y una
leyenda (1962).

Sobre este Suelo. San Juan, Talleres Gráficos de la
Milagrosa, 1962.
A volume of short stories and legends.
Un libro de cuentos y leyendas.

92 FIGUEROA, SOTERO. 1. 1863. San Juan, P.R. 2. 5.X.1923.
La Habana, Cuba. 5. Journalist, dramatist, printer, essayist, and orator. Self-educated. As a youngster he
worked in a print shop. A militant nationalist, in 1892 he
joined the Puerto Rico chapter of the Cuban Revolutionary
Council in New York. There he struggled beside José Martí, Pachín Marín, Lola Rodríguez de Tió, Modesto A. Tirado, and other revolutionaries to attain independence for
Cuba and Puerto Rico. He established a close personal re-
lationship with José Martí who entrusted him with editorial
responsibility for Patria, the official newsletter of the Revolutionary Movement. He printed almost all propaganda materials himself. After the Cuban War of Independence,
Figueroa settled in Havana where he became editor of the
Gaceta Oficial. †Periodista, dramaturgo, ensayista y orador. Autodidacto. De joven trabajó en una imprenta. Un
nacionalista militante, se juntó en 1892 al Consejo Revolucionario Cubano en Nueva York. Allí luchó al lado de José
Martí, Pachín Marín, Lola Rodríguez de Tió, Modesto A.
Tirado y otros revolucionarios para lograr la independencia

de Cuba y Puerto Rico. Estableció estrechas relaciones
personales con Martí quien le confió la responsabilidad editorial de Patria, gacetilla oficial del movimiento revolucionario. Imprimió solo casi toda la propaganda política.
Después de la Guerra de Independencia Cubana se radicó
en La Habana donde llegó a ser redactor de Gaceta
Oficial. 6. Don Mamerto (1886); Ensayo biográfico de los
que más han contribuído al progreso de Puerto Rico (1888).

93 FIGUEROA DE CIFREDO, PATRIA. 1. Cataño, P. R.
5. Professor. Professor of Spanish in the School of Business Administration at the University of Puerto Rico, Río
Piedras. †Profesora. Profesora de Español en la Escuela
de Comercio de la Universidad de Puerto Rico, Río Piedras.
6. Apuntes biográficos en torno a la vida y obra de Cesáreo Rosa Nieves (1965); Pachín Marín: héroe y poeta
(1967); Nuevo encuentro con la estética de Rosa-Nieves
(1969).

Apuntes Biográficos en Torno a la Vida y Obra de Cesáreo Rosa Nieves. San Juan, Ed. Cordillera, 1965.
A study of Cesáreo Rosa-Nieves as poet, playwright and
essayist. Originally presented as a doctoral thesis.
Un estudio de Cesáreo Rosa Nieves como poeta, dramaturgo y ensayista. Esta obra fue escrita originalmente
como tesis doctoral.

Nuevo Encuentro con la Estética de Rosa Nieves. Río
Piedras, P. R., Ed. Edil, 1969.
Various essays and a short anthology of the poetry of
Césareo Rosa Nieves.
Contiene varios ensayos y una breve antología de la
poesía del Cesáreo Rosa Nieves.

Pachín Marín, héroe y poeta, 1863-1937. San Juan, In-
stituto de Cultura Puertorriqueña, 1967.
A critical analysis of the literary works of Ramón
(Pachín) Marín, with a brief biographical account of his life.
Análisis crítico de las obras literarias de Ramón (Pachín)
Marín, con una breve reseña biográfica de su vida.

FILOMENA DEL MONTE, pseud. /seud.
see/véase ZENO GANDIA, MANUEL

FLORA DEL VALLE, pseud. /seud.
see/véase ROQUE DE DUPREY, ANA

FLORETE, pseud. /seud.
see/véase ABRIL, MARIANO

94 FONFRIAS, ERNESTO JUAN. 1. 7. XI. 1909. Toa Baja, P. R.
3. Ernesto Juan Fonfrías Rivera. 5. Lawyer, poet,

journalist, and essayist. Class President, University of
Puerto Rico, Río Piedras, 1934-1935; President, Liberal
Youth of Puerto Rico, 1936; Member, Liberal Party Central
Committee, 1936-1937; Founder of the Popular Democratic
Party and member of its Central Committee, 1937-1941;
Senator from San Juan, 1944; Chairman of the San Juan
Housing Authority; Member of the Puerto Rico Housing Au-
thority, 1945; and Chairman of the Senate Committee on
Public Safety. Founder and editor of the literary reviews
A.B.C., Vórtice, Isla Literaria, Hélices, and Prensa. Edi-
tor of El Imparcial, 1929-1931; El País, 1932; La Corres-
pondencia, 1932-1935; and contributor to El Mundo, Puerto
Rico Ilustrado, Gráfico Nueva York, 1928, El Espectador
Habañero of Cuba, La Democracia of San Juan, and El Día
of Ponce. Active in numerous learned societies and civic
associations of Puerto Rico and abroad, including: Institute
of Puerto Rican Literature; Puerto Rico Atheneum; Puerto
Rican Academy of the Spanish Language; Bar Association of
Puerto Rico; Royal Academy of Spain; Institute of Hispanic
Culture; Association of Academies of the Spanish Language;
Puerto Rican Academy of Political Science; Puerto Rican
Academy of Arts and Sciences; Puerto Rican Society of
Journalists and Writers; P. E. N. Club (Puerto Rico Chapter);
League of Writers and Publishers of Uruguay; Interamerican
Society of Writers; Association of American Writers and Ar-
tists; Union of Journalists and Writers (Paris); National
Press Club (Washington, D. C.); American Legal Society
(Chicago, Ill.); Centro Studi E. Scambi Internazionali (Rome);
American Academy of Social and Political Sciences (Phila-
delphia, Pa.); National Association of Housing Officials
(Washington, D. C.); Puerto Rico Institute (New York); Grand
Street Boy's Club (New York); Lions Club of Puerto Rico;
Caravan House (New York); National Register of Prominent
Americans (United States); Association of Ibero-American
Press Correspondents (Madrid); Cervantes Society (Madrid);
and Institute of Hispanic Culture (Madrid). Chairman of
the Hispano-American Congress on Lexicography held in
Puerto Rico in November, 1969, and director of the Augusto
Malaret Institute of Hispano-American Lexicography in San
Juan. Decorated by the Spanish Government with the Order
of Isabela the Catholic. Named Citizen of the Year 1963 by
the Puerto Rico Institute of New York. †Abogado, poeta,
periodista y ensayista. Presidente de la Promoción de
1934-1935, Universidad de Puerto Rico, Río Piedras; Presidente de la Juventud Liberal de Puerto Rico, 1936; Miembro
del Comité Central del Partido Liberal, 1936-1937; Fundador
del Partido Demócrata Popular y miembro de su Comité Central, 1937-1941; Senador de San Juan, 1944; Presidente de
la Autoridad Municipal sobre Hogares de San Juan; Miembro
de la Autoridad Insular sobre Hogares de Puerto Rico, 1945;
y Presidente del Comité del Senado sobre la Policía. Fundador y redactor de las revistas literarias A.B.C., Vórtice,

Isla Literaria, Hélices y Prensa. Redactor de El Imparcial, 1929-1931; El País, 1932; La Correspondencia, 1932-1935; y contribuidor a El Mundo, Puerto Rico Ilustrado, Gráfico Nueva York, 1928, El Espectador Habañero de Cuba, La Democracia de San Juan, y El Día de Ponce. Ha participado en los asuntos de numerosas sociedades sabias y asociaciones cívicas de Puerto Rico y del extranjero incluso el Instituto de Literatura Puertorriqueña, el Ateneo Puertorriqueño, la Academia Puertorriqueña de la Lengua Española, el Foro de Abogados de Puerto Rico, la Academia Real de España, el Instituto de Cultura Hispánica, la Asociación de las Academias de la Lengua Española, la Academia Puertorriqueña de Ciencias Políticas, la Academia Puertorriqueña de Artes y Ciencias, la Sociedad Puertorriqueña de Periodistas y Escritores, el P. E. N. Club (sucursal puertorriqueña), la Liga de Escritores y Editorialistas de Uruguay, la Sociedad Interamericana de Escritores, la Asociación de Escritores y Artistas Americanos, el Sindicato de Periodistas y Escritores (París), el National Press Club (Washington, D. C.), la Sociedad Jurídica Americana (Chicago, Illinois), el Centro Studi e Scambi Internazionali (Roma), la Academia Americana de Ciencias Sociales y Políticas (Filadelfia, Pennsylvania), la Asociación Nacional de Oficiales de Vivienda (Washington, D. C.), el Instituto de Puerto Rico (Nueva York), el Grand Street Boys Club (Nueva York), el Club de Leones de Puerto Rico, Caravan House (Nueva York), el Registro Nacional de Americanos Prominentes (Estados Unidos), la Asociación de Corresponsales de Prensa Iberoamericana (Madrid), la Sociedad Cervantina (Madrid), y el Instituto de Cultura Hispánica. Presidente del Congreso Hispanoamericano de Lexicografía que se celebró en Puerto Rico en Noviembre de 1969, y Director del Instituto Augusto Malaret de Lexicografía Hispanoamericana en San Juan. Fue condecorado por el gobierno español recibiendo la orden de Isabel la Católica. Fue nombrado ciudadano del año 1963 por el Instituto Puertorriqueño de Nueva York. 6. A punto de la medianoche (n. d. /s. f.); Al calor de la lumbre (1936); Al oído de mi hijo: 51 razones para creer (1963); Anglicismos en el idioma español de Madrid (1968); El Arrabal (n. d. /s. f.); Atarraya (n. d. / s. f.); Bajo la cruz del sur (1951); Canteras eufónicas (n. d. / s. f.); Conversao en el Batey: la historia de un jíbaro bragao (1956); Cosecha (1956); De la lengua de Isabel la Católica a la taína del cacique Agüeybana: origen y desarrollo del hable hispano-antillana (1969); Diadema de lirios (1926); Espigas de oro (1962); Guásima: cuadros jíbaros (1957); Hebras de sol (1934); El hombre que se encontró a sí mismo (n. d. /s. f.); Israel, un mundo diferente (n. d. /s. f.); Juan es su nombre: algunas cosas del espíritu (1969); Lo que ocurrió en Montevideo (1951); Mística y realidad del lenguaje (1963); Noticias de un viaje a España (n. d. /s. f.); Pánfilo Rivera tuvo Catorce Hijos (n. d. /s. f.); Pasote con Ruda y

Salvia (n. d. /s. f.); Presencia jíbara desde Manuel Alonso
hasta don Florito (1957); Puerto Rico en la defensa del imperio español en América (1968); Puerto Rico, laboratorio
del idioma español (n. d. /s. f.); Puerto Rico, una historia
larga en una reseña corta (1969); Raíz y espiga (1963); Raúl
(1927); Razón del idioma español en Puerto Rico (1966); Rosendo Matienzo Cintrón (1968); Sementera (1962); Siembra,
cultivo y cosecha del idioma español en América (1966);
Tabonuco Oloroso (n. d. /s. f.); Tintillo bravo: del quehacer
puertorriqueño (1968); La vivienda pública de Israel (n. d. /
s. f.); Una voz en la montaña (1958).

Conversao en el Batey.   San Juan, Ed. Club de la Prensa, 1956.
A novel about a sugar cane cutter, portraying regional
social life and customs.
Una novela costumbrista sobre un cortador de caña.

Espigas de Oro.   San Juan, Ed. Club de la Prensa, 1962.
A volume of modernist poetry in which the love theme
predominates.
Un libro de poesía modernista en el cual predomina el
tema de amor.

Raíz y Espiga.   Madrid, Ed. Colenda, 1963.
A fictional account of Spanish settlers in Puerto Rico
during the 19th century.
Una narración novelesca sobre los colonizadores españoles
de Puerto Rico durante el siglo XIX.

Razón del Idioma Español en Puerto Rico.   Río Piedras,
P. R., Universidad de Puerto Rico, Ed. Universitaria, 1966.
A study of the Spanish language as it is spoken in Puerto
Rico.
Un estudio del español de Puerto Rico.

Sementera.   San Juan, Ed. Club de la Prensa, 1962.
Brief essays and biographies of distinguished Puerto Ricans and young poets.
Ensayos y biografías breves de ilustres puertorriqueños
y poetas jóvenes.

Una Voz en la Montaña.   San Juan, Ed. Club de la Pren-
sa, 1958.
A collection of short stories about mountain women.
Una colección de cuentos sobre las montañeras.

95 FRANCO OPPENHEIMER, FELIX. 1. 10. VII. 1912. Ponce,
P. R. 5. Professor, journalist, essayist, and poet. He
dropped out of school at the age of 12 and became an ap-
prentice barber, a carpenter, printer, and later, a bar tend-
er. At the age of 20 he began to write for El Intransigente,

Nuevo Ambiente, El Heraldo Latino, La Tribuna, and El
Día. He also contributed to the University review La Torre
and became a member of its editorial board. As a University student he was employed as a proofreader for the daily
El Mundo. Active in student affairs, he was a member of
the Student Council and Vice-President and Acting President
of the Student Government. Professor of Humanities in the
School of General Studies at the University of Puerto Rico,
Río Piedras. Founder of the Yaurel Press and editor of a
section in Alma Latina entitled "Escriben los Universitarios."
Creator of the avant-garde "trascendentalista" movement in
1948. In 1954, he initiated another literary movement
called "ensueñismo." †Profesor, periodista, ensayista y
poeta. Terminó sus estudios a la edad de doce años. En
los años siguientes trabajó de peluquero, carpintero, tipógrafo y cantinero. A la edad de veinte años empezó a escribir para El Intransigente, Nuevo Ambiente, El Heraldo
Latino, La Tribuna y El Día. También contribuyó a la revista universitaria La Torre y llegó a ser miembro de su
junta editorial. Mientras estudiaba en la Universidad trabajaba de corrector de pruebas para El Mundo. Tomó parte
activa en asuntos estudiantiles y fue miembro del Consejo
Estudiantil, Vice-Presidente y Presidente interino del gobierno estudiantil. Es Profesor de Humanidades en la Escuela de Estudios Generales de la Universidad de Puerto
Rico, Río Piedras. Es el fundador de la casa editorial
Yaurel, redactor de la sección de Alma Latina titulada "Escriben los Universitarios," y creador del movimiento literario "Trascendentalista" (1948). En 1954 empezó otro movimiento llamado "Ensueñismo." 6. Antología General del
Cuento Puertorriqueño (1959); Contornos (1960); Del tiempo
y su figura (1956); Ensoñaciones (1935); Estas cosas así
fueron (1966); El hombre y su angustia, 1945-1950 (1950);
Imagen y visión edénica de Puerto Rico en su poesía (1964);
Imágenes (1957); Los lirios del testimonio (1964); Poesía
hispanoamericana (1957); Prosas sin clave (1971).

96 FRANQUIZ, JOSE A. 1. 1906. Yauco, P.R. 3. José Antonio Fránquiz Ventura. 5. Professor, essayist, and poet.
Professor and Chairman of the Philosophy Department at the
University of Puerto Rico, Río Piedras, for many years.
Later he held the same position at Wesleyan University,
West Virginia. He has published several books and numerous
articles on philosophy, psychology, sociology, history, and
literature. †Profesor, ensayista y poeta. Durante muchos
años era Profesor y Jefe del Departamento de Filosofía en
la Universidad de Puerto Rico, Río Piedras. Más tarde
ocupó el mismo puesto en la Wesleyan University, West Virginia. Ha publicado varios libros y muchos artículos sobre
la filosofía, la psicología, la sociología, la historia y la
literatura. 6. Apreciación Filosófica de la obra del Dr.
Juan Bautista Soto (1941); Lirios y Jazmines (1925); Los

tiempos poéticos de Manrique Cabrera y la metafísica del
tiempo en su poesía (1944).

FRAY JUSTO, pseud. /seud.
see/véase MATOS BERNIER, FELIX

97 GALLEGO, LAURA. 1. 1924. Bayamón, P.R. 3. Laura
Matilde Gallego. 5. Educator and poet. High School
Spanish teacher in Bayamón, P.R. Professor in the School
of Education at the University of Puerto Rico, Río Piedras,
since 1959. Her many periodical contributions include both
poetry and prose. †Educadora y poetisa. Maestra de
secundaria en Bayamón, P.R. Profesora en la Escuela de
Educación de la Universidad de Puerto Rico, Río Piedras,
desde 1959. Entre sus muchas contribuciones a las revistas periódicas figuran tanto la poesía como la prosa.
6. Celajes, 1951-1953 (1959); Lecturas puertorriqueñas,
poesía (1968); Presencia (1952).

98 GARDON, MARGARITA. 1. Santurce, P.R. 3. Margarita
Gardón Franceschi. 5. Employed at the University of
Puerto Rico, Río Piedras. As a youngster, she lived in
New York and subsequently in Spain for five years. †Tra-
baja por la Universidad de Puerto Rico, Río Piedras. De
niña, vivía en Nueva York y más tarde en España por
espacio de cinco años. 6. La Alondra se fue con la tarde
(1966); La poesía de Manuel Zeno Gandía (1968).

GASPAR MOLENDO, pseud. /seud.
see/véase ZENO GANDIA, MANUEL

99 GAUTIER BENITEZ, JOSE. 1. 12.XI.1851. Caguas, P.R.
(according to some biographers including Cayetano Coll y
Toste and Augusto Malaret). 12.IV.1848. Humacao, P.R.
(according to other biographers including Marcelino Menén-
dez y Pelayo and Sotero Figueroa). 2. 24.I.1880. San
Juan, P.R. 4. Gustavo. 5. Journalist and poet. One
of the greatest Puerto Rican poets, his work is representative of the Romanticist school with its thematic trinity of
love, God, and country. He is descended from a family of
distinguished poets. Sent to Spain to prepare for a military
career, he was graduated as an infantry lieutenant from the
Toledo military academy. His youthful liberalism and out-
wardly peaceful but inwardly bitter and rebellious tempera-
ment did not make for good soldiering. When he returned
to Puerto Rico in 1871, he accepted a minor position in the
Provincial government. For amusement he would frequently
attend literary gatherings accompanied by his close friend,
Don Manuel de Elzaburu, whom he assisted in founding the
Puerto Rico Atheneum in 1876 and with whom he coedited
Revista Puertorriqueña, 1878-1879. He published newspaper
articles on social issues in El Progresso, 1871-1874, under

the pseudonym "Gustavo" and earned a reputation for satiriz-
ing national problems with pungent sarcasm. His member-
ship in the Liberal Reform Party of Puerto Rico and his
support for the first Spanish Republic, cost him his modest
secretarial post in 1874. He was a staunch civil libertari-
an, but he was not a separatist. Instead, he advocated
"home rule" for Puerto Rico within the framework of a
permanent union with Spain. Afflicted with tuberculosis,
he died at the age of 30(?). His well known poems include: "La barca, " "Una pregunta, " "A Puerto Rico:
ausencia, " "A Puerto Rico: regreso, " "Dios, " and "Canto
a Puerto Rico" for which he received the Puerto Rico
Atheneum award in 1879. †Periodista y poeta. Uno de
los más célebres poetas puertorriqueños, su obra es rep-
resentiva de la escuela romántica con su tríada temática
de amor, Dios y patria. Es descendiente de una familia
de distinguidos poetas. Se preparó en España para una
carrera militar. Egresó de la Academia Militar de Toledo
con el rango de teniente de infantería pero su tempera-
mento no resultó ser compatible con la vida de un militar.
Al regresar a Puerto Rico en 1871 desempeñó un cargo
menor en el Gobierno Provincial. Asistía con frecuencia
a tertulias literarias acompañado de su buen amigo Don
Manuel de Elzaburu con quien fundó el Ateneo Puertorriqueño en 1876 y redactó la Revista Puertorriqueña, 1878-
1879. Publicó artículos sobre problemas sociales en el
periódico El Progreso, 1871-1874, bajo el seudónimo de
"Gustavo" y ganó fama por su sátira sarcástica. Su calidad de miembro del Partido de Reforma Liberal y su apoyo
de la primera República Española le costaron su cargo de
secretaria en 1874. Fue gran partidario de la libertad
civil pero no fue separatista. Abogó por la autonomía dentro del sistema del Gobierno Español. Padeció de la tuberculosis y murió a la edad de 30(?) años. Algunos de sus
poemas más conocidos son "La Barca, " "Una Pregunta, "
"A Puerto Rico: Ausencia, " "A Puerto Rico: Regreso, "
"Dios" y "Canto a Puerto Rico" por el cual recibió un
premio del Ateneo Puertorriqueño en 1879. 6. Antología
poética (1967); Facsímiles de su obra, seguidos del Album
de Cecilia (1964); José Gautier Benítez: vida y obra poética
(1970); Obras completas (1960); Poesías (1880); Puerto Rico
(n. d. /s. f.); Vida y obra poética de José Gautier Benítez
(1965).

Antología Poética. San Juan, Instituto de Cultura Puertorriqueña, 1967.
An anthology of the works of the outstanding Romantic
poets of Puerto Rico during the period 1851-1880.
Esta antología contiene las obras de los mejores poetas
románticos de Puerto Rico del período 1851-1880.

Obras completas. Palma de Mallorca, Mosen Alcover,

1960.
Complete works of the famous Romantic poet.
Obras completas del célebre poeta romántico.

Poesías. San Juan, Instituto de Cultura Puertorriqueña,
1960.
Poetry on themes of love and country. First published
in 1880.
Poesía que contiene temas de amor y de la patria.
Publicada originalmente en 1880.

100   GEIGEL POLANCO, VICENTE. 1.   18. VI. 1904.   Isabela,
P. R.   5. Lawyer, politician, legislator, journalist, essayist, poet and lecturer. Cofounder with Antonio S. Pedreira, Samuel R. Quiñones and Alfredo Collado Martell of
Indice, the literary monthly of the "Generation of the 30's,"
1929-1931; Founding Secretary of the Puerto Rican Academy
of History, 1934; Professor of Law and Social Sciences at
the University of Puerto Rico, Río Piedras; and Attorney
General of Puerto Rico.   Active in the Puerto Rico Atheneum: Secretary, 1927-1933; President of the History Section,
1934-1936 and 1942-1946; Vice-President, 1937-1938; and
President, 1939-1941.   Founder and second President of
the Society of Puerto Rican Authors, 1966.   Initiator of
the avant-garde school of poetry, "noísmo." His "noísta"
works appear in El Imparcial, La Democracia, Faro,
Vórtice, and Hostos, between 1925 and 1929.   The author
of numerous essays on historical, political, and social
questions; also literary criticism on Nemesio Canales,
José Vasconcelos and Evaristo Ribera Chevremont.   Member of the Puerto Rico Casino, the Spanish Casino, and
the Puerto Rico College of Law.   Editor of the literary
review Patria, 1920-1921; Publisher of El Caribe, year-
book of Santurce Central High School, 1922; Literary Editor of
Atenea, yearbook of the University of Puerto Rico, 1926;
Editor of La Democracia, 1926-1930; Assistant Editor of
Mundo Mercantil, 1931-1933; Member of the Editorial
Board of Revista del Ateneo Puertorriqueño, 1934-1940;
Editorial writer for El Mundo, 1937-1941; Editor of Re-
vista del Colegio de Abogados de Puerto Rico, 1944-1946.
He contributed to El Diario de Puerto Rico, El Mundo,
Puerto Rico Ilustrado, and Asomante, and received many lit-
erary awards.   Active in politics, government, and labor.
Counsel to the Bureau of Labor, 1926-1930; and the Bureau
of Wage Claims, 1930-1931.   Director of the Division of
Economic and Social Research of the Department of Labor,
1932-1936.   Secretary of the Committee on International
Relations of the Union Party of Puerto Rico, 1931.   Mem-
ber of the Liberal Party Central Committee, 1932-1937.
Member of the Central Committee of the Popular Democratic Party since its foundation in 1940.   Elected to the
Puerto Rican Senate, 1940 and reelected, 1944.   Majority

leader of the Senate and acting Governor of Puerto Rico.
Member of the Social Action United Front, 1936; President
of the National Congress for the Liberation of Political
Prisoners, 1936; Secretary of the Puerto Rican Civil Lib-
erties Union, 1936; Delegate from Puerto Rico to the
Peoples Peace Congress held in Buenos Aires, Argentina
in November, 1936. Vice-President of the Association for
Adult Education, 1937; Secretary of the Institute of Puerto
Rican Literature, 1939-1947; Member of the Executive
Committee of the Puerto Rico Economic Congress, an ac-
tivist group which demonstrated against economic and politi-
cal conditions on the Island in Washington, D.C. in 1939.
Leader of the Puerto Rican delegation to the Third International Conference of Lawyers held in Mexico, 1944.
Member of the Legislative delegation sent to Washington,
D.C. to work out a new Puerto Rican-American relation-
ship, 1945-1947. Executive Secretary of the Workers' Education Center under the auspices of the Department of
Labor, 1936. The author of progressive labor legislation,
1926-1936 and 1941-1947, he cooperated with the Department of Justice in upholding the law establishing an 8-hour
working day in Puerto Rico. Organized the Peoples Institute of Free Education, 1936. †Abogado, político, legislador, periodista, ensayista, poeta y disertante. Junto con
Antonio S. Pedreira, Samuel R. Quiñones y Alfredo Collado
Martell, fundó Indice, la mensual literaria de la "Generación de los Treinta," 1929-1931. Fundador y secretario de
la Academia Puertorriqueña de la Historia, 1934; Profesor
en las Facultades de Derecho y Ciencias Sociales de la
Universidad de Puerto Rico, Río Piedras; y Procurador
General de Justicia de Puerto Rico. Ha sido activo en las
labores del Ateneo Puertorriqueño: Secretario, 1927-1933;
Presidente de la Sección de Historia, 1934-1936 y 1942-1946;
Vice-Presidente, 1937-1938; y Presidente, 1939-1941.
Fundador y segundo Presidente de la Sociedad de Autores
Puertorriqueños, 1966. Fundador de la escuela vanguardista de poesía llamada "noísmo." Sus obras "noístas"
aparecieron en El Imparcial, La Democracia, Faro, Vórtice, y Hostos, entre 1925 y 1929. Es el autor de numerosos ensayos sobre asuntos históricos, políticos y sociales,
y de crítica literaria sobre Nemesio Canales, José Vasconcelos y Evaristo Ribera Chevremont. Miembro del Casino Puertorriqueño, del Casino Español, y del Colegio de
Abogados de Puerto Rico. Redactor de la revista literaria
Patria, 1920-1921; publicador de El Caribe, el anuario de
la Escuela Secundaria Central de Santurce, 1922; redactor
literario de Atenea, el anuario de la Universidad de Puerto
Rico, 1926; redactor de La Democracia, 1926-1930; redactor asistente de Mundo Mercantil, 1931-1933; miembro
de la junta editorial de la Revista del Ateneo Puertorriqueño,
1934-1940; editorialista para El Mundo, 1937-1941; redactor
de la Revista del Colegio de Abogados de Puerto Rico,

1944-1946. Contribuyó a El Diario de Puerto Rico, El Mundo, Puerto Rico Ilustrado, y Asomante, y recibió muchos premios literarios. Ha tomado activa participación en los campos de la política, del gobierno y de la labor. Consejero al Negociado del Trabajo, 1926- 1930; y al Negociado de Reclamaciones de Salarios, 1930-1931. Director de la División de Investigación Económica y Social del Departamento de Labor, 1933-1936. Secretario del Comité sobre Relaciones Internacionales del Partido Unión de Puerto Rico, 1931. Miembro del Comité Central del Partido Liberal, 1932-1937. Ha sido miembro del Comité Central del Partido Demócrata Popular desde su fundación en 1940. Fue elegido al Senado de Puerto Rico en 1940 y elegido de nuevo en 1944. Ha sido dirigente parlamentario del Senado y gobernador interino de Puerto Rico. Miembro del Frente Unido de Acción Social, 1936; Presidente del Congreso Nacional Pro Liberación de Presos Políticos, 1936; Secretario de la Asociación Puertorriqueña de Libertades Civiles, 1936; delegado de Puerto Rico al Congreso Popular de la Paz que se celebró en Buenos Aires, Argentina en Noviembre de 1936. Vice-Presidente de la Asociación Pro Educación de Adultos, 1937; Secretario del Instituto de Literatura Puertorriqueña, 1939-1947; miembro del Comité Ejecutivo del Congreso Económico de Puerto Rico, un grupo militante que hizo manifestaciones en Washington, D.C., en 1939 en contra de las condiciones económicas y políticas en la Isla. Fue Jefe de la delegación puertorriqueña a la Tercera Conferencia Internacional de Abogados que tuvo lugar en México en 1944. Miembro de la delegación legislativa enviada a Washington, D.C., a arreglar nuevas relaciones entre Puerto Rico y los Estados Unidos. Secretario ejecutivo del Centro de Educación para Obreros auspiciado por el Departamento de Labor, 1936. Fue el autor de legislación destinada a beneficiar a la clase obrera, 1926-1936 y 1941-1947, y colaboró con el Departamento de Justicia en apoyar la ley que estableció la jornada laboral de 8 horas en Puerto Rico. Organizó el Instituto de Libre Enseñanza para el Pueblo. 6. Bajo del signo de Géminis (1963); Bases, naturaleza y caracteres de la legislación social (1944); Canto de tierra adentro (1965); Canto del amor infinito (1962); El despertar de un pueblo (1942); La independencia de Puerto Rico, sus bases históricas, económicas y culturales (1943); Los ismos en la década de los veinte (1960); La ley de relaciones federales y el estado político de Puerto Rico (1963); Mensaje de Puerto Rico a la Conferencia Panamericana de la Paz (1936); Palabras de nueva esperanza (1969); The problem of Puerto Rico (1940); El problema universitaria (1941?); Puerto Rico ante la Conferencia interamericana de abogados (1945); Puerto Rico, 1963 (1963); Valores de Puerto Rico (1943).

El despertar de un pueblo. San Juan, Biblioteca de Autores Puertorriqueños, 1942.
A study of early Puerto Rican political leaders and their philosophies of nationalism.
Un estudio de los primeros caudillos puertorriqueños y sus filosofías de nacionalismo.

Los Ismos en la Década de los Veinte. San Juan, Instituto de Cultura Puertorriqueña, 1969.
A discussion of the avant-garde literary movements which arose during the 1920's.
Un estudio de los movimientos literarios vanguardistas durante la década 1920-1930.

Valores de Puerto Rico. San Juan, Biblioteca de Autores Puertorriqueños, 1943.
A study of Puerto Rican social values.
Una interpretación de los valores sociales de Puerto Rico.

GERARDO ALCIDES, pseud. /seud.
see /véase DOMINGUEZ, JOSE DE JESUS

101 GERENA BRAS, GASPAR. 1. 12. III. 1909. Lares, P. R.
5. Lawyer, journalist, poet, and musical composer.
Publisher of the weekly Excelsior, 1926-1929, and contributor to Puerto Rico Ilustrado, Alma Latina, and Revista Blanca. †Abogado, periodista, poeta y compositor. Editor de la semanal Excelsior, 1926-1929 y contribuidor a Puerto Rico Ilustrado, Alma Latina y la Revista Blanca.
6. Aljibe (1959); Mientras muere la tarde (1939); Los sonetinos del mar (1963); Trilogía lírica (1969).

102 GIGANTE, ARTURO. 1. 1890. San Juan, P. R. 5. Short-story writer and journalist. He has worked at a variety of occupations including that of merchant, ship's captain, aviator, boxing promoter, and sportscaster. Wrote a daily column for El Mundo. Curator of the Museum in San Juan's Muñoz Rivera Park. "El milagro del jueves santo" is his best known short story. †Cuentista y periodista. Ha trabajado de comerciante, capitán del buque, aviador, empresario de boxeo, y periodista de deportes. Escribió una columna diaria para El Mundo. Curador del Museo del Parque Muñoz Rivera en San Juan. "El milagro del jueves santo" es su cuento más conocido. 6. Ella, los muertos y yo (1957).

103 GOMEZ COSTA, ARTURO. 1. 1895. Juana Díaz, P. R.
5. Poet and essayist. Employed as an industrial secretary. Executive Director of the Puerto Rican Academy of Arts and Sciences. Contributor to El Carnaval, Revista de las Antillas, El Mundo and Puerto Rico Ilustrado. A

modernist poet, his final composition presages the advent
of post-modernism.   He introduced the use of Latin hex-
ameter in Puerto Rican verse.   †Poeta y ensayista.   Trabajó de secretario industrial.   Director Ejecutivo de la
Academia Puertorriqueña de Artes y Ciencias.   Contribuidor a El Carnaval, Revista de las Antillas, El Mundo, y
Puerto Rico Ilustrado.   Poeta modernista, su última obra
prefigura la llegada del posmodernismo.   Introdujó el uso
del hexámetro latino en el verso puertorriqueño.   6.   El
Alcázar de Ariel (1918); Canto a Ponce en 25 estampas
(1965); Presencia de Isabel la Católica en Puerto Rico
(1963); Puerto Rico Heróico (1960); San Juan, Ciudad Fantástica de América (1957).

San Juan, Ciudad Fantástica de América.   Barcelona,
Ed. Rumbos, 1957.
Poems about the city of San Juan.
Poesía sobre la ciudad de San Juan.

104   GOMEZ TEJERA, CARMEN.   1.   1. XI. 1890.   Aguadilla,
P. R.   5.   Educator.   A distinguished teacher at every
level from the primary school to the university.   In her
home town of Aguadilla she was an elementary school
English teacher, 1909-1917; an acting school supervisor,
1917-1918; and a high school principal, 1918-1926.   Instructor in the School of Education at the University of
Puerto Rico, Río Piedras, 1926-1931; Supervisor of
Spanish Programming for the Puerto Rico Department of
Public Instruction, 1931-1933; and subsequently, Chief of
the Division of Curriculum Development.   Member of the
Puerto Rico Teachers Association and the National Education Association of the United States.   In consultation with
other Spanish teachers, she prepared the "Programas de
Lengua Española" curriculum materials for elementary and
secondary schools published by the Department of Public
Instruction in 1938.   She also contributed to "Serie Básica
de Lectura" and "Por el mundo del cuento y la aventura. "
†Educadora.   Fue una distinguida maestra a todos los
niveles de la enseñanza desde la escuela primaria hasta
la universidad.   En su pueblo natal de Aguadilla fue una
maestra de inglés de escuela primaria, 1909-1917; supervisora interina, 1917-1918; y directora de escuela secundaria, 1918-1926.   Ocupó los cargos de Instructora en la
Escuela de Educación de la Universidad de Puerto Rico,
Río Piedras, 1926-1931; de supervisora del planimiento de
español del Departamento de Instrucción Pública de Puerto
Rico, 1931-1933; y de Jefa de la División del Desarrollo
de Asignaturas.   Es miembro de la Asociación Nacional
de Educación de los Estados Unidos y de la Asociación de
Maestros de Puerto Rico.   En colaboración con otros
maestros de español preparó una serie de asignaturas para
la enseñanza del idioma español en escuelas primarias y

secundarias titulada "Programas de Lengua Española."
Esta serie fue publicada en 1938 por el Departamento de
Instrucción Pública. También contribuyó a "Serie Básica
de Lectura" y "Por el mundo del cuento y la aventura."
6. La escuela puertorriqueña (1970); Una mirada al pasado (1965); La novela en Puerto Rico, apuntes para su
historia (1947); Poesía Puertorriqueña: Antología para
niños (1956); Programas de lengua y literatura española
para las escuelas superiores (1938).

105 GONZALEZ, JOSE EMILIO. 1. 17. II. 1918. Gurabo, P. R.
5. Poet, essayist, journalist, short-story writer, and
professor. Editor of the daily, La Prensa of New York.
Subsequently he lectured in the social sciences at the University of Puerto Rico, Río Piedras, 1946-1947. Chief of
wire services for El Imparcial, he was also employed by
the International News Service and United Press International (UPI). Professor of Spanish Language and Literature at Princeton University, 1949-1950, and at the University of Puerto Rico, Río Piedras, 1963-1971, where he
also served as Chairman of the Humanities Department in
the School of General Studies. He has published literary
criticism in El Mundo, La Torre, and other newspapers
and periodicals. †Poeta, ensayista, periodista, cuentista
y profesor. Fue redactor del periódico La Prensa de
Nueva York. Más tarde dió conferencias sobre las
ciencias sociales en la Universidad de Puerto Rico, Río
Piedras, 1946-1947. Fue Jefe del Servicio de Prensa para
El Imparcial y trabajó también por la International News
Service y la United Press International (UPI). Desempeñó
el cargo de Profesor de Lengua y Literatura Española en
la Universidad de Princeton, 1949-1950, y en la Universidad de Puerto Rico, Río Piedras, 1963-1971, donde fue
también Jefe del Departamento de Humanidades en la
Escuela de Estudios Generales. Ha escrito crítica literaria
para El Mundo, La Torre y otros periódicos y revistas.
6. Cántico mortal a Julia de Burgos (1956); Josefina Romo
Arregui en el arte de su palabra (1961); Parábola del Canto
(1960); Los poetas puertorriqueños en la década del Treinta
(1960); Profecía de Puerto Rico (1954).

Los Poetas Puertorriqueños en la Década del Treinta. San
Juan, Instituto de Cultura Puertorriqueña, 1960.
Paper on Puerto Rican poetry of the 1930's presented
at a conference on Puerto Rican literature.
Un artículo leído a una conferencia dictada sobre la
literatura puertorriqueña. Se trata de la poesía puertorriqueña durante la década 1930-1940.

106 GONZALEZ, JOSE LUIS. 1. 8. III. 1926. Santo Domingo,
República Dominicana. 5. Novelist, short-story writer,
and professor. Professor of Literature at the National Auton-

omous University of Mexico and the University of Guanajuato
(Mexico). A militant Marxist since 1943, and an advocate
of Puerto Rican independence, he has renounced American
citizenship in favor of Mexican nationality. †Novelista,
cuentista y profesor. Actualmente es profesor de literatura en la Universidad Nacional Autónoma de México y la
Universidad de Guanajuato (México). Desde 1943 ha sido
un marxista militante y partidario de la independencia de
Puerto Rico. Ha abandonado la ciudadanía norteamericana
para adoptar la mexicana. 6. Cinco cuentos de sangre
(1945); En este lado (1954); En la sombra (1943); El hombre de la calle (1948); Paisa: un relato de la emigración
(1950).

107　GONZALEZ GARCIA, MATIAS. 1. 9. XII. 1866. Naguabo,
P. R. 2. 11. III. 1938. Gurabo, P. R. 5. Journalist,
teacher, short-story writer, and novelist. Enrolled in the
pre-medical program at the University of Santiago de Compostela in Spain, he withdrew for reasons of ill health and
returned to Puerto Rico where he became a schoolteacher
in San Juan. After a brief trial period, he retired from
teaching in 1902 in order to devote himself to politics and
journalism. He had been an Autonomist during the Spanish
period but, after 1898, he joined the Federal Party. Later
he became a Unionist, and finally an Independentista.
Elected to the Puerto Rico House of Representatives in
1904. Town Clerk from 1916-1920 and Mayor of Gurabo
from 1920-1924. A prolific writer, he has written approximately 500 stories almost all of which are light and
humorous in character. These are dispersed in newspapers
and literary reviews including La Ilustración Puertorriqueña,
Puerto Rico Ilustrado, El Mundo, La Democracia, El Buscapié, Revista Puertorriqueña de Literatura, and El Clamor
del País. He also published a daily tabloid in Gurabo, El
Correo del Este, and another in Caguas, Rocinante, 1910-
1914. In 1892 he received a gold medal for his story "La
Primera Cría." He is best known for his masterful descriptions of peasant social life and customs. †Periodista,
maestro, cuentista y novelista. Después de matricularse
en la Universidad de Santiago de Compostela, España, para
estudiar medicina, tuvo que retirarse por fallos de salud
y regresó a Puerto Rico donde se hizo maestro de escuela
en San Juan. En 1902, después de un breve período de
prueba, dejó la carrera de maestro para dedicarse al
periodismo y a la política. Había sido un autonomista
durante el régimen español, pero después de 1898 era federalista. Más tarde se hizo unionista y independentista. Fue elegido
a la Cámara de Diputados de Puerto Rico en 1904. Fue secretario del municipio de 1916-1920 y alcalde de Gurabo de
1920-1924. Fue un escritor prolífico y ha escrito aproximadamente 500 cuentos casi todo de los cuales son de naturaleza humorística. Se encuentran dispersos en periódicos

y revistas literarias incluso La Ilustración Puertorriqueña, Puerto Rico Ilustrado, El Mundo, La Democracia, El Buscapié, la Revista Puertorriqueña de Literatura y El Clamor del País. Redactó también en Gurabo un periódico llamado El Correo del Este y otro de Caguas, Rocinante, 1910-1914. En 1892 fue premiado con una medalla de oro por su cuento "La Primera Cría." Se destaca por su magistrales descripciones de la vida y costumbres de los jíbaros. 6. Amor que vence (n. d. /s. f.); Carmela (1903); Cosas (1893); Cosas de Ataño (1918); Cosas de Ogaño (1922); Cuentos, primera selección (1960); Ernesto (1895); El escándalo (1894); Gestación (1905); Gritos de angustia (1913); Juan sin tierra (n. d. /s. f.); Mis cuentos (1899); Por mi tierra y por mi dama (n. d. /s. f.); La primera cría (1892); El tesoro del Ausúbal (1913).

Carmela. 3a. ed. San Juan, Ed. Coquí, 1966. Novel. First published in 1903. Novela. Publicada inicialmente en 1903.

Cosas de Ataño y Cosas de Ogaño. Caguas, P. R., Tip. R. Morell Campos, 1922. A novel, first published in 1893, balancing the romanticist style of the 19th century with the realism of the 20th. Una novela, publicada por primera vez en 1893, en la cual aparece tanto el romanticismo del siglo XIX como el realismo del siglo XX.

GUAMANI, pseud. /seud. see/véase TAPIA Y RIVERA, ALEJANDRO

108 GUERRA MONDRAGON, MIGUEL. 1. 29. IX. 1880. San Juan, P. R. 2. 9. IV. 1947. San Juan, P. R. 3. Miguel Guerra Mondragón Martínez de Andino. 5. Lawyer, essayist, journalist, and politician. Professor of Law at the University of Puerto Rico, Río Piedras, 1910-1918. He entered politics as a Federalist and held minor public office before joining the Union Party in 1904. Elected to the Puerto Rico House of Representatives, 1906-1914; and Speaker of the House, 1923. Counsel to the Puerto Rican Department of Justice, 1933. An outstanding authority on modernism, his critical essays appeared in Puerto Rico Ilustrado, Juan Bobo (later called Idearium) and La Democracia. In 1913-1914 he cofounded Revista de las Antillas together with Luis Lloréns Torres and Nemesio R. Canales. †Abogado, ensayista, periodista y político. Fue Profesor de Derecho en la Universidad de Puerto Rico, Río Piedras, 1910-1918. Empezó su carrera política como federalista y ocupó cargos públicos menores antes de unirse al Partido Unión en 1904. Fue elegido a la Cámara de Diputados, donde servió de 1906 a 1914 y fue Presidente de la Cámara, 1923. Fue consejero al Departamento de Justicia de

Puerto Rico, 1933. Fue una destacada autoridad sobre el
modernismo y sus ensayos críticos aparecieron en Puerto
Rico Ilustrado, Juan Bobo (luego titulada Idearium) y La
Democracia. En 1913-1914, junto con Luis Lloréns Torres
y Nemesio R. Canales fundó la Revista de las Antillas.
6. El Crítico como artista (1914); Oscar Wilde: estudios
y traducciones (1914).

109 GUEVARA CASTAÑEIRA, JOSEFINA. 1. Aibonito, P. R.
5. Essayist, journalist, and poet. A precocious talent,
she published her first poems in Puerto Rico Ilustrado and
Renovación at the age of 12. Since then she has contributed to El Mundo and Alma Latina. Founder and director
of the "Pro Música Regional de Puerto Rico" company in
San Juan, and Editorial Assistant for the Institute of Puerto
Rican Culture. Her best known short stories are "Aristocracia jíbara, " "Duelo crillo, " "El vendedor de fresas, "
and "El asalto. " Acclaimed as the best Puerto Rican
author of 1962 by the Women's Civic League of San Juan
and the Puerto Rico Atheneum. †Ensayista, periodista y
poetisa. Poseía un talento precoz y publicó sus primeros
poemas en Puerto Rico Ilustrado y Renovación a la edad
de doce años. Desde entonces ha contribuido a El Mundo
y Alma Latina. Dirigió la campaña "Pro Música Regional
de Puerto Rico" en San Juan y fue editora del Instituto de
Cultura Puertorriqueña. Entre sus cuentos más conocidos
figuran "Aristocracia jíbara, " "Duelo crillo, " "El vendedor
de fresas" y "El asalto. " Fue nombrada la mejor autora
del año 1962 por el Club Cívica de Damas de San Juan y
por el Ateneo Puertorriqueño. 6. De frente al comunismo
(n. d. /s. f.); Del Yunque a los Andes (1959); Los encadenados (1966); Nuestra América (1962); Siembra (1963); Voces
de Hispanoamérica (1969).

Los Encadenados. San Juan, 1966.
A novel about drug addiction in Puerto Rico.
Una novela que trata de los narcómanos en Puerto Rico.

Nuestra América. Ponce, P. R. , 1962.
A volume of essays about important American personalities and problems.
Un libro de ensayos que tienen por tema las personalidades y los problemas más importantes de América.

GUSTAVO, pseud. /seud.
see/véase GAUTIER BENITEZ, JOSE

GUSTAVO MONTIEL, pseud. /seud.
see/véase LAGUERRE, ENRIQUE A.

110 GUTIERREZ DEL ARROYO, ISABEL. 1. 1907. Bayamón,
P. R. 5. Historiographer. Professor of the humanities

in the School of General Studies at the University of
Puerto Rico, Río Piedras.   In 1970, she was director of
historical research for the Institute of Puerto Rican Culture.   Instructor at the Catholic Academy of San Juan.
The recipient of a Guggenheim Foundation Fellowship, she
has done research in the United States National Archives.
†Historiógrafa.   Profesora de Humanidades en la Escuela
de Estudios Generales, Universidad de Puerto Rico, Río
Piedras.   En 1970 fue nombrada Directora de Investigación Histórica del Instituto de Cultura Puertorriqueña.
Instructora en la Academia Católica de San Juan.   Recibió
una beca de la Fundación Guggenheim y ha llevado a cabo
proyectos de investigación en los Archivos Nacionales de
los Estados Unidos.   6.   Estudios de historiografía americana (1948);   Fr. Iñigo Abbad y Lasierra y su historia de
Puerto Rico (1948);   Historiografía puertorriqueña desde la
Memoria Melgarejo (1582) hasta el Boletín histórico (1914-
1927) (1957);   El reformismo ilustrado en Puerto Rico (1953).

El Reformismo Ilustrado en Puerto Rico.   México, Ed.
Asomante y Colegio de México, 1953.
A social and cultural history of 19th-century Puerto
Rico.
Una historia social y cultural de Puerto Rico en el siglo
XIX.

HERACLITO, pseud. /seud.
see /véase NEGRON SANJURJO, JOSE

111 HERNANDEZ, JOSE P . H . 1. 22. V. 1892. Hatillo,
     P.R. 2. 2. IV. 1922. Río Grande, P. R. 3. José Polonio
     Hernández y Hernández. 4. Peache. 5. Musician, phar-
     macist, and poet. A deprived youngster much admired for
     his precocious musical talent. Friends of the family fi-
     nanced his education. He opened a pharmacy in Corozal in
     1912, but returned to his native village the following year.
     Later that year he began to compose verses which first ap-
     peared in the literary reviews El Hogar and Semanario
     Gráfico. In 1916 he moved to Río Grande, where he es-
     tablished another pharmacy and performed minor surgery.
     He became popular during this period and began to contrib-
     ute regularly to Puerto Rico Ilustrado and other widely read
     literary reviews. A romantic poet, his verse is also
     modernist and even post-modernist in style. He is particu-
     larly noted for his fine "eneasílabo" lyric poetry. Died at
     the age of 30. †Músico, farmacéutico y poeta. De niño
     careció de cosas materiales pero fue muy apreciado por su
     precoz talento musical de manera que unos amigos famili-
     ares pagaron los gastos de su educación. Abrió una far-
     macia en Corozal en 1912 pero regresó a su pueblo natal
     el año siguiente. En el mismo año empezó a escribir
     versos que aparecieron primeramente en las revistas lite-

rarias El Hogar y Semanario Gráfico.   En 1916 se mudó
a Río Grande donde estableció otra farmacia y practicó
cirugía menor.   Su poesía le ganó fama durante este
período y empezó a contribuir a Puerto Rico Ilustrado y a
otras revistas literarias.   Fue un poeta romántico aunque
su verso muestra tendencias modernistas y posmodernis-
tas.   Se destaca por su fina poesía lírica llamada "eneasí-
labo. " Se murió a la edad de 30 años.   6.   Antología poética (1956); Cantos de la sierra (1925); Coplas de la vereda
(1919); El Páramo de los Petreles (1920); Poesías 2 (1965);
El último combate (1921).

Obra Poética.   2a. ed.   San Juan, Inst. de Cultura, 1966.
Poetical works.   Has a biography by Manuel Siaca Rivera.
Obras poéticas.   Tiene una biografía por Manuel Siaca
Rivera.

112 HERNANDEZ AQUINO, LUIS.   1.   1907.   Lares, P. R.
5.   Professor, essayist, novelist, journalist, and poet.
Professor of Puerto Rican Literature in the Department of
Hispanic Studies at the University of Puerto Rico, Río
Piedras.   One of Puerto Rico's best known contemporary
poets.   Originally a member of the "atalayista" school of
poetry, 1929-1930, he subsequently became an "integralista"
in 1941.   The recipient of numerous literary awards including the coveted Poetry Prize of the Institute of Puerto
Rican Literature, 1964.   Editor of the literary reviews
Insula, Bayoán, and Jaycoa, and contributor to El País,
El Globo, El Día Estético, Alma Latina, El Mundo, and
Puerto Rico Ilustrado.   In recent years he has researched
the linguistic development of Puerto Rico contributing a
regular column entitled "Lingüística boricua" in El Mundo
Dominical.   †Profesor, ensayista, novelista, periodista y
poeta.   Es Profesor de Literatura Puertorriqueña en el
Departamento de Estudios Hispánicos de la Universidad de
Puerto Rico, Río Piedras.   Es uno de los más destacados
poetas contemporáneos de Puerto Rico.   Originalmente un
miembro de la escuela "Atalayista, " 1929-1930, luego se
convirtió en "Integralista, " 1941.   Ha recibido muchos
premios literarios, entre ellos el premio para poesía del
Instituto de Literatura Puertorriqueña, 1964.   Ha sido redactor de las revistas literarias Insula, Bayoán, y Jaycoa,
y ha contribuido a El País, El Globo, El Día Estético,
Alma Latina, El Mundo y Puerto Rico Ilustrado.   En los
últimos años ha hecho investigaciones sobre el desarrollo
lingüístico de Puerto Rico y ha escrito una columna en El
Mundo Dominical titulada "Lingüística Boricua. " 6.   Agua
del remanso (1939); Antología de Antonio Nicolás Blanco
(1959); Cantos a Puerto Rico (1967); Del tiempo cotidiano
(1960); Diccionario de voces indígenas de Puerto Rico (1969);
Entre la elegía y el réquiem (1968); Isla para la angustia
(1943); Memoria de Castilla (1956); El modernismo en
Puerto Rico (1967); Movimientos Literarios en el siglo XX

en Puerto Rico (1951); La muerte anduvo por el guasío
(1959); Niebla lírica (1931); Notas sobre la poesía puertorriqueña (1956); Nuestra aventura literaria: los ismos
en la poesía puertorriqueña, 1913-1948 (1964); Nueva
poesía de Puerto Rico (1952); Poemas de la vida breve
(1940); Poesía Puertorriqueña (1954); Poetas de Lares
(1966); Voz en el tiempo (1952).

Cantos a Puerto Rico.   San Juan, Instituto de Cultura
Puertorriqueña, 1967.
An anthology of 20th-century songs dedicated to Puerto
Rico.
Una antología de canciones escritas en el siglo XX y
dedicadas a Puerto Rico.

El Modernismo en Puerto Rico.   San Juan, Universidad
de Puerto Rico, 1967.
Poetry and prose representative of the modernist school.
Poesía y prosa representativas del movimiento modernista.

La Muerte Anduvo por el Guasío.   2a. ed.   Santo Do-
mingo, R.D., Ed. del Caribe, 1968.
A novel about the American invasion of Puerto Rico in
1898.   First published in 1959.
Una novela sobre la invasión norteamericana de Puerto
Rico en 1898.   Publicada por primera vez en 1959.

Nuestra Aventura Literaria.   2a. ed.   San Juan, Ed.
de la Torre, Universidad de Puerto Rico, 1966.
A critical analysis of the significant avant garde move-
ments in Puerto Rican poetry which began with Luis
Lloréns Torres.
Un análisis crítico de los movimientos vanguardistas en
la poesía puertorriqueña que comenzaron con la poesía de
Luis Lloréns Torres.

Poetas de Lares.   San Juan, Instituto de Cultura Puerto-
rriqueña, 1966.
An anthology of verse by poets from Lares, P.R.
Una antología de poesía larense.

113   HERNANDEZ DE ARAUJO, CARMEN. 1. 10.VI.1832. San
Juan, P.R. 2. 9.IV.1877. San Juan, P.R. 5. Poet,
dramatist, and novelist. A protege of Father Rufo Manuel
Fernández. As a child, she demonstrated precocious literary talent. Produced her first drama at the age of 15, a
5 act play which became one of the earliest native works
to be staged in the Puerto Rican theater. She has one unpublished novel: Flores, o virtudes y abrojos y pasiones.
†Poetisa, dramaturga y novelista. Fue la protegida del
Padre Rufo Manuel Fernández. Ya de niña, mostró un

precoz talento literario. Escribió su primer drama a la
edad de quince años, una pieza de cinco actos que fue una
de las primeras obras nacionales ser estrenada en el
teatro puertorriqueño. Escribió una novela que quedó inédita: Flores, o virtudes y abrojos y pasiones. 6. Amor
ideal (1866); Los deudos rivales (1863); Hacer bien al
enemigo es imponerle el mayor castigo (1866).

HERNANDEZ DE OVIEDO Y VALDES, GONZALO
see/véase FERNANDEZ DE OVIEDO, GONZALO

114 HERNANDEZ VARGAS, FRANCISCO. 1. 10. V. 1914. Arecibo, P. R. 5. Lawyer, journalist, and poet. Founded
a tabloid entitled El Grito de Lares in Arecibo and a
law journal entitled La Toga in San Juan. Contributes
to Puerto Rico Ilustrado, El Mundo, and other newspapers
and literary magazines. His principal themes are political independence for the Island, improved economic conditions for the workingman, and the natural beauty of the
countryside. He also writes love poetry. †Abogado,
periodista y poeta. Estableció un periódico El Grito de
Lares en Arecibo y una revista de derecho titulada La
Toga en San Juan. Contribuye a Puerto Rico Ilustrado,
El Mundo y a otros periódicos y revistas literarias. Sus
temas principales son la independencia política de la Isla, me-
joradas condiciones económicas para los obreros y la belleza
del paisaje puertorriqueño. También escribe poesía de amor.
6. Brazos (1939); Música Criolla (1933); La Vereda (1937).

LA HIJA DEL CARIBE, pseud. /seud.
see/véase PADILLA DE SANZ, TRINIDAD

115 HOSTOS, ADOLFO DE. 1. 8. I. 1887. Santo Domingo, República Dominicana. 3. Adolfo J. de Hostos Ayala.
5. Historian and archeologist. Entered the United States
Army as a 2d Lieutenant in the Infantry, 1909, and rose
to the rank of Major, 1919. Resigned his commission
with the World War I Medal of Victory. Maintained a life-
long interest in the military. He remained active in vete-
rans' affairs and servicemen's organizations and served on
a Local Board of the Selective Service System, 1941-1946.
First Director of the Puerto Rican Lottery, 1934-1935.
Appointed Official Historian of Puerto Rico by Governor
Winship in 1936. Member of the American Association
for the Advancement of Science, 1924; the American Anthropological Association, 1920; and the Society of Americanists of Paris; Corresponding Member of the Cuban
Academy of History, 1929; and the Dominican Academy of
History, 1942. Vice-President of the History Section of
the Puerto Rico Atheneum, 1929; Vice-President of the
Atheneum, 1931; Secretary, Committee for the Preservation of Historic Landmarks of Puerto Rico, 1930;

Member of the Hostos Committee of Puerto Rican Intellec-
tual Cooperation to the League of Nations. He received a
scholarship from the American School of Prehistoric Studies
to study in Charente, France, 1922. Member of the Hostos Centennial Committee, 1937; Director of the Caparra
archeological excavations. Research Director of the General Historical Index of Puerto Rico, a project financed by
the Puerto Rico Economic Reconstruction Administration
(PRERA) of the Works Progress Administration (WPA),
1937; Member of the Ibero-American Institute of the University of Puerto Rico, Río Piedras; Honorary member of
the Argentine Cultural Committee of Buenos Aires, 1939;
Represented the Governor of Puerto Rico on a diplomatic
mission to the Dominican Republic, 1936; Commissioned
by the Smithsonian Institution to prepare an article for the
Handbook of South American Indians, 1940; Trustee of the
College of the Sacred Heart, Santurce, 1943; Official Delegate from Puerto Rico to the 1st International Conference
of Caribbean Archeologists, Honduras, 1946. In 1971 he
received an Honorary Degree from the Catholic University
of Puerto Rico. Son of Eugenio María de Hostos. †His-
toriador y arqueólogo. Ingresó en el ejército de los Estados Unidos como teniente de infantería y ascendió al grado
de mayor, 1919. Al dar su dimisión se había ganado la
Medalla de Victoria de la Primera Guerra Mundial. Ha
sostenido interés en la vida militar durante toda su vida.
Participó en los asuntos de los veteranos y de las organizaciones para militares y prestó servicios en una Junta
Local del Servicio Selectivo, 1941-1946. Primer Director
de la lotería puertorriqueña, 1934-1935. Nombrado Historiador de Puerto Rico por el Gobernador Winship en 1936.
Miembro de la American Association for the Advancement
of Science, 1924; de la American Anthropological Association, 1920; y de la Society of Americanists de París.
Miembro correspondiente de la Academia Cubana de Historia, 1929; y de la Academia Dominicana de Historia,
1942. Vice Presidente de la Sección de Historia del
Ateneo Puertorriqueño, 1929; Vice Presidente del mismo
Ateneo, 1931; Secretario del Comité para la Conservación
de Valores Históricos de Puerto Rico; Vocal del Comité
Hostos de Cooperación Intelectual Puertorriqueña ante la
Liga de Naciones. Recibió una beca de la Escuela Americana de Estudios Prehistóricos para estudiar en Charente,
Francia, 1922. Miembro del Comité Pro Celebración del Cen-
tenario del Natalicio de Hostos, 1937; Director de las
excavaciones arqueológicas a Caparra. Director de Investigación del Indice Histórico General de Puerto Rico, un
proyecto financiado por la Agencia de Reconstrucción
Económica de Puerto Rico (PRERA) de la Administración de
Obras Progresivas (WPA), 1937; miembro del Instituto Iberoamericano de la Universidad de Puerto Rico, Río Piedras;
miembro honorario del Comité Cultural Argentino de Buenos

Aires, 1939; representó al Gobernador de Puerto Rico en
una misión diplomática a la República Dominicana, 1936.
Fue encargado por la Smithsonian Institution preparar un
artículo para el Handbook of South American Indians, 1940.
Síndico del Colegio del Sagrado Corazón, Santurce, 1943;
delegado de Puerto Rico a la Primera Conferencia de Ar-
queólogos del Caribe, Honduras, 1946. En 1971 recibió
un doctorado honorario de la Universidad Católica de
Puerto Rico. Es el hijo de Eugenio María de Hostos.
6. Al servicio de Clío (1942); Anthropological papers
(1941); Anthropomorphic carvings from the Greater Antilles (1923?); Apuntes para la historia de las ideas en
América (1956?); Caribbeans born and bred (1968); Ciudad
murada, ensayo acerca del proceso de la civilización en la
ciudad española de San Juan Bautista de Puerto Rico, 1521-
1898 (1948); Una colección arqueológica antillana (1955);
Crecimiento y desarrollo de la ciudad de San Juan (1957);
Después de América, la civilización (1921); Hombres repre-
sentativos de Puerto Rico (1961); Hostos como educador
(1920); Indice hemero-bibliográfico de Eugenio María de
Hostos, 1863-1940 (1940); Industrial applications of Indian
decorative motifs of Puerto Rico (1939); Investigaciones
históricas. 2 vols. (1938); Tras las huellas de Hostos (1966).

Crecimiento y Desarrollo de la Ciudad de San Juan.
San Juan, Instituto de Cultura Puertorriqueña, 1969.
     Brief history of the city of San Juan. First published
in 1957.
     Breve historia de la ciudad de San Juan. Publicada
originalmente en 1957.

Historia de San Juan, Ciudad Murada. San Juan, Instituto de Cultura Puertorriqueña, 1966.
     An historical essay about San Juan from 1521 to 1898.
First published in 1948.
     Un ensayo sobre la historia de San Juan desde 1521
hasta 1898. Publicado por primera vez en 1948.

Tras las Huellas de Hostos. Río Piedras, P.R., Uni-
versidad de Puerto Rico, Ed. Universitaria, 1966.
     Biographical study of the family of Eugenio María de
Hostos.
     Estudio biográfico de la familia de Eugenio María de
Hostos.

116 HOSTOS, EUGENIO MARIA DE. 1. 11.I.1839. Río Cañas,
Mayagüez, Puerto Rico. 2. 11.VIII.1903. Santo Domingo,
República Dominicana. 3. Eugenio María de Hostos y
Bonilla. 5. Philosopher, educator, journalist, lecturer,
sociologist, essayist, and statesman. One of the greatest
statesmen of 19th century Latin America. Often called the
"Citizen of America" because he travelled extensively

throughout Latin America making substantial contributions
to the development of each nation he visited.   A political
visionary, he dreamed of an independent West Indian confederation.   He placed his faith in education as the best
hope for the future of mankind.   An abolitionist since his
student days, he joined the Spanish republican movement
in exchange for a pledge that Puerto Rico would be granted
autonomy by a liberal republican regime.   After they attained power, the liberals reneged on their commitment.
Frustrated as an autonomist, he became an ardent separatist.   He went to New York where he joined the nucleus
of Cuban revolutionaries struggling for the independence of
their country.   He edited the official newspaper La Revolución.   In 1871 he left for South America.   In Peru he
took up the cause of the exploited Chinese laborers.   In
Chile he pleaded the case for equal educational opportunity
for women, taught at the University of Santiago, and wrote
his magnificent essay on "Hamlet. "   In Argentina he promoted the construction of the first Trans-Andean railroad.
Upon his return to New York in 1874, he edited La América Ilustrada.   Later in Santo Domingo he edited the newspaper Las Tres Antillas.   He remained in New York until
1877, when he moved to Venezuela and devoted himself to
education.   He returned to the Dominican Republic in 1880,
founded the Santo Domingo Normal School and became Inspector General of Public Instruction.   Returned to Chile
in 1888 and became Headmaster of the Miguel Luis Amuná-
tequi Lyceum of Santiago, in which he established his own
system of education.   Professor of Constitutional Law at
the University of Chile, 1890.   He returned to Puerto Rico
in 1898 and endeavored to obtain American recognition of
Puerto Rico's right to self-determination.   He founded the
short-lived League of Puerto Rican Patriots in 1899, following the American occupation of the Island.   Having
failed to achieve his objective, he returned to his second
homeland, Santo Domingo, where he died.   †Filósofo, educador, periodista, disertante, sociólogo, ensayista y estadista.   Uno de los grandes estadistas de Latinoamérica
en el siglo XIX.   Muchas veces llamado el "Ciudadano de
América" porque viajó extensivamente por todo Latinoamérica haciendo contribuciones substanciales al desenvolvi-
miento de cada nación que visitaba.   Un visionario político,
soñó con una confederación independiente de las Antillas.
Puso su fe en la educación como la mejor esperanza del
futuro de la humanidad.   Un abolicionista desde sus días
de estudiante, ingresó en el movimiento republicano español a cambio de la promesa que a Puerto Rico se le
concedería autonomía por un régimen liberal republicano.
Después de obtener el poder, los liberales abjuraron su
compromiso.   Frustado como autonomista, se volvió un
ardiente separatista.   Fue a Nueva York donde se unió al
núcleo de los revolucionarios cubanos que luchaban por la

independencia de su país. Redactó el noticiero oficial La Revolución. En 1871 salió para América del Sur. En el Perú apoyó la causa de los trabajadores chinos explotados. En Chile defendió la causa de oportunidades educacionales equitativas para mujeres, enseñó en la Universidad de Santiago, y escribió su magistral ensayo sobre "Hamlet." En la Argentina promovió la construcción del primer ferrocarril Trasandino. Después de regresar a Nueva York en 1874, redactó La América Ilustrada. Más tarde en Santo Domingo redactó el periódico Las Tres Antillas. Se quedó en Nueva York hasta 1877, cuando se mudó para Venezuela y se dedicó a la educación. Regresó a la República Dominicana en 1880, fundó la Escuela Normal de Santo Domingo y se convirtió en Inspector General de Instrucción Pública. Regresó a Chile en 1888 y fue Director del Liceo de Santiago "Miguel Luis Amunátegui," en el cual estableció su propio sistema de educación. Fue Profesor de Derecho Constitucional en la Universidad de Chile en 1890. Regresó a Puerto Rico en 1898 y se esforzó en obtener el reconocimiento de parte de los Estados Unidos de los derechos de Puerto Rico a la autodeterminación. Poco después de la ocupación norteamericana de la Isla fundó la Liga de Patriotas Puertorriqueños, que fue de breve duración. Habiendo fallado en conseguir su objetivo, regresó a su segunda patria, Santo Domingo, donde murió.

6. Antología (1952); La enseñanza científica de la mujer (1872); España y América (1954); Essais (1936); Cartas públicas acerca de Cuba (1895); Geografía evolutiva (1895); Hamlet (1873); Hostos, prólogo y selección de Pedro de Alba (1944); Lecciones de derecho constitucional (1887); Meditando (1909); Mi viaje al sur (n.d./s.f.); Moral social (1888); Obras completas 20 vols. (1940); Páginas dominicanas (1963); Páginas escogidas (1952); Hostos en Santo Domingo (1939-42); Páginas Intimas (n.d./s.f.); La peregrinación de Bayoán (1863); Reseña histórica de Puerto Rico (1872); Romeo y Julieta (1863); Temas Sudamericanos (n.d./s.f.); Tratado de sociología (1904); Tres presidentes y tres repúblicas; Estudio de sociología americana (1874).

Antología. Madrid, Imp. Litografía y Encuadernación, 1952.
A selection from the major works of Eugenio María de Hostos.
Una selección de las obras principales de Eugenio María de Hostos.

Obras Completas. 20 t. 2a. ed. San Juan, Instituto de Cultura Puertorriqueña, 1968.
The complete writings of a famous Puerto Rican statesman. First published in 1940.
Las obras completas de un célebre estadista puertorriqueño. Publicadas originalmente en 1940.

La Peregrinación de Bayoán. San Juan, Instituto de
Cultura Puertorriqueña, 1970.

A new edition of Hostos' only novel in which he launches
a cry for freedom for his enslaved country. First published in Madrid in 1863.

Una nueva edición de la única novela de Hostos, publicada primeramente en Madrid en 1863, en la cual lanza
el grito por la libertad de su patria esclavizada.

117 HUYKE, JUAN B. 1. 11.VI.1880. Arroyo, P.R.
2. 17.XII.1961. San Juan, P.R. 3. Juan Bernardo
Huyke y Bozello. 5. Educator, politician, journalist, and
lawyer. The author of numerous pedagogical texts and political tracts as well as several poems and a drama entitled El Batey. A member of the Republican Party and a
life-long proponent of statehood for Puerto Rico. As a
teacher, principal, inspector-general, and superintendent
of schools until 1910, he was instrumental in adapting the
Island's curriculum to the change of sovereignty which occurred in 1898. Member of the Puerto Rico House of
Representatives, 1912-1920 and Speaker of the House, 1918-
1920. Puerto Rican Commissioner of Education appointed
by President Warren G. Harding, 1921-1926, and reap-
pointed by President Calvin Coolidge, 1926-1930. Acting
Governor of Puerto Rico, 1922; Chairman of the Board of
Trustees and Chancellor of the University of Puerto Rico,
Río Piedras, 1921-1926. Private law practice in San Juan,
1930-1935. Editor of the Republican daily El País, 1932;
Legal Counsel to the University, 1931-1935; Chairman of
the Puerto Rico Civil Service Commission, 1935-1945. As
a public servant and as a private citizen, he played a significant part in shaping the educational system of present-
day Puerto Rico. †Educador, político, periodista y abogado.
Es el autor de numerosos textos pedagógicos y tractos políticos así como de varios poemas y un drama titulado El
Batey. Fue un miembro del Partido Republicano y partidario durante toda su vida del reconocimiento de Puerto
Rico como estado. Como maestro, director de escuela,
inspector general, y superintendente de escuelas hasta
1910, contribuyó a adaptar las asignaturas escolares al
cambio de soberanía que ocurrió en 1898. Fue miembro
de la Cámara de Diputados de Puerto Rico, 1912-1920 y
Presidente de la Cámara, 1918-1920. Fue nombrado
Comisionado de Educación por Presidente Warren G. Harding, 1921-1926 y nombrado de nuevo por Presidente Calvin
Coolidge, 1926-1930. Gobernador interino de Puerto Rico,
1922; Presidente de la Junta de Síndicos y Canciller de la
Universidad de Puerto Rico, Río Piedras, 1921-1926.
Despacho jurídico en San Juan, 1930-1935. Redactor del
diario republicano El País, 1932; Presidente de la Comisión de Servicio Civil de Puerto Rico, 1935-1945. Como
burócrata y como ciudadano privado, jugó un papel signifi-

cativo en el desarrollo del sistema de educación del Puerto
Rico actual.   6.   Abuelo y nieta (1929); La agonía antillana
(1928); Artículos pedagógicos (n. d. /s. f.); El Batey (1926);
Combatiendo (1922); Cómo educo a mi hijo (n. d. /s. f.);
Consejos a la juventud (1921); Cuentos de Puerto Rico
(1926); Cuentos, leyendas (19--); Cuentos para niños (1928);
Día de reyes (1929); Dolor (1925); Edad escolar (n. d. /s. f.);
Esfuerzo propio (1922); Estímulos (1922); El joven
ingeniero (1927); Lecturas (1925); Libro primero
(1913); La maestra de Jácana (1924); Mañana de
preuba (1927); Niños sin padres (1927); Niños y escuelas (1919); Páginas escogidas (1925); Pepe el abogado
(1926); Las pequeñas causas (1928); Rimas infantiles (1924);
La Sentimental (1926); Si tuviera 21 años (n. d. /s. f.); Tri-
unfadores. 2 vols. (1926-1927); Versos para Héctor (1929);
Vida escolar (1925).

UN ILUSTRADO, pseud. /seud.
see /véase MORALES, JOSE PABLO

INCOGNITUS, pseud. /seud.
see /véase MUÑOZ RIVERA, LUIS

J. P. M. , pseud. /seud.
see /véase MORALES, JOSE PABLO

118   JIMENEZ MALARET, RENE. 1. 1903. Adjuntas, P. R.
      5.   Short-story writer, dramatist, journalist, translator,
      essayist, and poet. Employed by the Puerto Rican Social
      Security Administration. Contributor to El Mundo, El Im-
      parcial, Alma Latina, Puerto Rico Ilustrado, and Brújula.
      †Cuentista, dramaturgo, periodista, traductor, ensayista y
      poeta. Trabajó por el Fondo del Seguro del Estado. Con-
      tribuidor a El Mundo, El Imparcial, Alma Latina, Puerto
      Rico Ilustrado, y Brújula. 6. Camino de sombras (1956);
      Cosas de familia (1941); Epistolario histórico (1953);
      Estados del alma (1932); Meditaciones de un misántropo
      (1939); Organización obrera (1943); La palabra al viento,
      1924-1936 (1943); Pandemonium (1959); Puntos de vista
      (1961); Vórtice (1940).

119   JOGLAR CACHO, MANUEL. 1. 20. III. 1898. Morovis, P. R.
      5.   Poet, businessman, and financier. After having gradu-
      ated from high school, he entered the world of commerce
      and studied grammar and literature in his spare time. A
      member of both the modernist and post-modernist schools,
      he published his first volume of poetry in 1925.   Con-
      tributed to Puerto Rico Ilustrado, El Mundo, La Prensa,
      Alma Latina, Asomante, and Revista del Instituto de Cul-
      tura Puertorriqueña. He received literary awards from
      the Institute of Puerto Rican Literature in 1956; the Puerto
      Rico Atheneum in 1957 and 1958; and the Society of Puerto

Rican Authors in 1965. †Poeta, hombre de negocios y financiero. Después de graduarse de escuela secundaria, entró en el mundo de los negocios y durante su tiempo libre se dedicaba al estudio de la gramática y de la literatura. Fue un miembro de la escuela modernista tanto como de la escuela posmodernista de poesía. Publicó su primer volumen de poesía en 1925. Contribuyó a Puerto Rico Ilustrado, El Mundo, La Prensa, Alma Latina, Asomante y a la Revista del Instituto de Cultura Puertorriqueña. Recibió premios literarios del Instituto de Literatura Puertorriqueña en 1956, del Ateneo Puertorriqueño en 1957 y 1958 y de la Sociedad de Autores Puertorriqueños en 1965. 6. La Canción que va contigo (1967); Canto a los ángeles (1958); En voz baja (1944); Faena íntima (1955); Góndolas de nácar (1925); Por los caminos del día (1959); La sed del agua (1965); Soliloquios de Lázaro (1956); El Ultimo surco (1961).

Canto a los ángeles. San Juan, Ateneo Puertorriqueño, 1957.
Poems.
Poesía.

JORGE PILL, pseud. /seud.
see/véase MORALES, JOSE PABLO

JOSE BALSAMO, pseud. /seud.
see/véase MORALES CABRERA, PABLO

JUAN DE LA CASA, pseud. /seud.
see/véase ZENO GANDIA, MANUEL

JUAN DE MADRID, pseud. /seud.
see/véase BONAFOUX Y QUINTERO, LUIS

JUAN SIN PATRIA, pseud. /seud.
see/véase MUÑOZ RIVERA, JOSE

JUAN VICENTE RAFAEL, pseud. /seud.
see/véase RIVERA VIERA, JUAN

JUDITH DRUMMONT, pseud. /seud.
see/véase MELENDEZ MUÑOZ, MIGUEL

120 JULIA MARIN, RAMON. 1. 1878. Utuado, P.R. 2. 21.XII.1917. Cataño, P.R. 5. Journalist, novelist, and poet. As a journalist, he is best known for his brilliant accounts of Puerto Rican folkways. In his essay entitled "Sobre literatura, " 1911, he expressed the view that literature should reflect social life and that authors must be intimately involved with the community in order to capture and record popular customs. Contributed to El Correo

del Norte, La Voz de la Unión, El Aguila, La Integridad, El Heraldo Español, and Puerto Rico Ilustrado. †Periodista, novelista y poeta. Como periodista, es mejor conocido por sus brillantes narrativas del folklore puertorriqueño. En su ensayo "Sobre literatura," 1911, formuló la opinión de que la literatura debe reflejar la vida social y que los autores deben meterse de una manera íntima en la vida de la comunidad para poder capturar y registrar las costumbres populares. Contribuyó a El Correo del Norte, La Voz de la Unión, El Aguila, La Integridad, El Heraldo Español, y Puerto Rico Ilustrado. 6. Adelfas (1904); La gleba (1912); Rosas y nardos (1906); Tierra Adentro (1911).

JUSTO DERECHO, pseud. /seud.
see/véase MONGE, JOSE MARIA

L. E. RAMOS, pseud. /seud.
see/véase MORALES, JOSE PABLO

121 LABARTHE, PEDRO JUAN. 1. 1909. Ponce, P.R.
2. 3.III.1966. Río Piedras, P.R. 3. Pedro Juan Labarthe López de Victoria. 5. Professor, novelist, critic, dramatist, poet, essayist, and journalist. An exceedingly cultured individual and a gifted writer, he excelled in a wide variety of literary genres. †Profesor, novelista, crítico, dramaturgo, poeta, ensayista y periodista. Fue una persona muy culta y un escritor dotado que dominó gran variedad de géneros literarios. 6. Antología de poetas contemporáneos de Puerto Rico (1946); Atalaya (1932); Ayer y Hoy (n.d. /s.f.); Cirios (1945); Claustro verde (1937); De mi yo (1956); Estrías de sueños (1936); Los eternos tres en uno (1939); Gabriela Mistral cómo la conocí yo, y cinco poemas (1963); The Gateway Poets (1953); Gólgota del Espíritu (1938); Interrogatorio a la muerte (1961); Mary Smith (1958); Los nietos antillanos (n.d. /s.f.); Pueblo (n.d. /s.f.); ¿Quién es el gobernador de Puerto Rico? (1949); Reclinatorio, acetre y corazón (1944); The Son of Two Nations (n.d. /s.f.); Y me voy preguntando (1959).

122 LAGO, JESUS MARIA. 1. 16.VIII.1873. Utuado, P.R.
2. 4.XII.1927. Santurce, P.R. 5. Financier, business executive, painter, and poet. President of the Sal de Canadá Insurance Company from 1897 until his death. Considered one of the first modernist poets of Puerto Rico. Two of his best known poems are "La Princesa Ita-Lú," 1904, and "Melodía blanca," 1905. Contributed to El Carnaval, La Democracia, and other literary reviews and newspapers. Two-term President of the Puerto Rico Atheneum. †Financiero, ejecutivo, pintor y poeta. Fue Presidente de la Compañía de Seguros "Sal de Canadá" desde 1897 hasta su muerte. Es considerado como uno de

los primeros poetas modernistas de Puerto Rico. Dos de
sus más conocidos poemas son "La Princesa Ita-Lú,"
1904, y "Melodía blanca," 1905. Contribuyó a El Carnaval, La Democracia y a otros periódicos y revistas. Fue
dos veces Presidente del Ateneo Puertorriqueño. 6. Antología (1959); Cofre de sándalo (1927).

123 LAGUERRE, ENRIQUE A. 1. 3. V. 1906. Moca, P. R.
3. Enrique Arturo Laguerre. 4. Gustavo Montiel,
Tristán Ronda, Luis Uroyán, Alberto Yunque. 5. Educator, novelist, essayist, short-story writer, poet, and
journalist. Professor of Spanish-American and Puerto
Rican Literature at the University of Puerto Rico, Río
Piedras, and at several American institutions. Research
advisor to the Higher Council on Education; special consultant to the Puerto Rico Department of Public Instruction
and its Spanish-language "School of the Air" radio series.
His literary career began in 1925, when some of his early
compositions appeared in Puerto Rico Ilustrado, La Democracia, and El Mundo. In 1935 he published La Llamarada,
the novel which made him famous throughout Puerto Rico.
A prolific writer in a variety of genres, the novel is his
favorite mode of literary expression. He has contributed
frequently to Alma Latina, Isla, Ambito, Horizontes, El
Diario de Puerto Rico, and Artes y Letras. His best
known short stories are: "El hombre caído," "El hombre
que volvió," "Raíces," "El Enemigo," "Pacholí," and
"Naufragio." Founded the literary review Paliques together with Domingo Marrero and Julio Marrero Núñez.
He has travelled extensively in Latin America where his
two anthologies have been widely acclaimed. President of
the Society of Puerto Rican Authors. †Educador, novelista,
ensayista, cuentista, poeta y periodista. Profesor de Literatura Hispanoamericana y Puertorriqueña en la Universidad
de Puerto Rico, Río Piedras, y en varias universidades
norteamericanas. Consejero de investigaciones científicas
al Consejo Superior de Enseñanza; consejero especial al
Departamento de Instrucción Pública de Puerto Rico, y a
su programa de radio "La Escuela del Aire." Su carrera
literaria comenzó en 1925 al aparecer algunas de sus composiciones en Puerto Rico Ilustrado, La Democracia, y
El Mundo. En 1935 publicó La Llamarada, la novela que
le ganó fama a través de Puerto Rico. Es un escritor
prolífico en una variedad de géneros aunque la novela re-
sulta ser su modo de expresión preferido. Ha contribuido
frecuentemente a Alma Latina, Isla, Ambito, Horizontes,
El Diario de Puerto Rico, y Artes y Letras. Sus cuentos
más conocidos son: "El hombre caído," "El hombre que
volvió," "Raíces," "El enemigo," "Pacholí," y "Naufragio."
Junto con Domingo Marrero y Julio Marrero Núñez, fundó
la revista literaria Paliques. Ha recorrido extensivamente
por Latinoamérica donde sus dos antologías han ganado

fama.   Presidente de la Sociedad de Autores Puertorriqueños.   6.   Antología de cuentos puertorriqueños (1954);
Cauce sin río (1962); La ceiba en el tiesto (1956); Los
dedos de la mano (1951); Enrique Laguerre hable sobre
nuestras bibliotecas (1959); El fuego y su aire (1970); El
jíbaro de Puerto Rico: símbolo y figura (1968); El laberinto (1959); La llamada (1935); Obras completas (1962-
1964); La poesía modernista en Puerto Rico (1969); Pulso
de Puerto Rico, 1952-1954 (1956); La resaca (1949); La
resentida (1944); Solar Montoya (1941); El treinta de
febrero (1943); Cuentos españoles (1965).

Antología de Cuentos Puertorriqueños.   México, Ed.
Orion, 1966.
   Short story anthology.   First published in 1954.
   Antología de cuentos.   Publicada originalmente en 1954.

Cauce Sin Río; el Diario de mi Generación.   Madrid,
Nuevas Editoriales Unidas, 1962.
   A reflection of the author's reaction to the conflict be-
tween contemporary social life and customs and Puerto
Rican tradition.
   Una reflexión de la reacción del autor al conflicto entre
las tendencias sociales actuales y el tradicionalismo puer-
torriqueño.

El Fuego y Su Aire.   Buenos Aires, Ed. Losada, 1970.
   The author's last novel; it describes the hardships which
confront Puerto Ricans who migrate from the Island to the
U.S. mainland.
   La última novela de Laguerre que pinta las privaciones
de los puertorriqueños que inmigran a los Estados Unidos.

El Laberinto.   New York, Las Américas Publishing Co.,
1959.
   A novel about the Puerto Rican community in New York
City.   The plot is set in New York and Santo Domingo
during the Trujillo era.
   Una novela que pinta el ambiente puertorriqueño en
Nueva York, desarollándose la acción tanto en Nueva York
como en Santo Domingo durante el régimen de Trujillo.

La Llamarada.   16a. ed.   Barcelona, ed. Rumbos,
1967.
   A novel which depicts the hardships suffered by laborers
in the Island's sugar cane fields.   First published in 1935.
   Una novela que narra las privaciones que sufren los
cortadores de caña.   Publicada por primera vez in 1935.

Obras Completas.   San Juan, Instituto de Cultura Puertorriqueña, 1962-1964.
   The complete works of the most important contemporary

Puerto Rican novelist.
Las obras completas del más importante novelista puertorriqueño contemporáneo.

Pulso de Puerto Rico. San Juan, Biblioteca de Autores
Puertorriqueños, 1956.
A volume of essays on various Puerto Rican themes
including education, journalism, folklore, and art.
Un libro de ensayos sobre varios temas puertorriqueños
incluso la educación, el periodismo, el folklore y el arte.

La Resaca. 4a. ed. Río Piedras, P.R., Ed. Cultural,
1969.
A novel about a group of Puerto Rican nationalists who
conspired to free the Island from Spanish rule.   First
published in 1949.
Una novela publicada por primera vez en 1949 que trata
de los conspiradores que intentaron libertar a Puerto Rico
de los españoles.

124   LAIR, CLARA, pseud./seud. 1. 1895. Barranquitas, P.R.
       3. Mercedes Negrón Muñoz. 5. Librarian, poet, and
       prose writer. Her verse is in the post-modernist style.
       She received awards from the Institute of Puerto Rican
       Literature in 1937 and again in 1950.   Niece of Luis Muñoz
       Rivera.   †Bibliotecaria, poetisa y prosista.   Su verso per-
       tenece al estilo posmodernista.   Recibió premios del In-
       stituto de Literatura Puertorriqueña en 1937 y de nuevo an
       1950.   Es la sobrina de Luis Muñoz Rivera.   6. Poesías
       (1961); Arras de cristal (1937); Trópico amargo, Arras de
       cristal, Más allá del poniente (1950).

       Cuadernos de Poesía. San Juan, Instituto de Cultura
       Puertorriqueña, 1961.
       Fourteen poems with illustrations by Alfonso Arana.
       Catorce poemas con grabados de Alfonso Arana.

LEON AMERICANO, pseud./seud.
see/véase DIEGO, JOSE DE

125   LEVIS, JOSE ELIAS. 1. 26.III.1871. Aguadilla, P.R.
       2. 29.III.1942. 3. José Elias Levis Bernard. 5. No-
       velist, journalist, artist, teacher, and librarian. Self-
       educated.   Employed as a blacksmith and pharmacist's
       apprentice.   His career as a journalist began with the
       Ponce literary review, El Obrero, in which he took up
       the cause of the underprivileged classes.   Art instructor
       in the orphanages of Santurce, 1913-1927.   Founded the
       first art school in Puerto Rico in 1920.   As an artist,
       he is noted for fine portraits of Betances and Labra, and
       excellent landscapes and country scenes.   Director of the
       public libraries of San Juan.   He travelled throughout

Europe and the Americas.   During a visit to Santo Domingo in 1926, he proposed an Interamerican Press Congress.   He contributed to El Carnaval, El Gráfico, El
Boletín Instructivo y Mercantil, and El Heraldo Español
and founded several literary reviews including Hojas de
Arte and Semanario Blanco y Rojo.   Concerned about the
situation of the Puerto Rican migrants in New York, in
1928 he founded the first Puerto Rican self-help organization in the United States.   †Novelista, periodista, artista,
maestro y bibliotecario.   Autodidacto.   Trabajó de herrero
y de aprendiz farmacéutico.   Su carrera de periodista empezó con la revista literaria ponceña El Obrero en la cual
apoyó la causa de los pobres.   Fue instructor de arte en
los orfanatos de Santurce, 1913-1927.   Fundó la primera
escuela de arte en Puerto Rico en 1920.   Como artista se
ha destacado por sus retratos de Betances y Labra y por
sus admirables paisajes y vistas campestres.   Fue Director de las bibliotecas públicas de San Juan.   Recorrió
toda Europa y América.   Durante una visita a Santo Domingo en 1926 propuso el establecimiento de un congreso
de prensa interamericana.   Contribuyó a El Carnaval, El
Gráfico, El Boletín Instructivo y Mercantil, y El Heraldo
Español, y fundó varias revistas literarias incluso Hojas
de Arte y Semanario Blanco y Rojo.   Preocupado por la
situación de los inmigrantes puertorriqueños en Nueva York,
en 1928 fundó la primera organización en los Estados Unidos
dedicada al concepto de la ayuda propia entre los
puertorriqueños.   6.   Estercolero (1900); Un hombre bueno
o El suplicio del silencio (1906); Mancha de lodo (1903);
Planta Maldita (1906); Bajo el sol de España: La semana
santa en Sevilla (1925); Scripta Manent (1923); Vida Nueva
(1911).

UN LIBERAL REFORMISTA, pseud. /seud.
see /véase MORALES, JOSE PABLO

126   LLORENS, WASHINGTON.   1.   28. XI. 1900.   Ponce, P. R.
3.   Wáshington Lloréns Lloréns.   5.   Pharmacist and
writer.   Director of the San Juan District Laboratory of
the Alcohol Tax Unit, United States Internal Revenue Ser-
vice, since 1943.   Editor of the literary reviews Alma
Latina, Prensa Literaria, and the Journal of the Puerto
Rico College of Pharmacy.   President of the Puerto Rico
Academy of Arts and Sciences; Vice-President of the
Puerto Rico Society of Journalists and Writers; Vice-
President of the Puerto Rico Institute of Hispanic Culture;
Chairman of the Commonwealth's Board of Pharmacy
Examiners, 1941.   Lecturer at the Interamerican Univer-
sity of Puerto Rico; Member of the Natural Sciences Sec-
tion of the Puerto Rico Atheneum; Secretary-Treasurer of
the Pharmaceutical Association of Puerto Rico; and Editor
of its journal, Revista Farmacéutica de Puerto Rico, 1930-

1932. Member of the Puerto Rico Academy of the Spanish
Language and corresponding member of the Royal Spanish
Academy of Language. He has received an award for his
short-story, "Mañana en flor"; a Journalism Prize from
the Institute of Puerto Rican Literature, 1956, and again
in 1964; an honorary degree from Temple University
(Pennsylvania) for his outstanding contributions to pharmacy;
and a Silver Medal for his essay, "La Misión Humanitaria
y Civilizadora de la Farmacia." †Farmacéutico y escritor.
Director del Laboratorio de la Unidad de Impuestos sobre
Bebidas Alcohólicas, División de Rentas Internas de los
E. U. A., del distrito de San Juan desde 1943. Redactor
de las revistas literarias Alma Latina, Prensa Literaria,
y de la Revista del Colegio de Farmacia de Puerto Rico.
Presidente de la Academia Puertorriqueña de Artes y
Ciencias; Vice Presidente de la Sociedad Puertorriqueña
de Periodistas y Escritores; Vice Presidente del Instituto
Puertorriqueño de Cultura Hispánica; Presidente de la
Junta Examinadora de Farmacia del Gobierno de Puerto
Rico, 1941. Disertante en la Universidad Interamericana,
San Germán, P. R.; miembro de la Sección de Ciencias
Naturales del Ateneo Puertorriqueño; Secretario-Tesorero
de la Asociación de Farmacéuticos de Puerto Rico; y redactor de su boletín, la Revista Farmacéutica de Puerto
Rico, 1930-1932. Miembro de la Academia Puertorriqueña
de la Lengua Española y miembro correspondiente de la
Real Academia Española de Lenguaje. Ha sido premiado
por su cuento "Mañana en flor," y ha recibido el premio
para periodismo del Instituto de Literatura Puertorriqueña
en 1956, y de nuevo en 1964. Recibió un doctorado honorario de Temple University (estado de Pennsylvania) por
sus destacadas contribuciones a la farmacia y una medalla
de plata por su ensayo "La Misión Humanitaria y Civilizadora de la Farmacia." 6. Antología del barbarismo en
Puerto Rico (n. d. /s. f.); Catorce pecados de humor y tres
juicios finales (1959); Cazador de imposibles (1957);
Comentarios a refranes, modismos, locuciones de conversao
en el batey (1962); Críticas profanas (1936); Dos mujeres
del Quijote: La mujer de Sancho y Maritornes (1964); El
español en Puerto Rico y la decimoöctava edición del Diccionario de la Real Academia Española (1957); Los grandes
amores del poeta Luis Lloréns Torres (1959); El habla
popular de Puerto Rico (1968); El humorismo, el epigrama
y la sátira en la literatura puertorriqueña (1960); Un in-
truso en el jardín de Academo (1937); La Rebelión de los
Atomos (1960); Transculturación en Puerto Rico (1969);
Tres temas sobre Hostos (n. d. /s. f.).

Comentarios a Refranes, Modismos, Locuciones de
Conversao en el Batey de Ernesto Juan Fonfrías. San
Juan, Ed. Club de la Prensa, 1962.
An analysis of the vocabulary, idioms, and phrases em-

ployed by Fonfrías in his "Conversao en el Batey" including special words peculiar to workers in the sugar industry.

Un análisis del vocabulario, de los modismos y de las
locuciones empleados en "Conversao en el Batey" de Fonfrías, los cuales son propios al español hablado por los
obreros de las fábricas azucareras.

La Habla Popular de Puerto Rico.   Río Piedras, P.R.,
Universidad de Puerto Rico, 1968.

A study of popular speech patterns in Puerto Rico.

Un estudio de la habla popular de Puerto Rico.

El humorismo, el epigrama y la sátira en la literatura
puertorriqueña.   San Juan, Instituto de Cultura Puertorriqueña, 1960.

A discussion of the use of humor and satire in Puerto
Rican literature.   Text of a paper presented at a literary
colloquium in 1958.

Una discusión del uso de humor y sátira en la literatura
puertorriqueña.   Es el texto de un artículo leído a un
coloquio literario en 1958.

127 LLORENS TORRES, LUIS. 1. 14.V.1878. Juana Díaz, P.R.
2. 16.VI.1944. Santurce, P.R. 5. Lawyer, politician,
essayist, poet, and dramatist. One of Puerto Rico's
greatest and most beloved poets, he is often considered
the national poet of his country. A disciple of the famous
Nicaraguan poet, Rubén Darío, the father of modernism,
he was one of the first to introduce this school of poetry
in Puerto Rico. In 1913 he founded Revista de las Antillas,
the semi-official voice of the modernist school. Later he
created "Pancalismo"--all is beautiful--a post modernist
literary movement. He also theorized the non-existence
of prose. His "panedista" doctrine (pan--"all, " edus--
"verse") stipulates that everything which exists is by defi-
nition poetic. Cofounder of the literary review Juan Bobo.
Member of the Union Party of Puerto Rico. Elected to the
Puerto Rico House of Representatives, 1908-1910. As both
a politician and a poet, he was a staunch supporter of self-
determination for Puerto Rico. †Abogado, político, ensayista, poeta y dramaturgo. Uno de los más grandes y
estimados poetas de Puerto Rico, es considerado el poeta
nacional de su país. Discípulo del poeta nicaragüense,
Rubén Darío, el padre del modernismo, fue uno de los
primeros introducir esta escuela de poesía en Puerto Rico.
En 1913 fundó la Revista de las Antillas, la voz del
modernismo. Más tarde creó "Pancalismo"--todo es hermo-
so--un movimiento literario posmodernista. Formuló una
teoría sobre la no-existencia de la prosa. Su doctrina
"panedista" (pan--"todo, " edus--"verso") declaró que todo
que exista es por definición poético. Fue el cofundador de
la revista literaria Juan Bobo. Miembro del Partido Unión

de Puerto Rico. Fue elegido a la Cámara de Diputados
de Puerto Rico, 1908-1910. Como político y poeta, fue
un firme partidario de la autodeterminación de Puerto
Rico. 6. Al pie de la Alhambra (1899); Alturas de
América: estudios históricos y filológicos sobre Puerto
Rico (1940); América (1898); Artículos de revistas y peri-
ódicos: literatura y derecho (1971); La Canción de las
Antillas y otros poemas (1929); El grito de Lares (1927);
Lealtad y heroísmo de Puerto Rico, 1797-1897 (1897);
Obras completas (1967); Poesías (1959); Sonetos sinfónicos
(1914); Voces de la campana mayor (1935).

Alturas de América. Río Piedras, P.R., Ed. Cultural,
1954.
Poetry about women, and the land and people of Puerto
Rico. First published in 1940.
Poesía sobre mujeres, y la tierra y gente de Puerto
Rico. Publicada originalmente en 1940.

América: Estudios Históricos y Filológicos Sobre
Puerto Rico. 2a. ed. San Juan, Ed. Cordillera, 1967.
Puerto Rican historical and philological studies. First
published in 1898.
Estudios históricos y filológicos que tienen que ver con
Puerto Rico. Publicado por primera vez en 1898.

El Grito de Lares. San Juan, Ed. Cordillera, 1967.
A play in which a group of patriotic Puerto Rican
peasants attempt to achieve independence for their country.
First published in 1927.
Una pieza que relata las hazañas de un grupo de jíbaros
en sus esfuerzos para ganar la independencia de Puerto
Rico. Publicada por primera vez en 1927.

Obras Completas. 3t. San Juan, Instituto de Cultura
Puertorriqueña, 1967-68.
Complete works including poetry, plays, and periodical
articles.
Obras completas que comprenden poesías, obras de
teatro, y artículos escritos para revistas.

128   LLUCH MORA, FRANCISCO. 1. 1924. Yauco, P.R.
5. Educator, poet, literary critic, and essayist. A rural
schoolteacher, he later became a professor of Spanish Literature at the University of Puerto Rico, Mayagüez campus,
1963. In collaboration with Franco Oppenheimer, Rentas
Lucas, and Zapata Acosta, he founded "Trascendentalismo,"
a contemporary school of poetry which exalts man's spiri-
tuality over his baser characteristics. His essays have
appeared in El Mundo, Alma Latina, Atenea, Orfeo, Pegaso, and Revista del Instituto de Cultura Puertorriqueña.
In 1959-1960, he chaired an important conference on Puerto

Rican poetry. †Educador, poeta, crítico literario y ensayista. De maestro rural llegó a ser profesor de Literatura
Española en la Universidad de Puerto Rico, recinto de
Mayagüez. En colaboración con Franco Oppenheimer, Rentas Lucas y Zapata Acosta, fundó el "Trascendentalismo, "
una escuela contemporánea de poesía que exalta la espiri-
tualidad del hombre por encima de sus característicos
bajos. Sus ensayos han aparecido en El Mundo, Alma
Latina, Atenea, Orfeo, Pegaso y la Revista del Instituto
de Cultura Puertorriqueña. En 1959-1960 presidió una
importante conferencia sobre la poesía puertorriqueña.
6. Canto a Eugenio María de Hostos (1959); Canto a Yauco
(1956); Canto de despedida a Juan Ramón Jiménez (1965);
Canto desesperado a la ceniza, elegía (1955); Cartapacio de
amor (1961); Coral de la Alegría (1955); La creación (1961);
Cuaderno de Sonetos (1953); Del asedio y la clausura (1950);
Del barro a Dios (1954); La huella de cuatro poetas del
cancionero en las coplas de Jorge Manrique (1964); Miradero (1966); Momento de la alegría (1959); La naturaleza
en la charca de Manuel Zeno Gandía (1960); Poemas sin
nombre (1963); El ruiseñor y el olvido (1960); Tu presencia
(1949).

129 LOMAR, MARTHA, pseud. /seud. 1. 1893. Humacao, P.R.
3. María López de Victoria de Reus. 5. Journalist,
dramatist, and poet. Her literary compositions have been
published in Puerto Rico Ilustrado, Alma Latina, Mujer,
and El Mundo. †Periodista, dramaturga y poetisa. Sus
obras han sido publicadas en Puerto Rico Ilustrado, Alma
Latina, Mujer y El Mundo. 6. La canción de la hora
(1959); He vuelto a buscarla (1940); Silabario de espumas
(1931); Vejez sonora (1931).

130 LOPEZ, JULIO CESAR. 1. 1926. Cayey, P.R. 5. Em-
ployed by the newspaper El Mundo and Director of Public
Relations for the Puerto Rican Department of Commerce.
†Trabaja por el periódico El Mundo y es Director de Re-
laciones Públicas para el Departamento de Comercio de
Puerto Rico. 6. Pasión de poesía (Jornada crítica) (1960);
La patria en dos poetas y un paralelo modernista (1968);
Peregrino de sombras (1967); Temas y estilos en ocho es-
critores (1967).

La Patria en Dos Poetas y un Paralelo Modernista.
San Juan, 1968.
A volume containing three critical essays on works by
Francisco Matos Paoli, José de Jesús Esteves, and Virgilio
Dávila.
Un libro de tres ensayos críticos que examinan obras
de Francisco Matos Paoli, José de Jesús Esteves y Virgilio
Dávila.

131 LOPEZ, MAGDA. 1. 25.V.1900. Yauco, P.R. 3. Magdalena López de Victoria de Fernández. 5. Teacher, poet, and painter. Contributed to El Mundo, El Imparcial, and Revista Prensa. In 1930 she received a prize for her poem "Morel Campos y su obra." She received another literary award in 1967. †Maestra, poetisa y pintora. Contribuyó a El Mundo, El Imparcial y a la Revista Prensa. En 1930 fue premiada por su poema "Morel Campos y su obra." Recibió otro premio literario en 1967. 6. Amor (1956); Clarindas en Tiempos, de mi Isla (1966); De mi templo interior (1957); De Puerto Rico al Corazón de América (1943); Hijos (1940); Poemas para las madres (1940); ¡Tú, hombre! (1959).

Clarindas en Tiempos, de Mi Isla. Granada, Gráficos de Sur, 1966.
Poems.
Poesía.

LOPEZ DE VICTORIA DE REUS, MARIA
see/véase LOMAR, MARTHA, pseud./seud.

132 LOPEZ LOPEZ, JOAQUIN. 1. 19.VIII.1900. Guayama, P.R. 2. 1942. Hato Rey, P.R. 5. Poet. Clerk-typist in the Department of Hispanic Studies at the University of Puerto Rico, Río Piedras. Also employed as a file clerk in the offices of the "Indice Histórico de Puerto Rico." Published his first poems in Puerto Rico Ilustrado in 1922. He is best known for his "endecasílabo" sonnets and "octosilábico" ballads. His award-winning ballad to the "Reina del carnaval Juan Ponce de León" received widespread critical acclaim. †Poeta. Oficinista en el Departamento de Estudios Hispánicos en la Universidad de Puerto Rico, Río Piedras. También trabajó de oficinista en el despacho del "Indice Histórico de Puerto Rico." Publicó sus primeros poemas en Puerto Rico Ilustrado en 1922. Es mejor conocido por sus sonetos de endecasílabos y sus baladas octosilábicos. Su balada dedicada a la "Reina del carnaval Juan Ponce de León" ganó un premio y recibió buenas críticas. 6. Antología (1960); A plena lumbre (1934); Romancero de la luna (1939).

Antología. San Juan, 1960.
Poetry.
Poesía.

Romancero de la Luna. San Juan, Tip. Baldrich, 1939.
Poetry.
Poesía.

133 LOPEZ SURIA, VIOLETA. 1. 19.V.1926. Santurce, P.R. 5. Teacher, professor, poet, and short-story writer.

Taught in the School of General Studies at the University
of Puerto Rico, Río Piedras. Published her first literary
composition at the age of six. Her verse is in the post-
modernist style. †Maestra, profesora, poetisa y cuentista.
Enseñó en la Escuela de Estudios Generales de la Universidad de Puerto Rico, Río Piedras. Publicó su primera
composición literaria a la edad de seis años. Su verso
pertenece al estilo posmodernista. 6. Amorosamente
(1960); Antología poética (1970); Diluvio (1958); Elegía
(1953); En un trigal de ausencia (1954); Gotas en Mayo
(1953); Hubo unos pinos claros (1961); Me va la vida (1965);
Las nubes dejan sombras (1965); Obsesión de Heliotropo
(1969); La piel pegada al alma (1962); Poema de la yerma
virgen (1956); Poemas de la cáncora (1963); La resurrección de Eurídice (1963); Riverside (1955); Sentimiento de
un viaje (1955); Unas cuantas estrellas en mi cuarto (1957).

    Antología Poética. Río Piedras, P.R., Universidad de
Puerto Rico, Ed. Universitaria, 1969.
    Anthology of poems published between 1953 and 1965.
    Antología de poemas publicados entre 1953 y 1965.

    Obsesión de Heliotropo. Río Piedras, P.R., Ed. Edil,
1969.
    A collection of twenty essays and short stories.
    Una colección de veinte ensayos y cuentos.

LORD HARRISON, pseud. /seud.
    see/véase CORTON, ANTONIO

134 LUGO, SAMUEL. 1. 1905. Lares, P.R. 5. Poet and
    journalist. Self-educated. A precocious child, he was
    still a youngster when he began to publish poetry in Aso-
    mante, Puerto Rico Ilustrado, Alma Latina, Revista del
    Instituto de Cultura Puertorriqueña, Brújula, and El Im-
    parcial. Member of the "Atalayista" school, 1929-1936,
    an iconoclastic literary movement which sought to break
    with poetic and political tradition. In 1941 he joined the
    "Integralista" school of poetry. His best known poem is
    the award-winning "Traducción en verde de un sueño de
    primavera, " 1941. †Poeta y periodista. Autodidacto.
    Un niño precoz, empezó a publicar su poesía en Asomante,
    Puerto Rico Ilustrado, Alma Latina, Revista del Instituto
    de Cultura Puertorriqueña, Brújula, y El Imparcial a una
    edad joven. De 1923-1936 fue miembro de la escuela
    "Atalayista, " un movimiento literario iconoclasta, que
    intentó romperse con la tradición poética y política. En
    1941 se asoció con la escuela "Integralista. " Su mejor
    conocido poema es "Traducción en verde de un sueño de
    primavera, " 1941, que ganó un premio. 6. Antología
    poética (1971); Donde caen las claridades (1934); Ronda de
    la llama verde (1949); Traducción en verde de un sueño

de primavera (1941); Yumbra (1943).

Antología Poética. Río Piedras, P. R., Ed. Edil, 1969.
Anthology of poetry.
Antología de poemas.

Yumbra. San Juan, Imp. Venezuela, 1943.
Poetry.
Poesía.

LUIS UROYAN, pseud. /seud.
see/véase LAGUERRE, ENRIQUE A.

135 MACHUCA, JULIO. 1. 12. IV. 1908. Hato Rey, P. R.
     5. Teacher, essayist, novelist, and dramatist. High
     school teacher and Assistant Director of the Arbitration
     and Conciliation Service of the Puerto Rico Department of
     Labor. He has one unpublished drama entitled El despido.
     In 1942, he received an award from San Juan's "School of
     the Air." †Maestro, ensayista, novelista y dramaturgo.
     Maestro de secundaria y Director Auxiliar del Negociado
     de Conciliación y Arbitraje del Departamento de Trabajo
     de Puerto Rico. Ha escrito un drama titulado El despido
     que ha quedado inédito. En 1942 recibió un premio de la
     "Escuela del Aire" de San Juan. 6. Don Manuel A.
     Pérez (1957); Ensayos (1943); Impresiones de un alma
     (1939); Mar Chiquita (1963); Marcos Orellana (1941);
     Mirémonos por dentro (1958); Se abren nuevos surcos
     (1942).

136 MALARET, AUGUSTO. 1. 30. VII. 1878. Sabana Grande,
     P. R. 2. 24. II. 1967. San Juan, P. R. 3. Augusto
     Malaret y Yordán. 5. Journalist, essayist, linguist,
     jurist, biographer, and poet. Recorder of Property in
     San Juan. Migrated to New York. Several of his essays
     deal with legal and linguistic themes. In 1958 he received
     an Honorary Doctorate from the University of Puerto Rico,
     Río Piedras. †Periodista, ensayista, lingüista, jurista,
     biógrafo y poeta. Registrador de la Propiedad en San
     Juan. Emigró a Nueva York. Algunos de sus ensayos
     tratan de temas lingüísticos y jurídicos. En 1958 recibió un
     Doctorado Honorario de la Universidad de Puerto Rico, Río
     Piedras. 6. Los americanismos en la copla popular y en
     el lenguaje culto (1964); Los americanismos en el lenguaje
     literario (1953); Diccionario de Americanismos (1927);
     Diccionario de Provincialismos de Puerto Rico (1917);
     Errores del diccionario de Madrid (1936); Investigaciones
     gramaticales (1955); Lexicón de fauna y flora (1961);
     Medallas de oro (1937); La Obra de Malaret (19--); Por mi
     patria y por mi idioma (1932); Semántica Americana (1943);
     Vocabulario de Puerto Rico (1937); Voces Afines (1947).

Medallas de Oro. San Juan, Cantero Fernández &
Cía., 1942.
Biobibliographical essays and literary criticism.
Ensayos biobibliográficos y crítica literaria.

Vocabulario de Puerto Rico.. New York, Las Américas
Publishing Co., 1955.
Dictionary of Spanish and English words and phrases
used in Puerto Rico, tracing the etymology of each term
and identifying the other Latin American countries in which
the term is used. First published in 1937.
Diccionario de voces españolas y inglesas de uso en
Puerto Rico. Contiene reglas gramaticales, significado de
palabras y una lista de voces empleadas en los países hispanoamericanos. Publicado por primera vez en 1937.

137   MALDONADO DENIS, MANUEL. 1. 1933. Santurce, P.R.
5. Professor and social scientist. Professor of Political
Science at the University of Puerto Rico, Río Piedras,
1959-1971. Professor of Puerto Rican Studies at Queens
College of the City University of New York, 1972-1973.
President of the Puerto Rican Sociological Association. A
prolific writer, his articles appear in academic journals
and political reviews in Latin America, Europe, and the
United States. He received a Guggenheim Foundation Fellowship in 1968 and an Honorary Doctorate from the University of the Atlantic, Barranquilla, Colombia, in 1972,
in recognition of his contributions to scholarship and his
deep devotion to the cause of Puerto Rican liberation.
†Profesor y sociólogo. Profesor de Ciencias Políticas en
la Universidad de Puerto Rico, Río Piedras, 1959-1971.
Profesor de Estudios Puertorriqueños en Queens College
de la Universidad de la Ciudad de Nueva York, 1972-1973.
Presidente de la Asociación Puertorriqueña de Sociología.
Escritor prolífico, sus artículos aparecen en revistas
académicas y políticas en Latinoamérica, Europa y los
Estados Unidos. Recibió una beca de la Fundación Guggenheim en 1968 y un doctorado honorario de la Universidad
del Atlántico, Barranquilla, Colombia en 1972 en reconocimiento a sus contribuciones a la erudición y a su devoción profunda a la causa de la liberación puertorriqueña.
6. Puerto Rico: una interpretación históricosocial (1969);
Puerto Rico: Myth and Reality (n.d. /s.f.); Portraits of
Four Revolutionaries (n.d. /s.f.); Puerto Rico: A Socio-
Historic Interpretation (1972); Frantz Fanon (1924-1961) y
el pensamiento anticolonialista (1966); The problem of
freedom and equality in the social and political thought of
Ortega y Gasset (1959); Puerto Rico: mito y realidad
(1969).

Puerto Rico: Mito y Realidad. Barcelona, Ed. Península, 1968.

A collection of essays about economic, social, and political conditions in Puerto Rico.

Una colección de ensayos sobre las condiciones económicas, sociales, y políticas en Puerto Rico.

138 MANRIQUE CABRERA, FRANCISCO. 1. 1908. Bayamón, P.R. 5. Educator and essayist. High school teacher in Caguas, he later became Professor of Puerto Rican Literature in the Department of Hispanic Studies at the University of Puerto Rico, Río Piedras. Founder and first President of Hostos University College. His best known essays are: "Notas sobre la novela puertorriqueña en los últimos veinticinco años," 1955, and "Manuel Zeno Gandía, poeta del novelar isleño," 1955. †Educador y ensayista. Fue maestro de secundaria en Caguas y más tarde llegó a ser profesor de Literatura Puertorriqueña en el Departamento de Estudios Hispánicos, Universidad de Puerto Rico, Río Piedras. Fue el fundador y primer Presidente del Colegio Universitario Hostos. Sus ensayos más conocidos son "Notas sobre la novela puertorriqueña en los últimos veinticinco años," 1955; y "Manuel Zeno Gandía, poeta del novelar isleño," 1955. 6. Alborada, antologia para uso de los maestros de la escuela elemental (1958); Antología de la poesía infantil (1943); Apuntes para la historia literaria de Puerto Rico (1957); Historia de la literatura puertorriqueña (1956); Huella-sombra y cantar (1943); Literatura folklórica de Puerto Rico (1960); Poemas de mi tierra (1936).

Apuntes para la Historia Literaria de Puerto Rico. San Juan, Instituto de Cultura Puertorriqueña, 1969.
The text of a paper presented in 1957 at a symposium on the history of Puerto Rican literature.
Un ensayo presentado en 1957 con motivo de la celebración de una conferencia sobre la historia literaria de Puerto Rico.

Historia de la Literatura Puertorriqueña. Río Piedras, P.R., Ed. Cultural, 1969.
A history of Puerto Rican literature and culture. Includes biographical sketches of selected writers. First published in 1956.
Una historia de la literatura y cultura de Puerto Rico. Contiene reseñas biográficas de autores seleccionados. Fue publicada inicialmente en 1956.

139 MARGENAT, ALFREDO. 1. 1907. San Juan, P.R. 5. Poet, journalist, short-story writer, essayist, and literary critic. Belonged to the post-modernist "Atalayista" school of poetry. Published his first poems in Gráfico de Puerto Rico. Later he contributed to Alma Latina, El Diluvio, and El Mundo. In 1935 he published a series of

prose poems entitled "Saltos mortales a media voz" in the
newspaper El País. Founded the literary review Santo
Domingo y Puerto Rico. His essay "Estar sentado es un
placer" received first prize from the Puerto Rico Atheneum
in 1932. He is best known for his religious verse and
philosophical essays. His work is dispersed in the newspapers and literary reviews of Puerto Rico. †Poeta,
periodista, cuentista, ensayista y crítico literario. Perte-
neció a la escuela posmodernista de poesía llamada
"Atalayista." Publicó sus primeros poemas en Gráfico de
Puerto Rico. Más tarde contribuyó a Alma Latina, El Diluvio, y El Mundo. En 1935 publicó una serie de poemas
titulada "Saltos mortales a media voz" en el periódico El
País. Fundó la revista literaria Santo Domingo y Puerto
Rico. Su ensayo "Estar sentado es un placer" fue premiado
en 1932 por el Ateneo Puertorriqueño. Es bien conocido
por su verso religioso y sus ensayos filosóficos. Su obra
se encuentra dispersa en los periódicos y revistas literarias de Puerto Rico. 6. El maestro habló así (1968).

El Maestro Habló Asi. San Juan, Biblioteca de Autores
Puertorriqueños, 1968.
A collection of articles originally published in the news-
paper, La Prensa.
Una colección de artículos publicados originalmente en
el periódico, La Prensa.

140 MARGENAT, HUGO. 1. 1934. San Juan, P.R. 2. 1957.
5. Poet. †Poeta. 6. Intemperie (1955); Lámpara
apagada (1954); Mundo abierto (1958); Ventana hacia lo
último (1961).

141 MARIN, FRANCISCO GONZALO. 1. 12.III.1863. Arecibo,
P.R. 2. 26.X.1897. Turiguanó, Cuba. 4. Pachín.
5. Journalist, poet, musician, short-story writer, and
revolutionary. Commonly known as Pachín Marín. His
devotion to the cause of abolitionism and independence
twice forced the closing of his short-lived newspaper El
Postillón. He was deported from Puerto Rico in 1887 and
again in 1891, from Santo Domingo in 1889, and from
Venezuela in 1890 for his outspoken defense of freedom in
dictatorial countries. He took refuge in New York, where
he joined the Puerto Rico Section of the Cuban Revolutionary
Party and enlisted in the guerrilla forces. He was sent to
Cuba where he fell in battle on the Island of Turiguanó in
1897 during the second war of Cuban independence, 1895-
1898. His best known short stories are "Violet," "El
termómetro," "Asesino," "Recuerdos de Puerto Plata," and
"Nueva York por dentro," published in La Gaceta del
Pueblo of New York in 1892. His outstanding patriotic
poems include "Patria," "Vida pública," "El trapo," and
"El ruiseñor." Today he is considered one of the martyrs

of Cuban independence. Nephew of Ramón Marín. †Periodista, poeta, músico, cuentista y revolucionario. Conocido por el apodo de Pachín. Su devoción a la causa del abolicionismo y de la independencia fue el motivo por la clausura de su periódico El Postillón. Fue desterrado de Puerto Rico en 1887 y 1891, de Santo Domingo en 1889 y de Venezuela en 1890 por motivo de su vigorosa defensa de la libertad en paises gobernados por dictaduras. Buscó asilo en Nueva York donde ingresó en la Sección Puertorriqueña del Partido Revolucionario Cubano y se enroló en las fuerzas guerrilleras. Fue enviado a Cuba donde cayó en batalla en la Isla de Turiguanó en 1897 durante la Segunda Guerra Cubana de Independencia, 1895-1898. Sus cuentos más conocidos son "Violet, " "El termómetro, " "Asesino, " "Recuerdos de Puerto Plata, " y "Nueva York por dentro, " publicados en La Gaceta del Pueblo de Nueva York en 1892. Entre sus poemas patrióticos se destacan "Patria, " "Vida pública, " "El trapo, " y "El ruiseñor. " Reconocido como uno de los mártires de la independencia cubana. Fue el sobrino de Ramón Marín. 6. Antología (1958); Emilia (1890); En la arena (1898); Flores nacientes (1884); Mi óbolo (1887); Romances (1892); El 27 de febrero (1888).

142 MARIN, RAMON. 1. 10.I.1832. Arecibo, P.R. 2. 13.IX. 1902. Ponce, P.R. 3. Ramón Marín Solá. 5. Teacher, poet, dramatist, and journalist. A rural schoolteacher, he became principal of a Cabo Rojo elementary school at the age of 18. In 1865, he founded a lyceum in Yabucoa which was ordered closed later that year by Governor Messina. His outspoken liberalism had aroused the colonial authorities. General Marchesi, Messina's successor, permitted him to resume teaching. He was imprisoned briefly on suspicion of participating in the Lares Uprising of 1868. In 1871 he founded a private academy called the Youth Museum. In 1878 he retired from teaching and became a journalist. He founded the crusading liberal tabloids El Avisador, La Crónica, El Pueblo, El Popular, and El Cronista. In 1881, he emigrated to Spain where he wrote brilliant articles for the liberal press. Imprisoned again in Puerto Rico in 1887, he gave up journalism in 1890. At the turn of the century, he was Director of the Puerto Rico Department of Public Welfare. A prolific poet, his works are dispersed in newspapers and literary reviews. His best known poems are: "A Belisa, " "Orfandad, " "Soledad, " "Oda a Campeche, " "La carteña. " He also wrote history, biography, short stories, and two comedies first performed in Ponce. Uncle of Francisco Gonzalo (Pachín) Marín, father-in-law of Luis Muñoz Rivera, and grandfather of Luis Muñoz Marín. †Maestro, poeta, dramaturgo y periodista. Maestro rural, se hizo Director de una escuela primaria de Cabo Rojo a la edad de 18

años. En 1865 fundó un liceo en Yabucoa el cual fue
cerrado en el mismo año por orden del Gobernador Messina. Su abierto liberalismo había despertado las autoridades coloniales. El General Marchesi, sucesor de Messina, le permitió reanudar la enseñanza. Fue encarcelado
por un breve período sospechoso de haberse participado en
la Insurrección de Lares en 1868. En 1871 fundó una
academia particular llamada el Museo de la Juventud. En
1878 dejó de ser maestro y se hizo periodista. Fundó los
periódicos liberales El Avisador, La Crónica, El Pueblo,
El Popular, y El Cronista. En 1881 emigró a España
donde escribió brillantes artículos para la prensa liberal.
Fue encarcelado de nuevo en Puerto Rico en 1887 y dejó
el periodismo en 1890. Hacia el fin del siglo fue Director
del Departamento de Beneficencia de Puerto Rico. Poeta
prolífico, sus obras se encuentran dispersas en periódicos
y revistas literarias. Sus poemas más conocidos son "A
Belisa, " "Orfandad, " "Soledad, " "Oda a Campeche, " "La
carteña. " También escribió artículos sobre la historia,
biografía, cuentos, y dos comedias que fueron estrenadas
por primera vez en Ponce. Fue el tío de Francisco Gonzalo (Pachín) Marín, suegro de Luis Muñoz Rivera, y abuelo de Luis Muñoz Marín. 6. Biografía del Presbítero José
Domínguez (1871); Las fiestas populares de Ponce (1875);
El hijo del amor (1872); Lazos de amor (1878); La villa de
Ponce considerada en tres distintas épocas (1877).

143 MARQUES, RENE. 1. 4. X. 1919. Arecibo, P. R. 5. Agriculturalist, dramatist, short-story writer, novelist, and
poet. Agronomist in the Puerto Rico Department of Agriculture. Editor of El Diario de Puerto Rico of San Juan;
writer for the Puerto Rico Division of Community Education; and Professor at the University of Puerto Rico, Río
Piedras. Recipient of a Rockefeller Foundation Fellowship,
he studied drama and theater arts at Columbia University,
New York. Organized a branch of the "Areyto" theater in
Arecibo. The author of numerous short stories, essays,
and plays which have appeared in El Mundo, Puerto Rico
Ilustrado, Asomante, El Diario de Nueva York, Alma Latina, El Imparcial, and Revista del Instituto de Cultura
Puertorriqueña. †Agricultor, dramaturgo, cuentista,
novelista y poeta. Agrónomo en el Departamento de Agricultura de Puerto Rico. Redactor de El Diario de Puerto
Rico de San Juan; escritor de la División de Educación de
la Comunidad de Puerto Rico; y Profesor en la Universidad
de Puerto Rico, Río Piedras. Recibió una beca de la
Fundación Rockefeller para estudiar drama y teatro en la
Universidad de Columbia, Nueva York. Organizó una
sucursal del teatro "Areyto" en Arecibo. Es el autor de
numerosos cuentos, ensayos y obras de teatro que han
aparecido en El Mundo, Puerto Rico Ilustrado, Asomante,
El Diario de Nueva York, Alma Latina, El Imparcial y la

Revista del Instituto de Cultura Puertorriqueña. 6. El apartamiento (1964); Bilharzia (1961?); La carreta (1952); La casa sin reloj (1962); Los casos de Ignacio y Santiago (1960); El cazador y el soñador, milagro de Navidad (1960); El cooperativismo y tu (1960); Cuatro cuentos de mujeres (1959); Cuentos puertorriqueños de hoy (1959); Los derechos del hombre (1957); En una ciudad llamada San Juan (1960); Ensayos 1953-1966 (1966); El hombre y sus sueños (1948); Juan Bobo y la dama de occidente (1957); Juventud (1958); El largo trecho (1958); Mariana o el alba (1965); La muerte no entrará en Palacio (1958); La mujer y sus derechos (1957); Un niño azul para esa sombra (1958); Otro día nuestro (1955); Palm Sunday (1956); Peregrinación (1944); Purificación en la calle del Cristo (1963); Sacrificio en el Monte Moriah (1969); ¡Sangre! (1961); El sol y los McDonald (1950); Los soles truncos (1958); Teatro: Los soles truncos (1959); La víspera del hombre (1959).

La Carreta. Río Piedras, P.R. Ed. Cultural, 1963.
A drama portraying the problems of a family which migrates from a Puerto Rican slum to "El Barrio" in New York. First published in 1952.
Un drama que relata los problemas de una familia boricua en Nueva York. Publicado originalmente en 1952.

Cuentos Puertorriqueños de Hoy. México, Ed. Club del Libro de Puerto Rico, 1959.
A collection of short stories edited by Marqués.
Una colección de cuentos redactados por Marqués.

Mariana o el Alba. Barcelona, Ed. Rumbos, 1966.
A play about the Lares Uprising of 1868.
Una pieza sobre el Grito de Lares de 1868.

Teatro. Tomo 1. Río Piedras, P.R., Ed. Cultural, 1970.
Three plays: Los Soles Truncos; Un Niño Azul para Esa Sombra; and La Muerte no Entrará en Palacio.
Tres piezas: Los Soles Truncos; Un Niño Azul para esa Sombra; y La Muerte no Entrará en Palacio.

La Víspera del Hombre. Río Piedras, P.R., Ed. Cultural, 1970.
Fictional account of the life of a poor country boy. First published in 1959.
Una narración ficticia de un muchacho pobre del campo. Publicada por primera vez en 1959.

144 MARRERO, CARMEN. 1. 1907. Morovis, P.R. 5. Teacher, professor, and poet. She taught for several years at Santurce Central High School. Migrated to New York,

where she became Director of the Spanish Department of
the Westchester School of Languages in Bronxville. Lecturer on Puerto Rican culture, co-founder of the Puerto
Rico Institute in New York, 1946; President of Women
Around the World, 1962-1964; affiliated with the Center
for Human Relations of the New School of Social Research
in New York, and member of the New York State Commission on Human Rights.   The author of several plays and
essays, she also edited the Literary Section of El Imparcial in which she published columns entitled "El libro en
la vida" and "Sencillamente humano. " †Maestra, profesora
y poetisa.   Enseñó durante varios años en la Escuela Superior Central de Santurce.   Emigró a Nueva York donde
llegó a ser directora del Departamento de Español en la
Westchester School of Languages en Bronxville.   Daba
conferencias sobre la cultura puertorriqueña y fue cofunda-
dora del Instituto Puertorriqueño en Nueva York, 1946.
Fue Presidenta de Mujeres a través del Mundo, 1962-1964.
Tiene afiliación con el Centro de Relaciones Humanas de
The New School of Social Research en Nueva York.   Es
miembro de la Comisión del Estado de Nueva York para
Derechos Humanos.   Es la autora de varios ensayos y
obras de teatro y ha redactado la sección literaria de El
Imparcial en el cual tenía a su cargo columnas tituladas
"El libro en la vida" y "Sencillamente humano. "
6.   Fémina (1930); Luis Lloréns Torres, 1876-1944, vida
y obra bibliografía antología (1968); Mujer sin isla (1973);
Oyendo a Pedro Salinas (1973); Las piedras preciosas en
la poesía de Rubén Darío (n. d. /s. f.); ¿Por qué no se casa
el señor senador? (1953); Sonetos de la verdad (n. d. /s. f.);
Tierra y folklore (1967).

Fémina.   San Juan, Tip. Baldrich, 1930.
Poetry.
Poesía.

Luis Lloréns Torres, Vida y Obra.   San Juan, Ed.
Cordillera, 1968.
A new edition of the works of Luis Lloréns Torres with
a bibliography and a selected anthology.
Una nueva edición de la vida y obra de Luis Lloréns
Torres con una bibliografía y una breve antología.

145 MARRERO, DOMINGO. 1. 11. I. 1909. Ponce, P. R.
2. 20. VIII. 1960. Río Piedras, P. R. 3. Domingo Marrero Navarro. 5. Professor and essayist. Lecturer at
the Evangelical Seminary and Professor at the University
of Puerto Rico, Río Piedras. Noted for the philosophical
dimension of his literary criticism. He received an award
from the Puerto Rico Atheneum for his essay "Ortega o el
centauro. " †Profesor y ensayista. Disertante en el Seminario Evangélico y Profesor de la Universidad de Puerto

Rico, Río Piedras.   Se destaca por la dimensión filosófica
de su crítica literaria.   Recibió el premio del Ateneo
Puertorriqueño por su ensayo "Ortega o el centauro."
6.   El Centauro, persona y pensamiento de Ortega y Gasset (1951); Meditaciones de la pasión (1950); Notas para
organizar el estudio de las ideas en Puerto Rico (1956?).

146   MARRERO NUÑEZ, JULIO.   1.   2. XI. 1910.   San Juan, P. R.
5.   Short-story writer and historian.   Employed by the
United States Department of the Interior as Curator of the
Spanish fortifications in Old San Juan.   His best known
short story is "Excursión al Morro."   Received a Rocke-
feller Foundation Fellowship to study theater arts at Yale
University, New Haven, Ct.   †Cuentista e historiador.
Trabajó por el Departamento de Interior de los Estados
Unidos como conservador de las fortificaciones españolas
en Viejo San Juan.   Su cuento más conocido es "Excursión
al Morro."   Recibió una beca de la Fundación Rockefeller
para estudiar teatro en la Universidad de Yale, New Haven,
Ct.   6.   Agapito invita (1968); Cuentos del Castillo del
Morro (1963); Güarionex de Boriquén (1965); El hombre
terrible del 87 (1967); El padrote (1965); Papá Chan (1966).

     Cuentos del Castillo del Morro.   Barcelona, Ed. Rum-
bos, 1963.
     Short stories about Morro Castle.
     Cuentos sobre el Castillo de Morro.

147   MARTIN, JOSE LUIS.   1.   1921.   Vega Baja, P. R.
3.   José Luis Martín Montes.   5.   Poet, essayist, novelist, and professor.   Professor at the University of Puerto
Rico, Río Piedras; Interamerican University, P. R.; Columbia University, N. Y.; New York University; Hunter
College, N. Y.; and Hofstra University, N. Y.   †Poeta, ensayista, novelista y profesor.   Profesor en la Universidad
de Puerto Rico, Río Piedras; la Universidad Interamericana,
P. R.; la Universidad de Columbia, N. Y.; la Universidad de
Nueva York; Hunter College, N. Y.; y la Universidad de
Hofstra, N. Y.   6.   Agonía del silencio (1954); Alejandro
Tapia y su poema "La Sataniada" (1957); Análisis estilístico
de la "Sataniada" de Tapia (1958); Arco y flecha (1961);
Meditaciones puertorriqueñas: una zambullida en la conci-
encia puertorriqueña (1959); La poesía de José Eusebio
Caro: contribución estilística al estudio del romanticismo
hispanoamericano (1966); Psiquis (1938); Romancero del
Cibuco (1955); Sinopsis comparativa (1944); Sobre la poesía
de Oppenheimer (1952); La vida sale al encuentro (1959).

     Arco y Flecha.   San Juan, Ed. Club de la Prensa, 1961.
     Literary criticism and biographical information about
the authors included.
     Crítica literaria que incluye información biográfica.

MARTIN ALVA, pseud. /seud.
see/véase MARTINEZ ALVAREZ, RAFAEL

148 MARTINEZ ALVAREZ, RAFAEL. 1. 13.VI.1882. San
Juan, P.R. 2. 10.IX.1959. Santurce, P.R. 4. Martín Alva. 5. ⁻Lawyer, poet, professor, novelist, and
dramatist. ⁻School teacher and principal in San Juan (1902-
1904); Foreign Service officer of the Pan American Union
(1914-1917); Judge of the Federal Court of Claims (1915-
1926); Member of the Puerto Rico Civil Service Commission (1917); Dean of the Law School at the University of
Puerto Rico, Río Piedras, since 1919. A poet of the
Modernist school. Received awards for "Hogar" (poem,
1908); "El Himno del Amor" (14 sonnets, 1912); "Casa
blanca" (1915); "La Raza Hispanoamericana" (sonnet, 1916).
†Abogado, poeta, profesor, novelista y dramaturgo.
Maestro y Director de escuela en San Juan (1902-1904);
oficial del servicio extranjero de la Unión Panamericana
(1914-1917); Juez de Quiebra de la Corte Federal (1915-
1926); miembro de la Comisión de Servicio Civil de Puerto
Rico (1917); Decano de la Facultad de Derecho de la Universidad de Puerto Rico, Río Piedras desde 1919. Fue
poeta de la escuela modernista. Recibió premios por
"Hogar" (poema, 1908); "El himno del amor" (14 sonetos,
1912); "Casa blanca" (1915); "La Raza hispanoamericana"
(soneto, 1916). 6. Cabaret (1918); La ciudad chismosa y
calumniante (1926); La convulsiva (1917); Del verdín de mis
jardines (1914); Don Cati (1923); Deña Doro (1924); Hilachas
(1921); El loco del Condado (1925); Madre, ahí tienes a tu
hijo (1927); La madreselva enflorecida (1927); Un mes en
el norte (1919); Novus ordo (1938); Pablo de Tarso y
Quijote de la Mancha (1934); Pancho Ibero (1935); Paz de
Altura (1923); Psicología jurídica (1936); Rapsodia temática
(1935); Resonancias del aula (1936); Tabaré (1919); El
último alcalde español en las Américas (1947); El verdín de
mis ensueños (1912).

149 MARTINEZ AVILES, EMILIANO. 5. Lawyer and poet.
Member of the Puerto Rican Academy of Arts and Sciences.
The author of seven poetic compositions which appeared in
Alma Latina, 1960-1961. †Abogado y poeta. Miembro de
la Academia Puertorriqueña de Artes y Ciencias. Es el
autor de siete poemas que aparecieron en Alma Latina,
1960-1961. 6. En la tierra de nadie (1965); Levando
anclas; relato de viaje (1960); Montaña, cielo y mar (1962);
Pitirre (1968).

Pitirre. San Juan, Ed. Ramallo Hnos., 1968.
Modernist poems with two principal themes: country
people and love.
Poesía modernista que refleja dos temas principales:

el amor y los jíbaros.

150 MARTINEZ CAPO, JUAN. 1. 1923. Aibonito, P. R.
     5. Poet, essayist, and journalist. Contributor to the
     literary reviews Asomante, Bayoán, and Orfeo. Editor
     of the New York daily, La Prensa. Received an award
     from the Institute of Puerto Rican Literature for his
     newspaper column "Temario isleño" which appears in El
     Mundo. He also writes a Sunday book review column for
     El Mundo entitled "Escena literaria." His best known
     poems are: "Mar, mar," "Voz a mi padre lejos,"
     "Génesis del polen," and "Soneto trunco." †Poeta, en-
     sayista y periodista. Es contribuidor a las revistas lite-
     rarias Asomante, Bayoán, y Orfeo, y redactor de La
     Prensa de Nueva York. Recibió un premio del Instituto
     de Literatura Puertorriqueña por su columna "Temario
     isleño" que aparece en El Mundo. También escribe una
     columna en El Mundo titulada "Escena literaria" en la
     cual critica nuevos libros. Sus poemas más conocidos
     son: "Mar, mar," "Voz a mi padre lejos," "Génesis del
     polen," y "Soneto trunco." 6. Antología Poética de
     "Asomante," 1945-1959 (1962); Viaje (1961).

          Antología poética de "Asomante" (1945-1959). Río
     Piedras, P. R., Librería Hispanoamericana, 1963.
          An anthology of poems originally published in the lit-
     erary review Asomante between 1945 and 1959.
          Una antología de poemas publicados anteriormente en la
     revista literaria Asomante entre 1945 y 1959.

151 MARTINEZ DAVILA, MANUEL. 1. 1883. Manatí, P. R.
     2. 1934. San Juan, P. R. 3. Manuel A. Martínez
     Dávila. 5. Lawyer, poet, essayist, and novelist. Be-
     longed to the Modernist school of literature. †Abogado,
     poeta, ensayista y novelista. Perteneció a la escuela
     modernista de literatura.

152 MATOS BERNIER, FELIX. 1. 30. I. 1869. San Blas, Coamo,
     P. R. 2. 5. XI. 1937. Ponce, P. R. 3. José Félix
     Matos Bernier. 4. Fray Justo. 5. Journalist, radical
     politician, romanticist poet, and ardent nationalist. After
     working for a commercial firm, he began to write news-
     paper articles for Revista de Puerto Rico and La Demo-
     cracia. His anti-clerical and anti-colonial stance soon
     aroused the Spanish authorities. He was arrested for the
     blasphemous content of an article "El confesionario" in
     which he attacked established religion. Deported in 1885,
     he taught French in the San Luis Gonzaga Academy of
     Santo Domingo. He returned to Puerto Rico in 1886, but
     the political "troubles" of 1887 forced him to leave the
     Island for Caracas, Venezuela, the following year. From
     then on, his life became a cycle of exile and imprisonment

in Santo Domingo, Venezuela, Martinique, and St. Thomas.
In 1890 he returned to Puerto Rico again. He settled in
Ponce where he founded a liberal newspaper La Libertad
(1894). This venture was short-lived due to his outspoken
liberalism. Rearrested, he composed a poem entitled
"Horas de prisión" and a satirical review Pobre Ponce
(1894). During this period he founded two other newspapers: El Cautivo (1895) and La Nueva Idea (1895). In
1904, he edited the Ponce tabloid Puerto Rico. From
1920-1924 he published El Mundo of San Juan. He also
wrote for El Imparcial, Revista Blanca, and Puerto Rico
Ilustrado, and published several volumes of poetry.
†Periodista, político, poeta y ardiente nacionalista.
Después de trabajar por una compañía comercial, empezó
a escribir artículos para la Revista de Puerto Rico y La
Democracia. Su posición anticlerical y anticolonial contra-
rió las autoridades españolas y fue detenido por haber
escrito un artículo titulado "El Confesionario" en el cual
atacó la religión. Fue desterrado a Santo Domingo en 1885
donde enseñó el francés para ganarse la vida. Regresó a
Puerto Rico en 1886, pero se vió obligado dejar de nuevo
la Isla por motivo de asuntos políticos. En 1888 salió con
rumbo a Caracas, Venezuela. Desde entonces convirtióse
su vida en un ciclo de destierro y encarcelación en Santo
Domingo, Venezuela, Martinica y Santo Tomás. En 1890
regresó de nuevo a Puerto Rico y radicóse en Ponce donde
fundó en 1894 La Libertad, periódico liberal. Este periódico fue de breve vida debido al liberalismo vocal de su
fundador. Fue detenido y encarcelado de nuevo. Durante
este período fundó otros dos periódicos El Cautivo (1895)
y La Nueva Idea (1895). En 1904 redactó el periódico
ponceño Puerto Rico. Entre 1920-1924 publicó El Mundo
de San Juan. También escribió para El Imparcial, la Revista Blanca y Puerto Rico Ilustrado y publicó varios
volumenes de poesía. 6. A Cantos (1902); Bernardo de
Palissy (1897); Bolívar: estudio biográfico (1893); Canto
a la patria (1898); Cantos (1909); Cantos Rodados (1900);
Cromos ponceños (1896); Disonancias (1885); Ecos de la
propaganda (1889); Isla de arte (1907); Llore y ría (1916);
Muertos y vivos (1905); Nieves y lavas (1894); Notas er-
rantes (1885); Páginas sueltas (1897); Pedazos de Rocas
(1894); Poema de las islas (1914); La protesta de Satán
(1909); Puesta del sol (1903); Recuerdos benditos (1895);
La salvación de un ángel (1886); Margarita Gautier (1894);
La Mujer (1896).

153 MATOS PAOLI, FRANCISCO. 1. 1915. Lares, P. R.
     5. Journalist, poet, literary critic, essayist, politician,
     and professor. Professor of Puerto Rican Literature at
     the University of Puerto Rico, Río Piedras. His poetic
     themes are love of country and love of beauty. Frequent
     contributor to Asomante, Puerto Rico Ilustrado, Alma

Latina, El Mundo, El Imparcial, Revista del Instituto de
Cultura Puertorriqueña, and other newspapers and periodicals. †Periodista, poeta, crítico literario, ensayista,
político y profesor. Actualmente desempeña el cargo de
Profesor de Literatura Puertorriqueña en la Universidad
de Puerto Rico, Río Piedras. Sus temas poéticos tratan
del amor de la patria y de la belleza. Contribuye con
frecuencia a Asomante, Puerto Rico Ilustrado, Alma Latina, El Mundo, El Imparcial, la Revista del Instituto de
Cultura Puertorriqueña y otros periódicos y revistas literarias. 6. Cancionero (1970); Canto de la locura (1962);
Canto a Puerto Rico (1952); Cardo labriego (1932); Criatura del rocío (1958); Habitante del eco (1941); Luz de los
héroes (1954); La Marea Sube (1971); Signario de lágrimas
(1931); Teoría del olvido (1944); El viento y la paloma
(1969).

Cancionero. San Juan, Ed. Juan Ponce de León, 1969.
A collection of nine poems.
Una colección de nueve poemas.

Criatura del Rocío. San Juan, Ateneo Puertorriqueño,
1958.
Poetry.
Poesía.

154 MELENDEZ, CONCHA. 1. 23.XI.1892. Caguas, P.R.
3. Concha Meléndez Ramírez. 5. Essayist, literary
critic, poet, and professor. Chairman of the Department
of Hispanic Studies at the University of Puerto Rico, Río
Piedras, from 1940 to 1959. Upon her retirement, she
received the honorary title of Professor Emeritus. An
outstanding authority on Spanish-American literature, she
has contributed to Asomante, Alma Latina, Puerto Rico
Ilustrado, El Mundo, Brújula, La Torre, and other newspapers and literary magazines. Special Consultant to the
Institute of Puerto Rican Culture and recipient of its gold
medal in 1965. She has also received citations of merit
from the Institute of Puerto Rican Literature, the Puerto
Rico Atheneum, the Commonwealth of Puerto Rico, and
the Mexican Academy of Language. Elected Puerto Rican
Woman of the Year for 1971 by the Association of American
Women. †Ensayista, crítico literario, poetisa y profesora.
Jefa del Departamento de Estudios Hispánicos en la Universidad de Puerto Rico, Río Piedras, desde 1940 hasta
1959. Al jubilarse, recibió el título honorario de Profesora Emérita. Es una destacada autoridad sobre la literatura latinoamericana y ha contribuido a Asomante, Alma
Latina, Puerto Rico Ilustrado, El Mundo, Brújula, La
Torre y a otros periódicos y revistas literarias. Es con-
sultante especial del Instituto de Cultura Puertorriqueña y
recipiente de su medalla de oro en 1965. Ha sido laureada

también por el Instituto de Literatura Puertorriqueña, el
Ateneo Puertorriqueño, el Estado Libre Asociado de
Puerto Rico y la Academia Mexicana del Lenguaje. Fue
elegida Mujer Puertorriqueña del Año en 1971 por la Aso-
ciación de Mujeres Americanas. 6. Amado Nervo (1926);
El arte del cuento en Puerto Rico (1962); Asomante (1939);
El cuento, antología de autores puertorriqueños (1957);
Cuentos Hispanoamericanos (1956); De frente al sol,
apuntes sobre la poesía de Luis Muñoz Rivera (1963);
Entrada al Perú (1941); Estudios Hispanoamericanos (1946);
Ficciones de Alfonso Reyes (1956); Figuración de Puerto
Rico y otros ensayos (1958); La generación del treinta:
cuento y novela (1960); La inquietud sosegada: estudio
sobre la poética de Evaristo Ribera Chevremont (1946);
José de Diego en mi memoria (1967); Literatura de ficción
en Puerto Rico: cuento y novela (1971); Literatura hispanoamericana (1967); La novela indianista en Hispanoamérica
(1933); Obras completas (1970); Poetas hispanoamericanos
diversos (1971); Psiquis doliente (1923); Signos de Ibero-
américa (1936).

El arte del cuento en Puerto Rico. New York, Las
Américas Publishing Co., 1961.
A critical analysis of the Puerto Rican short story as
an art form, with brief biographical sketches of selected
writers.
Un análisis crítico del cuento puertorriqueño como
vehículo artístico. Contiene breves reseñas biográficas
de escritores seleccionados.

De Frente al Sol: Apuntes Sobre la Poesía de Luis
Muñoz Rivera. San Juan, Instituto de Cultura Puertorri-
queña, 1963.
Critical notes on the poetry of Luis Muñoz Rivera.
Apuntes críticos sobre la poesía de Luis Muñoz Rivera.

La Generación del Treinta: Cuento y Novela. San José,
1960.
Criticism of Puerto Rican short stories and novels.
Crítica de cuentos y novelas puertorriqueñas.

José de Diego en mi Memoria. Río Piedras, P.R.,
1966.
Biography of José de Diego.
Biografía de José de Diego.

155 MELENDEZ MUÑOZ, MIGUEL. 1. 22. VII. 1884. Cayey,
P.R. 2. 27. XI. 1966. Cayey, P.R. 4. Amílcar Barca.
Judith Drummont. 5. Business executive, educator, sociologist, essayist, novelist, short-story writer, journalist,
and dramatist. Self-educated. Employed as a sales clerk
in a rural general store, he became accountant-paymaster.

From 1914 to 1928 he engaged in agriculture. Chairman,
Cayey School Board, 1917; Member, Social Welfare Com-
mission, 1919-1927; Bank Manager, Ponce Savings and
Loan Association, Cayey branch, 1920-1931; President,
Tobacconists of Cayey, Inc., and Treasurer, Tobacconists
of Puerto Rico, Inc.; Secretary, Puerto Rico Bureau of
Vocational Education, 1932-1952; President, Puerto Rico
Atheneum, 1932-1945; President, San Juan Board of Edu-
cation; and Vice-Chairman, Board of Commissioners of
San Juan, 1945. He began writing for El Heraldo Español
under the pseudonyms Amílcar Barca and Judith Drummont.
Later he contributed to La Democracia, Self-Help, Plumas
Amargas, La República Española, El Carnaval, Pica Pica,
Rocinante, Orientación, El Agricultor Puertorriqueño, El
Imparcial, El Mundo, Puerto Rico Ilustrado, and El Diario
de Puerto Rico. The author of numerous articles and
several sociological monographs. He specialized in the
sociology of the rural peasant class, particularly as it was
affected by the change of sovereignty in 1898. He received an honorary Doctorate from the University of Puerto
Rico, Río Piedras, in 1958, and a Gold Medal from the
Institute of Puerto Rican Culture in 1960. †Ejecutivo
comercial, educador, sociólogo, ensayista, novelista,
cuentista, periodista y dramaturgo. Autodidacto. Trabajó
de dependiente en un almacén rural y luego llegó a ser
contador. Desde 1914 hasta 1928 se dedicó a la agricultura. Presidente de la Junta Escolar de Cayey, 1917;
miembro de la Comisión de Alimentos, 1919-1927; gerente
de la Asociación de Ahorros y Préstamos de Ponce, sucursal de Cayey, 1920-1931; Presidente, Tabaqueros de
Cayey, S.A. y Tesorero, Tabaqueros de Puerto Rico, S.A.;
Secretario, Junta Insular de Instrucción Vocacional, 1932-
1952; Presidente, Ateneo Puertorriqueño, 1932-1945; Presidente, Junta Escolar de San Juan; y Vice Presidente, Junta
de Comisionados de San Juan, 1945. Empezó a escribir
para El Heraldo Español bajo los seudónimos de Amílcar
Barca y Judith Drummont. Más tarde contribuyó a La
Democracia, Self-Help, Plumas Amargas, La República
Española, El Carnaval, Pica Pica, Rocinante, Orientación,
El Agricultor Puertorriqueño, El Imparcial, El Mundo,
Puerto Rico Ilustrado, y El Diario de Puerto Rico. Es el
autor de numerosos artículos y de varias monografías
sociológicas. Se especializó en la sociología de la gente
campesina, en particular en lo que se refirió a los cambios que les fueron producidos por el cambio de soberanía
de 1898. Recibió un doctorado honorario de la Universidad de Puerto Rico, Río Piedras en 1958 y una medalla de
oro del Instituto de Cultura Puertorriqueña en 1960.
6. Obras completas. 3 vols. (1963); Algunos ensayos
(n.d. /s.f.); Cuentos de la carretera central (1941);
Cuentos del Cedro (1936); Cuentos y estampas (n.d. /s.f.);
Dos Luises (n.d. /s.f.); Ensayos cortos y artículos (1963);

Estado social del campesino puertorriqueño (1916); Fuerzas contrarias (1905); Fuga de ideas (1942); El jíbaro en el siglo XIX (1963); Lecturas puertorriqueñas (1919); El niño, la escuela y el hogar (n.d. /s.f.); Una oración en Montebello (1963); El pauperismo en Puerto Rico (n.d. /s.f.); Un profano en el Ateneo Puertorriqueño (1963); Retablo puertorriqueño (1941); Retazos (1905); Sobre esto y aquello (1963); Yuyo (1913).

Obras Completas.   3t.   San Juan, Instituto de Cultura Puertorriqueña, 1963.
Complete works of Miguel Meléndez Muñoz.
Obras completas de Miguel Meléndez Muñoz.

Retablo Puertorriqueño.   San Juan, Ed. Campos, 1960.
Sociological essays on the rural peasant class.   First published in 1941.
Ensayos sociológicos sobre los jíbaros.   Publicado por primera vez en 1941.

Yuyo.   San Juan, Departamento de Instrucción Pública, 1953.
A novel about the rural peasant farmers.   First published in 1913.
Una novela costumbrista sobre la vida de los jíbaros. Publicada originalmente en 1913.

156 MENDEZ BALLESTER, MANUEL. 1. 1909. Aguadilla, P.R. 5. Journalist, novelist, and dramatist. Employed as an office clerk. Interested in politics and concerned about the problems of agriculture and labor, he joined the Popular Democratic Party. Elected to the Puerto Rico House of Representatives. Later he settled in San Juan where he devoted himself to journalism, radio, television, and teaching. At present he is actively involved in the work of WIPR, the public educational broadcasting station of Puerto Rico. One of the best known Puerto Rican dramatists. †Periodista, novelista y dramaturgo. Trabajó de oficinista, pero más tarde su interés en asuntos políticos y en los problemas de agricultura y labor le indujo ingresar en el Partido Demócrata Popular. Fue elegido a la Cámara de Diputados. Más tarde se radicó en San Juan donde se entregó al periodismo, a la radio y teledifusión y a la enseñanza. Actualmente trabaja por la WIPR, la emisora de educación pública de Puerto Rico. Es uno de los más conocidos dramaturgos puertorriqueños. 6. Bienvenido, don Goyito (1967); El clamor de los surcos (1939); Encrucijada (1958); Es de Vidrio la mujer (1952); Un fantasma decentito (1950); Hilarión (1943); Isla cerrera (1937); El milagro (1957); El misterio del Castillo (1946); Tiempo muerto (1940); Vocabulario obrero-patronal (1962).

El Clamor de los Surcos.   San Juan, Tip. Baldrich, 1940.
Drama in three acts.
Drama en tres actos.

Isla Cerrera.   Barcelona, Ed. Rumbos, 1965.
A historical novel about the conquest of Puerto Rico by the Spanish conquistadors.   First published in 1937.
Una novela histórica en la cual el autor narra la época de la conquista de Puerto Rico por los españoles.   Publicada originalmente en 1937.

157   MERCADO, JOSE.   1.   7. X. 1863.   Caguas, P. R.   2.   8. III. 1911.   La Habana, Cuba.   3.   José Ramón Mercado.
4.   Momo.   5.   Journalist and poet.   Self-educated.   Economic circumstances did not permit him to complete his formal education.   As a youngster, he was admired for his improvised "décimas."   He published his early articles and poems in La Democracia under the pseudonym "Momo." A literary split personality, his poetry is sometimes light and humorous, and sometimes profound and sonorous. Founder and Editor of La Araña, a popular weekly. Founded El Perro Amarillo, cofounded El Sastre de Campillo (together with Luis Rodríguez Cabrero), and contributed to El Momio, El Heraldo Español, and El Palenque de la Juventud.   In collaboration with Eugenio Benítez Campos, he founded the tabloid El Ideal Latino of Carolina. In 1905 he emigrated to Havana where he was a journalist until his death.   At the request of José de Diego, his remains were returned to Puerto Rico in 1916.   His poems and articles are dispersed in the newspapers and literary reviews of Puerto Rico and Cuba.   He was an advocate of self-determination for the Island and social justice for the poor.   †Periodista y poeta.   Autodidacto.   No pudo terminar sus estudios debido a su precaria situación económica. De joven ganó fama por sus "décimas" improvisadas. Publicó sus primeros artículos y poemas en La Democracia bajo el seudónimo de "Momo."   Su poesía alterna entre lo humorístico y lo serio.   Fue el fundador y redactor de La Araña, una semanal de gran tiraje.   También fundó El Perro Amarillo y junto con Luis Rodríguez Cabrero, fundó El Sastre de Campillo.   Contribuyó a El Momio, El Heraldo Español y El Palenque de la Juventud.   En colaboración con Eugenio Benítez Campos fundó el periódico El Ideal Latino de Carolina.   En 1905 emigró a Cuba donde trabajó de periodista hasta su muerte.   A la petición de José de Diego sus restos fueron trasladados a Puerto Rico en 1916.   Sus poemas y artículos se encuentran dispersos en los periódicos y revistas literarias de Cuba y Puerto Rico.   Fue partidario de la idea de la autodeterminación de la Isla y de la justicia social para los pobres.   6.   Mi equipaje (1901); Virutas (1900).

158 MERGAL LLERA, ANGEL. 1. 9. VIII. 1909. Cayey, P. R.
2. 1971. 3. Angel Manuel Mergal Llera. 5. Baptist
minister, professor, essayist, lecturer, and poet. Professor of Theology at the University of Puerto Rico, Río
Piedras. President of the Institute of Puerto Rican Literature. His "Retorno al Paraíso" received an award from
the Puerto Rico Atheneum in 1963. Contributed to newspapers and periodicals on the Island and abroad, including
Nueva Democracia, of New York; Luminar, of Mexico;
Carteles, of Cuba; and El Mundo, of San Juan. Assistant
Editor of Cuadernos Teológicos, of Buenos Aires. Book
Editor for the Puerto Rico Department of Public Instruc-
tion. †Pastor bautista, profesor, ensayista, lector y
poeta. Profesor de Teología en la Universidad de Puerto
Rico, Río Piedras. Presidente del Instituto de Literatura
Puertorriqueña. Su "Retorno al Paraíso" ganó un premio
del Ateneo Puertorriqueño en 1963. Ha contribuido a
periódicos y revistas en Puerto Rico y el extranjero incluso Nueva Democracia, de Nueva York; Luminar, de
México; Carteles, de Cuba; y El Mundo, de San Juan.
Fue redactor asistente de Cuadernos Teológicos, de Buenos
Aires y redactor de libros del Departamento de Instrucción
Pública de Puerto Rico. 6. El agraz (1945); Arte cristiano de la predicación (1952); Defensa de la educación demo-
crática (1946); Federico Degetau: un orientador de su
pueblo (1944); El hidalgo iluminado (1939); Puente sobre el
abismo (1941); Puerto Rico, enigma y promesa (1960); Reformismo cristiano y alma española (1949); El reino permanente (1965).

159 MIRANDA, LUIS ANTONIO. 1. 13. VI. 1896. Ciales, P. R.
5. Journalist and poet. Managed a commercial business
in partnership with his uncle. A protégé of the poet
Enrique Zorrilla. Founded the literary review Poliedro,
1925-1928, and the muckraking journal Florete, 1930-1955.
Contributor to El Imparcial, El Mundo, and Puerto Rico
Ilustrado. †Periodista y poeta. Junto con su tío dirigió
un negocio comercial. Fue el protegido del poeta Enrique
Zorrilla. Fundó la revista literaria Poliedro, 1925-1928,
y el periódico de combate Florete, 1930-1955. Ha contribuido a El Imparcial, El Mundo y Puerto Rico Ilustrado.
6. Abril florido (1918); Albas Sentimentales (1924); El
árbol lleno de cantos (1946); La justicia social en Puerto
Rico (1943); Música prohibida (1925); Prosas ingenuas
(1922); El Rosario de Doña Inés (1919).

160 MIRANDA ARCHILLA, GRACIANY. 1. 1910. Morovis,
P. R. 5. Journalist and poet. Belonged to the avant
garde "Atalayista" literary movement, 1929. A frequent
contributor to El Gráfico de Puerto Rico, Puerto Rico
Ilustrado, La Linterna, El Imparcial, and other newspapers
and periodicals, he subsequently became editor of Alma

Latina and Editor-in-Chief of El Mundo. He has published several volumes of poetry. †Periodista y poeta.
Se asoció con el movimiento literario vanguardista "atalayista, " 1929. Contribuye con frecuencia a El Gráfico
de Puerto Rico, Puerto Rico Ilustrado, La Linterna, El
Imparcial y a otros periódicos y revistas. Fue el redactor
de Alma Latina y de El Mundo. Ha publicado varios volumenes de poesía. 6. Cadena de ensueños (1926); Himno
a la caballa (1971); El oro en la espiga (1941); Responsos
a mis poemas náufragos (1931); Sí de mi tierra (1937).

El Oro en la Espiga. San Juan, Instituto de Cultura
Puertorriqueña, 1941.
Poetry.
Poesía.

Sí de mi Tierra. San Juan, Imp. Venezuela, 1937.
Poetry.
Poesía.

MOMO, pseud. /seud.
see/véase MERCADO, JOSE

161   MONGE, JOSE MARIA. 1. 23. VIII. 1840. Mayagüez, P.R.
      2. 11. III. 1891. Mayagüez, P.R. 3. José María Felipe
      Monge y Arredondo. 4. Justo Derecho. 5. Journalist
      and poet. Self-educated. Composed Neo-classicist and
      Romanticist verse. A prolific journalist under the pseudo-
      nym Justo Derecho, he contributed frequently to the liberal
      press: La Razón of Mayagüez, El Derecho of Ponce, El
      Buscapié of San Juan, and La Prensa, edited by Antonio
      Ruiz Quiñones. A militant liberal, his literary composi-
      tions were designed to arouse social consciousness. He
      was the foremost social critic of his day, with numerous
      poignant essays and poems dispersed in the contemporary
      press. †Periodista y poeta. Autodidacto. Escribió
      poesía neoclásica y romántica. Periodista prolífico, escri-
      bió bajo el seudónimo de Justo Derecho y contribuyó con
      frecuencia a la prensa liberal: La Razón de Mayagüez,
      El Derecho de Ponce, El Buscapié de San Juan, y La
      Prensa redactado por Antonio Ruiz Quiñones. Fue un
      liberal militante y intentó por medio de sus composiciones
      literarias despertar la conciencia social del pueblo. Em-
      pleaba sus poemas para criticar la sociedad de su época.
      6. Los apuros del bachillerato (1886); Poesías y Prosa
      (1883); Poesías (1885); Poetas puertorriqueños (1879);
      Viajes por Italia (1887).

162   MONTEAGUDO, JOAQUIN. 1. 7. IX. 1890. Mayagüez, P.R.
      2. 20. III. 1966. Río Piedras, P.R. 3. Joaquín Monte-
      agudo Rodríguez. 4. Armando Duval. 5. Poet and
      journalist. Self-educated. Contributed to the newspaper

Pro-Patria, 1910, as well as Puerto Rico Ilustrado, El
Carnaval and other literary periodicals. In 1924, he be-
came editor-in-chief of El Heraldo de Puerto Rico. In
Cuba, he contributed to El Fígaro and El País, and edited
El Diario de Cuba, 1926. Secretary of the Institute of
Puerto Rican Literature. †Poeta y periodista. Autodidacto. Contribuyó al periódico Pro-Patria, 1910 así como
a Puerto Rico Ilustrado, El Carnaval y a otras revistas
literarias. En 1924 fue nombrado Jefe de la Redacción de
El Heraldo de Puerto Rico. En Cuba contribuyó a El
Fígaro y El País y redactó El Diario de Cuba, 1926. Fue
Secretario del Instituto de Literatura Puertorriqueña.
6. Acústica (1928); Cien endecasílabos en un intento de
epístola (1964); Dr. Manuel de la Pila Iglesias, el caballero de la bondad (1953); El Hombre Vertical (1967); Humo
y Sol (1930); Lirios Negros (1918); El Rabí de Nazareth
(1922); Vendimia (1921); Canto a Puerto Rico (n. d. /s. f.).

El Hombre Vertical. San Juan, Ed. Club de la Prensa,
1967.
Poems.
Poesía.

163   MORALES, ANGEL LUIS. 1. 13. I. 1919. Culebras, P. R.
5. Professor, essayist, critic, and literary historian.
Professor in the Faculty of Humanities at the University
of Puerto Rico, Río Piedras, since 1943, and Chairman
of the Department of Hispanic Studies. One of the Island's
foremost authorities on Spanish-American literature. Contributed to Asomante, Pedagogía, Duquesne Review, and
Extramuros. His essays and "ponencias" on Puerto Rican
themes include: "Juicio de Hostos sobre Ruiz Belvis y
Betances, " "Eugenio María de Hostos: Apuntes sobre su
obra literaria, " "Puerta al tiempo en tres voces: poema
de Luis Palés Matos. " The recipient of several awards
for scholarship: the Medal of Honor from Fajardo (P. R.)
High School, 1937; the Martí Prize for outstanding work
in the field of Spanish-American Literature, 1941; and the
Cervantes Prize for studies on Quijote. In 1950-1951, he
obtained a fellowship from the Cultural Relations Section
of the Spanish Ministry of Foreign Affairs. †Profesor,
ensayista, crítico y historiador literario. Profesor en la
Facultad de Humanidades de la Universidad de Puerto Rico,
Río Piedras desde 1943 y Director del Departamento de
Estudios Hispánicos. Reconocido como autoridad sobre la
literatura hispanoamericana. Contribuyó a Asomante, Pedagogía, Duquesne Review y Extramuros. Entre sus ensayos
y ponencias sobre temas puertorriqueños figuran "Juicio de
Hostos sobre Ruiz Belvis y Betances, " "Eugenio María de
Hostos: Apuntes sobre su obra literaria, " "Puerta al
tiempo en tres voces: poema de Luis Palés Matos. " Ha
recibido varios premios en reconocimiento a su erudición:

la medalla de honor de la Escuela Superior de Fajardo,
P.R., 1937; el Premio Martí por su destacada labor en
el campo de la literatura hispanoamericana, 1941; y el
Premio Cervantes por sus estudios sobre El Quijote. En
1950-1951 recibió una beca de la Sección de Relaciones
Culturales del Ministerio de Asuntos Extranjeros de España. 6. La angustia metafísica en la poesía de Rubén
Darío (1967); Antología de Jesús María Lago (1960); Dos
ensayos rubendarianos (1969); Homenaje a Alfonso Reyes
(1965); Literatura hispanoamericana: épocas y figuras. 2
vols. (1967); La naturaleza venezolana en la obra de
Rómulo Gallegos (1969).

164   MORALES, JORGE LUIS. 1. 27.X.1930. Ciales, P.R.
      5. Journalist, essayist, literary critic, professor, and
      poet. Professor of Spanish Language and Literature at
      the University of Puerto Rico, Río Piedras, 1963. An
      outstanding poet of the post war period, he figured in the
      "trascendentalista" movement of 1948. Frequent contribu-
      tor to Revista del Instituto de Cultura Puertorriqueña, Aso-
      mante, and El Mundo. †Periodista, ensayista, crítico
      literario, profesor y poeta. Es profesor de lengua y lite-
      ratura española en la Universidad de Puerto Rico, Río
      Piedras desde 1963. Destacado poeta del posguerra, jugo
      un papel activo en el movimiento "trascendentalista" de
      1948. Contribuye con frecuencia a la Revista del Instituto
      de Cultura Puertorriqueña, Asomante y El Mundo. 6. An-
      tología poética (1968); Decir del propio ser (1954); Discurso
      a los pájaros (1965); Hojas Verdes (1950); Inspiración del
      viajo (1953); Jornada precisa (1962); Metal y piedra (1952);
      Mirada en el olvido (1953); Los ríos redimidos (1969); La
      ventana y yo (1960).

      Jornada Precisa. Barcelona, Ed. Rumbos, 1962.
      A volume of poetry.   Illustrated.
      Un libro de poesía.   Contiene grabados.

165   MORALES, JOSE PABLO. 1. 25.I.1828. Toa Alta, P.R.
      2. 22.IV.1882. Toa Alta, P.R. 3. José Pablo Morales
      y Miranda. 4. Un Campesino, El Colaborador, El Cor-
      responsal, Enrique, Un Ilustrado, J.P.M., Jorge Pill,
      L. E. Ramos, Un Liberal Reformista, Pepe. 5. Journal-
      ist and schoolteacher. Notary public in Toa Alta, Corozal,
      and Naranjito. A crusading journalist, he was an out-
      spoken liberal and an advocate of social justice. Contribu-
      ted to El Boletín Mercantil, El Fomento de Puerto Rico,
      El Progreso, El Agente, El Buscapié, Don Simplicio, El
      Avisador, Revista de la Legislación, El Boletín, El
      Derecho, El Porvenir, El Bien Público, El Faro de Baya-
      món, El Semanario Puertorriqueño, La Voz del País, La
      Azucena, and Revista Puertorriqueña. In 1848 he estab-
      lished a racially integrated school on his property and in

1850 he obtained a teaching license. Taught in Naranjito
and Toa Baja until 1854. Under various pseudonyms, he
defended the rights of the oppressed classes and fought to
repeal arbitrary restrictions on personal freedom. A prolific columnist, he dealt with questions of politics, eco-
nomics, civil rights, morality, religion, sociology, history,
ethnology, philosophy, and literature. Editor of El Fomento, El Progreso, and El Buscapié. Published satire
in Don Simplicio. Founded El Economista, and shortly
before his death was planning a new tabloid to be called
Eco de Toa. His best writings were collected and republished in 1895 in two volumes entitled Misceláneas. His
Romanticist poetic compositions were dispersed in various
literary reviews. Most of them have been permanently
lost. His poem, "La ciencia verdadera," was included in
El Almanaque Aguinaldo of 1866. †Periodista y maestro
de escuela. Fue notario en Toa Alta, Corozal, y Naranjito. Como periodista fue un liberal abierto y partidario
de la justicia social. Contribuyó a El Boletín Mercantil,
El Fomento de Puerto Rico, El Progreso, El Agente, El
Buscapié, Don Simplicio, El Avisador, la Revista de la
Legislación, El Boletín, El Derecho, El Porvenir, El Bien
Público, El Faro de Bayamón, El Semanario Puertorriqueño, La Voz del País, La Azucena, y a la Revista
Puertorriqueña. En 1848 estableció una escuela integrada
en su propiedad y en 1850 obtuvo un permiso para enseñar.
Enseñó en Naranjito y Toa Baja hasta 1854. Bajo distintos
seudónimos defendió los derechos de las clases oprimidas
y luchó para revocar las restricciones arbitrarias sobre
la libertad personal. Fue un editorialista prolífico quien
trató de asuntos de política, economía, derechos civiles,
moralidad, religión, sociología, historia, etnología, filosofía y literatura. Fue redactor de El Fomento, El Progreso, y El Buscapié. Publicó sátira en Don Simplicio.
Fundó El Economista y poco antes de su muerte proyectaba
un nuevo periódico que había de ser titulado Eco de Toa.
Sus mejores escritos fueron recogidos y publicados de
nuevo en 1895 en dos volumenes titulados Misceláneas.
Sus composiciones poéticas de estilo romántico aparecieron
en distintas revistas literarias. La mayoría han desapare-
cido. Su poema "La ciencia verdadera," se incluyó en El
Almanaque Aguinaldo de 1866. 6. Misceláneas. 2 vols.
(1895); Misceláneas históricas (1924).

166 MORALES CABRERA, PABLO. 1. 17. VIII. 1866. Toa Alta,
     P. R. 2. 24. II. 1933. San Juan, P. R. 4. José Bál-
     samo, Tirso de la Torre. 5. Teacher, journalist, agri-
     culturalist, and short-story writer. Editor of La Cor-
     respondencia and contributor to El Buscapié. Founder
     and editor of El Agricultor Puertorriqueño, 1925-1927.
     Member of the Union Party's Central Committee, 1915-
     1923. Elected to the Puerto Rico House of Representatives

from the district of Toa Alta, Toa Baja, and Naranjito,
1917-1920.   One of Puerto Rico's most effective story-
tellers, he is on intimate terms with the land and its
people and skilled in the use of direct dialogue and the
technique of concise description.   Above all, he is capable
of capturing the essence of popular behavior.   Although
the content is modern, his short stories are in the 14th
century tradition of Prince Juan Manuel's El Conde Lucanor.
†Maestro, periodista, agricultor y cuentista.   Fue redactor
de La Correspondencia, contribuidor a El Buscapié, y
fundador y redactor de El Agricultor Puertorriqueño,
1925-1927.   Miembro del Comité Central del Partido Unión,
1915-1923.   Fue elegido a la Cámara de Diputados de
Puerto Rico representando los distritos de Toa Alta, Toa
Baja, y Naranjito, 1917-1920.   Reconocido como uno de
los más hábiles cuentistas de Puerto Rico y a consecuencia
de su conocimiento íntimo de la tierra y del pueblo, supo
emplear con provecho el diálogo directo y la técnica de
la descripción concisa.   Sobre todo, supo captar la esencia de la mentalidad popular.   Aunque el contenido es
moderno, sus cuentos reflejan la tradición de El Conde
Lucanor del príncipe Juan Manuel (siglo XIV).   6.   Biografía de don Ramón Baldorioty de Castro (1910); Cuentos
criollos (1925); Cuentos populares (1914); La Disciplina
Escolar en Puerto Rico (1905); Letras y ciencias (1927);
El Libertador Simón Bolívar (1922); Puerto Rico indígena,
prehistoria y proto-historia (1932); La Reforma de las
escuelas rurales (1911).

167   MORALES CARRION, ARTURO.   1.   1913.   La Habana,
      Cuba.   5.   Historian.   Chairman of the Department of
      History at the University of Puerto Rico, Río Piedras;
      Assistant Secretary in the Bureau of Cultural Relations
      of the United States State Department; he later became
      Assistant Secretary for Interamerican Affairs; Member of
      the Caribbean Commission; Undersecretary of State of the
      Commonwealth of Puerto Rico, 1953-1960; and Special Ad-
      visor to Secretary General José Mora of the Organization
      of American States, a post which he recently resigned in
      order to resume teaching in Puerto Rico.   Member of
      the Peruvian Society of Geography and History; the Fran-
      ciscan Academy of History; the American Historical Asso-
      ciation; the Mexican Inter-American Academy; and the
      Puerto Rican Circle of Washington, D.C.   Affiliated with
      the Center for International Studies of George Washington
      University, Washington, D.C. and member of the Editorial
      Board of Revista América.   †Historiador.   Jefe del De-
      partamento de Historia en la Universidad de Puerto Rico,
      Río Piedras; Secretario auxiliar en la Oficina de Rela-
      ciones Culturales del Departamento de Estado de los Es-
      tados Unidos; más tarde se hizo Secretario Asistente para
      Asuntos Interamericanos; Miembro de la Comisión del

Caribe; Sub-secretario de Estado del Estado Libre Asociado
de Puerto Rico, 1953-1960; y asesor especial al Secretario
General José Mora de la Organización de Estados Americanos, un cargo que renunció recientemente para volver a
enseñar en Puerto Rico. Es miembro de la Sociedad
Peruana de Geografía e Historia, de la Academia Francis-
cana de Historia, de la American Historical Association,
de la Academia Interamericana Mexicana y del Círculo
Puertorriqueño de Washington, D. C. Afiliado con el Centro de Estudios Internacionales de George Washington University, Washington, D. C. y miembro de la junta editorial
de la Revista América. 6. The Commonwealth of Puerto
Rico (1957); La enseñanza de la historia en Puerto Rico
(1952); Historia del pueblo de Puerto Rico, desde sus
orígenes hasta el siglo XVIII (1968); Introducción a la historia de Europa en el siglo XX (n. d. /s. f.); The loneli-
ness of Luis Muñoz Rivera (1965); Ojeada al proceso histórico de Puerto Rico (1956); Ojeada al proceso histórico
y otros ensayos (1971); Puerto Rico and the non-Hispanic
Caribbean (1952).

168 MORALES OTERO, PABLO. 1. 28. IX. 1896. Río Piedras,
P. R. 5. Educator and physician. General practitioner
in Fajardo, P. R. , 1919. Later he became a bacteriolo-
gist for the Puerto Rico Department of Health; a Professor
of Bacteriology in the School of Tropical Medicine; and Director of Health Services for the Puerto Rico Economic
Reconstruction Administration. Active in professional organizations devoted to health and the allied fields. Published several scientific studies including monographs on
brucelosis and staph infections. Chairman of the Board of
Medical Examiners. A Popular Democrat, he was elected
to the Puerto Rico House of Representatives in 1952.
†Educador y médico. Ejerció la medicina general en
Fajardo, P. R. , 1919. Más tarde trabajó de bacteriólogo
por el Departamento de Salud de Puerto Rico. Fue Profesor de Bacteriología en la Escuela de Medicina Tropical
de la Universidad de Puerto Rico y Director de Servicios
de Salud de la Administración de Reconstrucción Económica
de Puerto Rico. Tomó parte en las actividades de varias
organizaciones en el campo de la salud. Publicó estudios
científicos y monografías sobre la brucelosis y las infec-
ciones causadas por los microbios estafilococos. Presidente de la Asociación de Médicos Examinadores. Fue
miembro del Partido Demócrata Popular y fue elegido a la
Cámara de Diputados en 1952. 6. Algunas observaciones
sobre la fiebre ondulante (1930); El arte de curar (n. d. /
s. f.); Bebiendo espero (n. d. /s. f.); Bovine infectious abor-
tion as it appears in Puerto Rico (1925); Cosas de la
mente (n. d. /s. f.); Cuentos y leyendas del Toa (1968); De
lo agudo a lo cómico (n. d. /s. f.); Enemigos del hombre
(1955); Enfermedades de los animales que se transmiten al

hombre (1952); Ensaladilla de recuerdos (1966); Estudio
Epizoótico de la peste bubónica en Puerto Rico (1923);
Hombres de mi tierra (1965); Nuestro laboratorio y nuestra
clase Médica (1925); Nuestros problemas (1945); Puerto
Rico grande y rico (1955); Recorriendo el camino (1927);
Studies of "Brucella" infection in Puerto Rico (1948); Vivir
soñando (n. d. / s. f.).

Nuestros Problemas.   San Juan, Biblioteca de Autores
Puertorriqueños, 1945.
A discussion of Puerto Rican social problems including
the impact of American influence upon the rural peasant
farmers.
Una discusión de los problemas sociales de Puerto Rico,
incluyendo el impacto de la influencia norteamericana sobre
los jíbaros.

169   MUÑOZ MARIN, LUIS. 1. 18.II.1898.   San Juan, P. R.
5. Journalist, orator, essayist, poet, and politician.
One of the most outstanding political figures of modern
Puerto Rico.   Secretary to the Resident Commissioner of
Puerto Rico in Washington, D. C., 1916-1918.   Active in
the Pan American Labor movement and the drive for Inter-
American cooperation. Served in the Secretariat of the
Pan American Union during the Havana Conference, 1929;
Economic Commissioner of Puerto Rico in the United
States; Chairman of the Commission on the Political Status
of Puerto Rico, Washington, D. C., 1946.   Editor of La
Democracia, El Imparcial, El Batey, 1946, and Revista de
Indias, a journal devoted to Pan American culture.   Contributor to American Mercury, The Nation, and The New
Republic.   At first he belonged to the Socialist Party of
Santiago Iglesias Pantín, then to his father's Union Party,
later to the Liberal Party, and finally he belonged to his
own Popular Democratic Party which he founded on a plat-
form of "Bread, Land, and Liberty" in 1940.   Elected to
the Puerto Rico Senate as a Liberal in 1932 and as a Popular Democrat in 1940 and 1944.   President of the Senate,
1941.   The first popularly elected Governor of Puerto Rico,
he remained in office from 1948 until 1964, when he de-
clined the gubernatorial nomination and was succeeded by
Roberto Sánchez Vilella.   The architect of "Operation
Bootstrap. "   Under his progressive leadership, Puerto
Rico has undergone a veritable "peaceful revolution. "   He
recently retired to Italy to write his memoirs.   His outstanding poems are: "New York, " "Yo soy tu flauta, "
"La Canción de los cinco perros flacos, " "La Canción de
los bostezos, " "Primavera, " "Panfleto, " "Un jíbaro desnudo, " "Escúchanos, " "Días laborables, " "Proletarios. "
†Periodista, orador, ensayista, poeta y político.   Uno de
los más destacados personajes políticos del Puerto Rico
moderno.   Secretario al Representante de Puerto Rico en

Washington, D.C., 1916-1918. Activo en el movimiento
obrero panamericano y en el empuje para fomentar la cooperación interamericana. Prestó servicios en el Secre-
tariado de la Unión Panamericana durante la conferencia
en La Habana, 1929; Comisionado Económico de Puerto
Rico en los Estados Unidos; Presidente de la Comisión
sobre el Estado Político de Puerto Rico, Washington, D.C.,
1946. Redactor de La Democracia, El Imparcial, El
Batey, 1946, y de la Revista de Indias, una revista dedicada
a la cultura panamericana. Contribuidor a American Mercury, The Nation, y The New Republic. Inicialmente
formó parte del Partido Socialista de Santiago Iglesias
Pantín, luego se unió al Partido Unión de su padre, más
tarde al Partido Liberal y finalmente a su propio partido--
el Partido Demócrata Popular--el cual fundó en 1940 sobre
un programa de "pan, tierra y libertad." Fue elegido al
Senado de Puerto Rico en 1932 como Liberal y como
Demócrata Popular en 1940 y 1944. Presidente del Senado,
1941. El primer gobernador elegido por voto popular,
estuvo en el poder desde 1948 hasta 1964 cuando renunció
el nombramiento gubernativo y fue seguido por Roberto
Sánchez Vilella. Es el arquitecto de la "Operación Bootstrap." Bajo su mando progresivista, Puerto Rico ha ex-
perimentado una verdadera "revolución pacífica." Se jubiló
recientemente y fue a Italia a escribir sus memorias.
Sus más destacados poemas son "New York," "Yo soy tu
flauta," "La Canción de los cinco perros flacos," "La
Canción de los bostezos," "Primavera," "Panfleto," "Un
jíbaro desnudo," "Escúchanos," "Días laborables," "Proletarios." 6. Una América para servirle al mundo (1956);
Borrones (1917); Breakthrough from nationalism: a small island looks at a big trouble (1959?); The Commonwealth of
Puerto Rico--a house of good will (1956); Del tiempo de Muñoz
Rivera a nuestra tiempo (1956); Discursos (1955?-57?); Es más
tarde de lo creemos en la América Latina (1958); El estado
libre asociado de Puerto Rico--casa de buena voluntad
(1956); Función del movimiento obrero en la democracia
Puertorriqueña (1957); El hondo significado de la ciudadanía
de Estados Unidos (1956); Madre haraposa (1917); La personalidad puertorriqueña en el Estado Libre Asociado
(1954); La política de Estados Unidos en la América Latina (1958); El pueblo de Puerto Rico y la ciudadanía de
Estados Unidos (1957); Puerto Rico in the area of democracy (1941); Puerto Rico y los Estados Unidos (1954); Significación del Estado Libre Asociado de Puerto Rico en la unión
americana (1958); El status político de Puerto Rico (1956);
The will to develop (1964).

170 MUÑOZ RIVERA, JOSE. 1. 6.VIII.1868. Barranquitas,
     P.R. 2. 1937. Río Piedras, P.R. 4. Juan sin patria.
     5. Journalist, poet, and politician. Puerto Rican Secre-
     tary of Commerce, 1900; Mayor of Caguas, P.R., 1903;

Member of the Puerto Rico House of Representatives,
1907-1917; and Senator, 1917-1933. His lyric poetry is
in the modernist style of Rubén Darío. Edited La Democracia and contributed to El Mundo, Puerto Rico Ilustrado,
and El Palenque de la Juventud, 1886-1888. At first he
used poetry as a vehicle for social reform, but later he
concentrated on literary style and esthetics rather than political content. His poetry remains uncollected. His best
known poems are: "El canto de la esperanza, " "Madre
tierra, " "Oh Montaña, " "Sol de gloria, " "Perlas, " "El
vaso de la vida, " and "Gloria. " Brother of Luis Muñoz
Rivera. †Periodista, poeta y político. Ocupó los siguientes cargos importantes: Secretario de Comercio de
Puerto Rico, 1900; Alcalde de Caguas, P.R., 1903; Miembro de la Cámara de Diputados, 1907-1917; y Senador,
1917-1933. Su poesía lírica se acerca al estilo modernista
de Rubén Darío. Redactó La Democracia y contribuyó a
El Mundo, Puerto Rico Ilustrado y a El Palenque de la
Juventud, 1886-1888. Al principio empleaba su poesía
como medio para lograr la reforma social, pero más tarde
se interesó más en el estilo literario y la estética que en
el contenido político. Su poesía se ha quedado dispersa.
Entre sus poemas se destacan "El canto de la esperanza, "
"Madre tierra, " "Oh Montaña, " "Sol de gloria, " "Perlas, "
"El vaso de la vida, " y "Gloria. " Fue el hermano de
Luis Muñoz Rivera. 6. Sol de gloria (1911).

171 MUÑOZ RIVERA, LUIS. 1. 17.VII.1859. Barranquitas,
P.R. 2. 15.XI.1916. Santurce, P.R. 3. Luis José
Manuel Muñoz Rivera. 4. Demócrito, Diógenes, Fair
Fax, Incognitus, Rigoló, X.X.X. 5. Politician, journalist,
and poet. Often called the "George Washington" of Puerto
Rico. Elected to the town council of Barranquitas, P.R.,
1885, and representative to the Autonomist Party Convention of 1887, the year of the bloody "componte" perpe-
trated by Governor Romualdo Palacios. Although his
father, the former Mayor of Barranquitas, had belonged
to the pro-Spanish Conservative Party, Muñoz Rivera
joined the Liberals in 1883. Under his father's tutelage,
he became a modestly successful businessman. He published his first poems in El Pueblo of Ponce in 1881 and
contributed to El Clamor del País and other publications
under various pseudonyms. His first epic work, Vasco
Núñez de Balboa (1882), appeared in El Buscapié. He en-
hanced his literary reputation with Vox Populi, 1883; El
Paso de Déspota, 1887; Nulla ets redemptio, 1889; and
Paréntesis; Sisifo; and Mens Divinor, 1902. In 1889 he
was elected to the colonial legislature, but his seat was
contested, and by the time all of the ballots had been offi-
cially validated, his term of office had expired. He
founded the newspaper La Democracia in 1890. The following year he went to Spain, where he remained until 1896,

contributing regularly to La Democracia. The Puerto Rican Autonomist Party requested that he forge a political alliance with the Spanish Liberals led by Práxedes Mateo Sagasta. In 1897 he became President of the reorganized Liberal Party. He was Secretary of Justice in the short-lived autonomous government of 1898. After the Spanish-American War he founded the newspaper El Territorio. In 1900 he organized the Federal Party and founded El Diario de Puerto Rico as its official organ. One of his articles, "La Canallería Andante, " provoked a mob to invade his office and destroy the printing press. He continued to publish in La Democracia, and this time republican partisans attacked his home. In 1901 he founded a bilingual newspaper in the United States, The Puerto Rico Herald, which asserted the Puerto Ricans' right to a "home rule" civilian government. Together with Rosendo Matienzo Cintrón and others, he founded a new political party, "The Union of Puerto Rico, " in 1904. Elected to the Puerto Rico House of Representatives in 1906, he led a legislative delegation to Washington, D.C. in 1909 to petition for the repeal of the Foraker Law. Elected Resident Commissioner of Puerto Rico in Washington, D.C., 1910-1916. He lobbied for Congressional approval of a more equal partnership between Puerto Rico and the United States. In 1916, he returned to the Island and retired to his native town. †Político, periodista y poeta. A menudo llamado el "George Washington" de Puerto Rico. Fue elegido a la Junta Municipal de Barranquitas, P.R., 1885, y nombrado representante al congreso del Partido Autonomista en 1887, el año del sangriento "componte" llevado a cabo por el Gobernador Romualdo Palacios. Aunque su padre, antiguo alcalde de Barranquitas, había sido miembro del pro-español Partido Conservativo, Muñoz Rivera se unió a los Liberales en 1883. Bajo la tutela de su padre, tuvo un modesto éxito en los negocios. Se publicaron sus primeras poesías en El Pueblo de Ponce en 1881 y él contribuyó a El Clamor del País y a otras publicaciones bajo distintos seudónimos. Su primera obra épica, Vasco Núñez de Balboa (1882), apareció en El Buscapié. Se mejoró su reputación literaria con la publicación de Vox Populi, 1883; El Paso de Déspota, 1887; Nulla ets redemptio, 1889; y Paréntesis; Sisifo; y Mens Divinor, 1902. En 1889 fue elegido a la legislatura colonial, pero se le contendió la victoria y para el tiempo que todos los votos habían sido validados, su plazo de oficina había terminado. Fundó el periódico La Democracia en 1890. El año siguiente fue a España donde se quedó hasta 1896, contribuyendo regularmente a La Democracia. El Partido Autonomista Puertorriqueño le pidió a Muñoz Rivera que estableciera una alianza con los Liberales españoles dirigidos por Práxedes Mateo Sagasta. En 1897 fue elegido Presidente del Partido Liberal que había sido reorganizado. Fue Secretario de Justicia en el breve gobierno autónomo de 1898.   Después de la guerra entre los Estados Unidos y España fundó el periódico El Territorio.   En 1900 estableció el Partido Federal y fundó El Diario de Puerto Rico como su órgano oficial.   Uno de sus artículos, "La Canallería Andante, " resultó ser provocante y hizo que un populacho le invadiera el despacho y le destruyera la prensa tipográfica.   Sin embargo, siguió publicando en La Democracia con el resultado de que los partidarios republicanos atacaron a su casa.   En 1901 fundó un periódico bilingüe en los Estados Unidos, The Puerto Rico Herald, el cual sostuvo el derecho de los puertorriqueños formar un gobierno autónomo dentro de la estructura del dominio norteamericano.   Junto con Rosendo Matienzo Cintrón y otros, fundó un nuevo partido político, "el Unión de Puerto Rico, " en 1904.   Fue elegido a la Cámara de Diputados en 1906 y encabezó una delegación legislativa a Washington, D.C., en 1909 para pedir la revocación de la Ley Foraker. Fue elegido Comisario Residente de Puerto Rico en Washington, D.C., 1910-1916.   Cabildeó por la aprobación de parte del Congreso de una asociación más equitativa entre Puerto Rico y los Estados Unidos.   En 1916 regresó a Puerto Rico y se retiró a su pueblo natal.   6.   Porto Rican people prepared for self-government (1908); Campañas políticas 3 vols. (1925); La disolución (1900); Las dos musas (1886); Obras completas 8 vols. (1968); Organization and structure of the government of the city of San Juan, Puerto Rico (1959?); Poemas y pensamientos (1959); Poesías (1961); Puerto Rico por dentro: cartas abiertas (1888); Retamas (1891); Tropicales (1902).

Luis Muñoz Rivera: Poesías. San Juan, Instituto de Cultura Puertorriqueña, 1961.
Poetry.
Poesía.

Obras Completas. 8t. San Juan, Instituto de Cultura Puertorriqueña, 1968.
The complete works of Luis Muñoz Rivera.
Obras completas de Luis Muñoz Rivera.

NEGRON MUÑOZ, MERCEDES
see/véase LAIR, CLARA, pseud. /seud.

172 NEGRON SANJURJO, JOSE. 1. 1864. Barranquitas, P.R. 2. 1927. 3. José A. Negrón Sanjurjo. 4. Heráclito. 5. Teacher and poet. Under the pseudonym of "Heráclito" he joined with "Demócrito" (Luis Muñoz Rivera) to coauthor a widely read column of satirical political verse entitled "Retamas" in the newspaper La Democracia. †Maestro y

poeta.   Bajo el seudónimo de "Heráclito, " se asoció con "Demócrito" (Luis Muñoz Rivera) para escribir una bien leída columna de satírico verso político titulada "Retamas" en el periódico La Democracia.   6.   Mensajeras (1905); Poesías (1905); Versos postales (1903).

173   NEUMANN GANDIA, EDUARDO.   1.   26. IV. 1852.   Ponce, P. R.   2.   9. IX. 1913.   Cherburgo, Francia.   5.   Teacher, historiographer, journalist, and biographer.   Schoolteacher in his native town and author of notable historical, astronomical, and pedagogical texts.   He also wrote a series of historical essays on the origin and early development of Ponce, Juana Díaz, Comerío, Coamo, and Aguadilla. †Maestro, historiógrafo, periodista y biógrafo.   Fue maestro en su pueblo natal y autor de señalados textos de astronomía, historia y pedagogía.   Escribió también una serie de ensayos históricos sobre el origen y desarrollo de Ponce, Juana Díaz, Comerío, Coamo y Aguadilla. 6.   Benefactores y hombres notables de Puerto Rico 2 vols. (1896, 1899); Gloriosa epopeya: Estudio histórico sobre el asedio de los ingleses a San Juan de Puerto Rico en 1797 (1897); Impresiones de un viaje por Norteamérica (1910); Memoria sobre la fundación y progreso del municipio de Comerío (1911); Monografía histórica sobre la fundación de Aguadilla y su desarrollo urbano (1910); Verdadera y auténtica historia de la ciudad de Ponce (1913).

174   OLIVER FRAU, ANTONIO.   1.   4. IV. 1902.   Arecibo, P. R. 2.   19. I. 1945.   Ponce, P. R.   5.   Lawyer and short-story writer.   After practicing law in Lares, P. R., where he founded the literary review La Torrecilla with a colleague, Emiliano Martínez Avilés, he joined the judiciary.   He held municipal judgeships in Carolina, Juana Díaz, Yauco, and Ponce.   Oliver Frau figured in the transition from modernism to post-modernism in Puerto Rican letters.   A native of the Island's coffee-producing zone, he is a skilled interpreter of the culture and folklore of that region.   His literary reputation is based on a single work.   †Abogado y cuentista.   Después de ejercer la carrera de leyes en Lares, P. R., donde junto con un colega, Emiliano Martínez Avilés, estableció la revista literaria La Torrecilla, se incorporó a la magistratura.   Ocupó la judicatura municipal de Carolina, Juana Díaz, Yauco y Ponce.   Oliver Frau figuró en la transición del modernismo al posmodernismo en la literatura puertorriqueña.   Un natural de la zona cafetelera de la Isla, es un hábil intérprete de la cultura y folklore de esa región.   Se basa su fama literaria sobre una sola obra.   6.   Cuentos y leyendas del cafetal (1938).

Cuentos y Leyendas del Cafetal.   Río Piedras, P. R.,
Ed. Coquí, 1967.
Stories and legends.   A critical biographical study of
the author is included.   First published in 1938.
Cuentos y leyendas.   El libro también contiene un
estudio biográfico del autor.   Publicada por primera vez
en 1938.

OMEGA, pseud. /seud.
see/véase ZENO GANDIA, MANUEL

175   ORAMA PADILLA, CARLOS.   1.   14. X. 1905.   Jayuya, P. R.
5.   Writer.   A post office clerk in Bayamón since 1926
and a mason since 1931.   He contributed to El Día, Alma
Latina, El Mundo, El Imparcial, La Prensa, and other
newspapers and periodicals at home and abroad.   In 1963
he received an award from the Institute of Puerto Rican
Literature for his essay "Itinerario de Lola Rodríguez de
Tió. "   He received first prize for his biography of Virgilio Dávila in a Literary Contest sponsored by the weekly
El Yunque.   Member of the Puerto Rican Society of
Journalists, and Counsellor of the Latin American Spiritual
Fraternity based in Buenos Aires, Argentina.   †Escritor.
Empleado de correos en Bayamón desde 1926 y masón
desde 1931.   Contribuyó a El Día, Alma Latina, El Mundo,
El Imparcial, La Prensa y a otros periódicos y revistas
en Puerto Rico y en el extranjero.   En 1963 fue premiado
por el Instituto de Literatura Puertorriqueña en reconocimiento a su ensayo "Itinerario de Lola Rodríguez de Tió. "
También fue premiado por su biografía de Virgilio Dávila
en un certamen auspiciado por el semanal El Yunque.
Miembro de la Sociedad Puertorriqueña de Periodistas y
consejero de la Fraternidad Espiritual Latinoamericana
radicada en Buenos Aires, Argentina.   6.   Estudio Biográfico del Héroe Puertorriqueño Esteban Terrats Acha
(1946); Los que no regresaron (1945); Postal de tierra
adentro (1963); La ruta del sembrador (1955); Surcos y
estrellas (1959); Virgilio Dávila, su vida y su obra (1945).

Virgilio Dávila, Su Vida y Su Obra.   San Juan, Ed.
Cordillera, 1964.
The life and works of Virgilio Dávila.   First published
in 1945.
La vida y obras de Virgilio Dávila.   Publicada por
primera vez en 1945.

PACHIN, pseud. /seud.
see/véase MARIN, FRANCISCO GONZALO

176   PADILLA, JOSE GUALBERTO.   1.   12. VII. 1829.   San Juan,
P. R.   2.   26. V. 1896.   Vega Baja, P. R.   4.   El Caribe.
5.   Physician, poet, and journalist.   Outstanding neoclassi-

cist poet. Following the Lares Uprising in 1868 he was
imprisoned in Arecibo together with other suspected in-
surgents. As a medical student at the University of Barcelona he supported himself on the earnings of his newspaper, La Esperanza. Upon his return to Puerto Rico he
practiced medicine in Arecibo and Vega Baja. He published satirical verse in numerous newspapers and periodicals including El Almanaque de las Damas, El Buscapié,
and El Palenque de la Juventud. These compositions were
collected by his daughter, Trinidad, and published posthumously in two volumes: En el combate and Rosas de
Pasión. Padilla engaged in a spirited dialogue with the
Spanish poet, Manuel del Palacio, in response to a satirical verse in which the latter denigrated Puerto Rico. The
Padilla-Palacio exchanges were gathered and published in
a pamphlet entitled Para un Palacio, un Caribe, 1874. At
his death he left unfinished his "Canto a Puerto Rico."
†Médico, poeta y periodista. Célebre poeta neoclasicista.
Después del Grito de Lares en 1868 fue encarcelado en
Arecibo junto con otros insurgentes. Como estudiante de
medicina en la Universidad de Barcelona vivía de los in-
gresos de su periódico La Esperanza. Al regresar a
Puerto Rico ejerció la medicina en Arecibo y Vega Baja.
Publicó verso satírico en numerosos periódicos y revistas
algunas de las cuales eran El Almanaque de las Damas,
El Buscapié, y El Palenque de la Juventud. Estas composiciones fueron recogidas por su hija Trinidad y publicadas
después de su muerte en dos volumenes: En el combate y
Rosas de Pasión. Padilla discutió con el poeta español,
Manuel del Palacio, en contestación a un poema satírico
escrito por éste en el cual denigró a Puerto Rico. Estos
diálogos literarios fueron recogidos y publicados en un
folleto titulado Para un Palacio, un Caribe, 1874. A su
muerte, Padilla dejó incompleto su "Canto a Puerto Rico."
6. A la muerte de Alejandro Tapia (1883); A mi lira
(1885); Ada Alta: Por nuestros muertos (1886); Antología
(1961); En el combate (1912); En la muerte de Corchado
(1885); Para un palacio, un Caribe (1874); Rosas de Pasión
(1912); Zoopoligrafía (1855).

177 PADILLA DE SANZ, TRINIDAD. 1. 7. II. 1864. Vega Baja,
     P. R. 2. 1957. Arecibo, P. R. 4. La Hija del Caribe.
     5. Essayist, poet, short story writer, journalist and
     pianist. Used the pseudonym in memory of her father,
     José Gualberto Padilla ("El Caribe"). Taught grand piano
     for 42 years. Contributed to important literary reviews
     on the Island and abroad including Alma Latina, Puerto
     Rico Ilustrado, El Imparcial, El Mundo, El Carnaval,
     Pictorial Review of New York, Mercurio of New Orleans
     (the award-winning sonnet "Claro de Luna de Beethoven"),
     Bohemia of Cuba, Arte of Buenos Aires, Mundo Musical
     (member of the editorial board), and La Cuna de América

of Santo Domingo. She holds ten awards from the Puerto
Rico Atheneum, prizes for her poems "Amor" and "La
Mujer" (1927), and certificates of merit from the cultural
societies of Mexico and Buenos Aires including a special
citation from the Mexican Peace Committee for her poem
"Por la Paz del Mundo. " In 1941, the women's magazine
Para Tí of Buenos Aires included her among the most out-
standing women of America. As a patron of the arts, she
advanced the cultural development of Puerto Rico. †En-
sayista, poetisa, cuentista, periodista y pianista. Usaba
el seudónimo en memoria de su padre, José Gualberto
Padilla ("El Caribe"). Durante 42 años enseñó el piano.
Contribuyó a importantes revistas literarias en Puerto
Rico y en el extranjero incluso Alma Latina, Puerto Rico
Ilustrado, El Imparcial, El Mundo, El Carnaval, Pictorial
Review de Nueva York, Mercurio de Nueva Orleans (el
soneto premiado "Claro de Luna de Beethoven"), Bohemia
de Cuba, Arte de Buenos Aires, Mundo Musical (miembro
de la junta editorial), y La Cuna de América de Santo
Domingo. Ganó 10 premios del Ateneo Puertorriqueño y
premios por sus poemas "Amor" y "La mujer" (1927) y
certificados de mérito de sociedades culturales de México
y Buenos Aires entre los cuales figura una citación especial
del Comité Mexicano para la Paz por su obra "Por la paz
del mundo. " En 1941 la revista femenina Para Tí de
Buenos Aires la nombró una de las más destacadas mujeres
de América. Como patrocinadora de los artes, avanzó el
desarrollo cultural de Puerto Rico. 6. Cálices abiertos
(1943); De mi collar (1926); Rebeldía (1918).

178   PADRO, HUMBERTO. 1. 1906. Ciales, P.R. 2. 1958.
San Juan, P.R. 5. Teacher, printer, journalist, short-
story writer, and poet. Contributed to El Imparcial,
Florete, El Mundo, Alma Latina, Puerto Rico Ilustrado.
A former public school teacher, in 1927 he joined the
circle of literati who called themselves "Indice, " a name
later adopted by the well-known literary review of the
1930's. A masterful short-story writer, he often utilized
the style and technique of Maupassant. His stories are
characterized by rapid thematic development, few sketched
characters, fast action, and surprise endings. †Maestro,
tipógrafo, periodista, cuentista y poeta. Contribuyó a El
Imparcial, Florete, El Mundo, Alma Latina y Puerto Rico
Ilustrado. Ex-maestro de escuela, se juntó en 1927 al
círculo de literatos que se llamaban "Indice, " un nombre
que más tarde adoptó la bien conocida revista literaria de
la década de 1920-1930. Cuentista hábil, utilizaba a
menudo el estilo y la técnica de Maupassant. Se caracte-
rizan sus cuentos por su rápido desarrollo temático, pocos
personajes, rápida acción y sorpresa al final. 6. Los
cármenes de oro malva (1947); Diez cuentos (1929).

179   PAGAN, BOLIVAR.   1.   16.III.1897.   Guayanilla, P.R.
_2. 1961.   San Juan, P.R.   5.   Lawyer, politician, and
essayist.   After having served as Municipal Judge of Fajardo, he devoted himself to politics and letters.   He published numerous essays and monographs on social and political issues in El Día, Nosotros, Renacimiento, El Carnaval, and Puerto Rico Ilustrado.   Edited the newspaper La
Idea and the literary review Aurora, both of Ponce.   In
1941 and again in 1943, he received the journalism prize
of the Institute of Puerto Rican Literature.   President of
the Puerto Rico Atheneum, founder and President of the Institute of Puerto Rican Literature, leader of the Socialist
Party, 1939, and Resident Commissioner of Puerto Rico
in Washington, D.C., 1941-1945.   As a legislator, he
regularly proposed and fought for progressive legislation.
A leading proponent of statehood, he was a member of the
legislative committee which petitioned for the admission of
Puerto Rico to the Union.   †Abogado, político y ensayista.
Después de haber ocupado el cargo de Juez Municipal de
Fajardo, se entregó a la política y a las letras.   Publicó
numerosos ensayos y monografías sobre asuntos sociales y
políticos en El Día, Nosotros, Renacimiento, El Carnaval
y Puerto Rico Ilustrado.   Redactó el periódico La Idea y
la revista literaria Aurora, ambos de Ponce.   En 1941 y
1943 recibió el premio para periodismo del Instituto de
Literatura Puertorriqueña.   Fue Presidente del Ateneo
Puertorriqueño, fundador y Presidente del Instituto de
Literatura Puertorriqueña, dirigente del Partido Socialista,
1939, y Comisionado Residente de Puerto Rico en Washington, D.C., 1941-1945.   Como legislador propuso y luchó
por legislación progresiva.   Fue partidario del movimiento
que apoyaba la unión de Puerto Rico con los Estados Unidos y fue miembro del Comité Legislativo que pidió el
reconocimiento de Puerto Rico como estado.   6.   América
y otros páginas (1922); Antonio R. Barceló, símbolo de
una época (1958); El apostalado de Iglesias (1942); Constitu-
ción para Puerto Rico (1951); Crónicas de Washington
(1949); El destino de Puerto Rico (1946); Discurso de Bolívar Pagán (1943); El gobierno fascista que oprime a Puerto
Rico (1943); Historia de los partidos políticos puertorriqueños, 1898-1956. 2 vols. (1961); Ideales en marcha,
discursos y artículos (1939); Interpretación del Instituto de
Literatura Puertorriqueña (1956); Lecciones de gobierno
civil (1961); Ley municipal revisada, anotada y comentada
(1925); La personalidad de Barbosa (1941); Procerato
Puertorriqueño del siglo XIX (n.d. /s.f.); Las promesas
del partido popular (1944); Puerto Rico, the next state
(1942); El sufragio femenino (1924); Todo el poder para los
trabajadores (1945).

      Historia de los Partidos Políticos Puertorriqueños.   2 t.
San Juan, Ed. Campos, 1959-1961.

History of the political parties of Puerto Rico from 1898
to 1956.
Historia de los partidos políticos puertorriqueños desde
1898 hasta 1956.

PAGAN, GLORIA MARIA
see/véase PALMA, MARIGLORIA, pseud. /seud.

180 PALES ANES, VICENTE. 1. 22.I.1865. Guayama, P.R.
2. 11.XI.1913. Guayama, P.R. 3. José Antonio
Vicente Palés Anés. 4. Selap, Seudónimo, Taravilla.
5. Romantic poet, schoolteacher, radical thinker, and
masonic leader. Although he joined the moderate Union
Party soon after the American takeover in 1898, he continued to aspire to self-determination for Puerto Rico.
He obtained the required English teaching certificate in
1904, and taught Spanish, French and history in the public
schools of Guayama until 1912. A Republican victory in
the municipal elections that year caused the local School
Board to dismiss all Unionist teachers. He subsequently
received a teaching assignment in Arroyo, a neighboring
town where the Union Party held public office. Author of
the epic poems "El Cementerio" and "Ananké, " and frequent contributor to El Palenque de la Juventud. Father
of the celebrated poets Luis, Gustavo, and Vicente Palés
Matos. †Poeta romántico, maestro de escuela, pensador
radical, y dirigente masónico. Aunque se unió al mode-
rado Partido Unión poco después de la toma de posesión
norteamericana, continuó aspirar a la autodeterminación
de Puerto Rico. En 1904 obtuvo el certificado requerido
para la enseñanza del inglés y enseñó el español, el
francés y la historia en las escuelas públicas de Guayama
hasta 1912. Siendo unionista, fue despedido de su trabajo
en 1912 por la Junta Escolar Local por motivo de la victoria republicana en las elecciones municipales. Recibió
otro cargo docente en Arroyo, pueblo vecinal, donde el
Partido Unión estuvo en poder. Es el autor de los poemas
épicos "El Cementerio" y "Ananké." Contribuyó con frecuencia a El Palenque de la Juventud. Fue el padre de
los célebres poetas Luis, Gustavo, y Vicente Palés Matos.
6. A la masonería (1886); El Cementerio (1889).

181 PALES MATOS, LUIS. 1. 20.III.1898. Guayama, P.R.
2. 23.II.1959. Santurce, P.R. 5. Poet. Noted for his
use of Afro-Antillean themes and motifs. In 1921, he and
José I. de Diego Padró created a short-lived post-modernist literary movement based on onomatopeia which they
called "Diepalismo" for the first syllables in Diego and
Palés. Although Diepalismo produced only two significant
works, one of which is entitled "Orquestación Diepálica, "
it stimulated Palés' interest in so-called "black verse, "
the genre in which he later excelled. His most notable

poems are "Pueblo Negro, " 1925; "Danza Negra, " 1926;
"Canción festiva para ser llorada y falsa canción de
Baquiné, " 1929; "Bombo, " 1930; "Elegía del Duque de la
mermelada, " 1930; "Ten con ten, " 1932; and "Lagarto
Verde, " 1937. Son of Vicente Palés Anés, and brother
of Vicente and Gustavo Palés Matos, three poet laureates
of Puerto Rico. †Poeta. Conocido por su uso de temas y
motivos afro-antillanos. En 1921 en colaboración con José
I. de Diego Padró fundó un movimiento literario posmodernista llamado "Diepalismo" por las primeras sílabas
de Diego y Palés. Fue de breve duración. Aunque este
movimiento produjo solamente dos obras, una de las cuales
se titula "Orquestación Diepálica, " le despertó al Palés un
interés en el llamado "verso Negro, " un género en que
más tarde tuvo éxito. Algunos de sus más conocidos
poemas son "Pueblo Negro, " 1925; "Danza Negra, " 1926;
"Canción festiva para ser llorada y falsa canción de
Baquiné, " 1929; "Bombo, " 1930; "Elegía del Duque de la
mermelada, " 1930; "Ten con ten, " 1932; y "Lagarto
Verde, " 1937. Fue el hijo de Vicente Palés Anés, y
hermano de Vicente y Gustavo Palés Matos, tres poetas
laureados de Puerto Rico. 6. Azaleas (1915); Poesía,
1915-1956 (1957); Poesías (1959); Pueblo Negro (1925);
Tuntún de pasa y grifería; poemas afroantillanos (1937).

Poesía, 1915-1956. Río Piedras, P.R., Universidad
de Puerto Rico, Ed. Universitaria, 1957.
Poetry.
Poesía.

Tuntún de Pasa y Grifería. San Juan, Biblioteca de
Autores Puertorriqueños, 1950.
Poetry on Afro-Antillean themes. First published in
1937.
Poesía con temas afro-antillanos. Publicada origi-
nalmente en 1937.

182 PALES MATOS, VICENTE. 1. 28. XI. 1903. Guayama, P.R.
2. 14. IX. 1963. Mayagüez, P.R. 5. Lawyer, poet, and
journalist. Resigned from his law practice to serve as
Municipal Judge of Salinas and Santa Isabel. Editor-in-
Chief of the newspapers La Opinión and El Pueblo. In
1922, he and Tomás López Batista developed a new poetic
style called "Euforismo. " His most notable "Euforista"
poem, "Canto al tornillo, " demonstrates the use of natural
language without the artificial formality of traditional poetic
expression. A prolific writer. His best known poems are
"Mujer Puertorriqueña, " "Hoy me ha echado a reír, "
"Nueva canción, " "Aburrimiento, " and "Después de todo. "
He has also written numerous stories and legends dispersed in various newspapers and periodicals. These include: "Tierra estéril, " "El Caso de don Andrés Salva-

tierra, " "La Aventura de Fray Gonzalo, " "Páginas de un
cazador, " and "Historia de un hombre sin imaginación. "
Brother of the celebrated poets Luis and Gustavo Palés
Matos. †Abogado, poeta y periodista. Después de ejercer
la profesión de abogado, sirvió en calidad de Juez Municipal de Salinas y de Santa Isabel. Fue redactor de los
periódicos La Opinión y El Pueblo. En 1922 Palés Matos
y Tomás López Batista establecieron un nuevo estilo
poético llamado "Euforismo. " Su más destacado poema
"euforista, " "Canto al tornillo, " muestra el uso de un
lenguaje natural libre de la formalidad artificial de la
expresión poética tradicional. Escritor prolífico. Entre
sus poemas más conocidos figuran "Mujer puertorriqueña, "
"Hoy me ha echado a reír, " "Nueva canción, " "Aburrimiento, " y "Después de todo. " Ha escrito también muchos
cuentos y leyendas que se encuentran dispersos en distintos
periódicos y revistas. Algunos de ellos son "Tierra
esteril, " "El caso de don Andrés Salvatierra, " "La Aventura de Fray Gonzalo, " "Páginas de un cazador, " y "Historia de un hombre sin imaginación. " Es el hermano de
los célebres poetas Luis y Gustavo Palés Matos. 6. La
Fuente de San Juan Ponce de León y otros poemas (1967);
Viento y espuma (1945).

La Fuente de Juan Ponce de León y Otros Poemas.
San Juan, Ed. Cordillera, 1965.
Poetry published posthumously.
Poesía publicada postumamente.

183   PALMA, MARIGLORIA, pseud. /seud. 1. 1920. Canóvanas,
P.R. 3. Gloria María Pagán. 5. Poet and dramatist.
Her poetry is dispersed in Puerto Rican newspapers and
literary reviews. †Poetisa y dramaturga. Su poesía se
encuentra dispersa en periódicos y revistas literarias
puertorriqueños. 6. Agua suelta (1942); Arboles míos
(1965); Canto de los olvidos (1965); Entre Francia y Suiza
(1968); Palomas frente al eco (1968); La Razón del
cuadrante (1968); Saludando la noche (1968); San Juan entre
dos azules (1965); Teatro para niños (1968); Voz de lo
transparente (1965).

Arboles Míos. Barcelona, Ed. Rumbos, 1965.
Poems.
Poemas.

Canto de los Olvidos. Río Piedras, P.R. , Universidad
de Puerto Rico, 1965.
Poems.
Poemas.

184   PASARELL, EMILIO J. 1. 1891. Ponce, P.R. 3. Emilio Julio Pasarell. 5. Essayist, short-story writer, and

novelist.   Employed as a U. S. Federal customs officer.
A frequent contributor to The Review of Reviews (U. S.),
Revista del Instituto de Cultura Puertorriqueña, Puerto
Rico Ilustrado, El Mundo, Almanaque Asenjo, and other
Puerto Rican and American periodicals.   His works are
noteworthy for their penetrating insight into Puerto Rican
history and culture.   He has received several awards from
the Puerto Rico Atheneum.   †Ensayista, cuentista y novelista.   Trabajó de fiscal aduanero.   Contribuyó con frecuencia a The Review of Reviews (E. U.), Revista del Instituto de Cultura Puertorriqueña, Puerto Rico Ilustrado, El
Mundo, Almanaque Asenjo, y otras revistas puertorriqueñas
y norteamericanas.   Se destacan sus obras por su conocimiento profundo de la historia y cultura puertorriqueña.
Ha recibido varios premios del Ateneo Puertorriqueño.
6.   Conjunto literario (1963); De la pluma al papel (1967);
Ensayos y artículos (1968); Esculcando el siglo XIX en
Puerto Rico (1967); Orígenes y desarrollo de la afición
teatral en Puerto Rico. 2 vols. (1951-1968); Panorama
teatral de Puerto Rico en el siglo XIX (1960); Trío incohe-
rente-del ambiente (1924).

     Orígenes y Desarrollo de la Afición Teatral en Puerto
Rico.   Río Piedras, P. R., Universidad de Puerto Rico,
Ed. Universitaria, 1968.
     A well documented and heavily illustrated history of the
19th-century theatre in Puerto Rico.
     Una bien documentada historia del teatro puertorriqueño
en el siglo XIX.   Contiene muchos grabados.

PASCAL, pseud. /seud.
see/véase RODRIGUEZ CABRERO, LUIS

PEACHE, pseud. /seud.
see/véase HERNANDEZ, JOSE P. H.

185 PEDREIRA, ANTONIO S. 1. 13. VI. 1899.   San Juan, P. R.
     2.   23. X. 1939.   3. Antonio Salvador Pedreira. 4.   Assur
     Bani Pal. 5. Professor, bibliographer, biographer, critic,
     essayist, and poet.   After having taught Spanish language
     and literature at the University of Puerto Rico, Río Piedras,
     1921-1925, he lectured at Columbia University, N. Y., and
     the Brookings Institution, Washington, D. C., 1926-1927.
     He returned to the University of Puerto Rico in 1927 to es-
     tablish and chair a Department of Hispanic Studies, a posi-
     tion he held until his death.   He also headed the University's
     Social Research Center.   The intellectual mentor of Puerto
     Rico's "Generation of the Thirties, " he founded the literary
     review Indice in collaboration with Vicente Géigel Polanco,
     Samuel R. Quiñones, and Alfredo Collado Martell.   Much
     of his criticism appeared in El Mundo in a column entitled
     "Aclaraciones y crítica. "   These articles were collected

and republished posthumously in 1942. His poetry is dispersed in various Puerto Rican newspapers and literary reviews. †Profesor, bibliógrafo, biógrafo, crítico, ensayista y poeta. Después de enseñar lengua y literatura española en la Universidad de Puerto Rico, Río Piedras, de 1921 a 1925, dió conferencias en Columbia University, N.Y., y en el Brookings Institution, Washington, D.C., 1926-1927. Regresó a la Universidad de Puerto Rico en 1927 y estableció la cátedra de estudios hispánicos, la cual ocupó hasta su muerte. También dirigió el Centro de Investigación Social de la Universidad. Es reconocido como el mentor intelectual de la "Generación de 1930" y en colaboración con Vicente Géigel Polanco, Samuel R. Quiñones y Alfredo Collado Martell fundó la revista literaria Indice. Gran parte de su crítica apareció en El Mundo en la columna titulada "Aclaraciones y crítica." Estos artículos fueron recogidos y publicados depués de su muerte. Su poesía se encuentra dispersa en distintas revistas literarias y periódicos puertorriqueños. 6. Aclaraciones y crítica (1942); La Actualidad del jíbaro (1935); El Año terrible del 87: sus antecedentes y consecuencias (1937); Aristas: ensayos (1930); Bibliografía Puertorriqueña, 1493-1930 (1932); Curiosidades literarias de Puerto Rico (1939); De los nombres de Puerto Rico (1927); Un hombre del pueblo: José C. Barbosa (1937); Hostos, ciudadano de América (1932); Insularismo: ensayo de Interpretación Puertorriqueña (1934); El maestro Eugenio María de Hostos (1939); Obras completas 7 vols. (1968); El Periodismo en Puerto Rico: bosquejo histórico desde su iniciación hasta 1930 (1941).

Aristas. San Juan, Ed. Campos, 1930.
Essays.
Ensayos.

Bibliografía Puertorriqueña, 1493-1930. Madrid, Ed. Hernando, 1932.
This monumental bibliography is a classified list of works by Puerto Rican authors. Includes monographs, periodical articles, and entries for many individual chapters of books.
Esta bibliografía monumental es una lista de autores puertorriqueños arreglada por género literario. Comprende monografías, artículos y libros.

Un Hombre del Pueblo, José Celso Barbosa. Río Piedras, P.R., Librería Hispanoamericana, 1969.
Biography of José Celso Barbosa, an outstanding citizen, statesman and physician, spokesman and leader in the struggle for statehood in the early 20th century. First published in 1937.
Biografía de un célebre ciudadano, político y médico,

José Celso Barbosa, vocero y dirigente de la lucha por
el reconocimiento del gobierno estatal durante los primeros años del siglo XX. Publicada por primera vez en
1937.

Hostos, Ciudadano de América. 2a. ed. San Juan,
Instituto de Cultura Puertorriqueña, 1964.
Examination and analysis of the sociological, philosophi-
cal, religious, and literary ideas of Eugenio María
de Hostos. Complete biography and bibliography included.
First published in 1932.
Examinación y análisis del pensamiento de Eugenio
María de Hostos. El estudio abarca sus ideas sobre la
sociología, la filosofía, la religión y la crítica literaria.
Contiene una biografía y bibliografía. Publicado por pri-
mera vez en 1932.

Insularismo. San Juan, Ed. Edil, 1968.
Essays analyzing root causes in the course of Puerto
Rican history. First published in 1934.
Ensayos que analizan los motivos que influyeron en la
marcha de la historia puertorriqueña. Publicado original-
mente en 1934.

Obras. 2t. San Juan, Instituto de Cultura Puertorri-
queña, 1969.
The works of Pedreira in two volumes.
Las obras de Pedreira en dos tomos.

El Periodismo en Puerto Rico. 1941.
A history of Puerto Rican journalism which recounts
the vicissitudes of the free press from its beginnings until
1930.
Una historia del periodismo en Puerto Rico en la cual
se revelan las vicisitudes de la prensa libre desde su iniciación hasta 1930.

PEDRO SANCHEZ, pseud. /seud.
see/véase RODRIGUEZ CABRERO, LUIS

PEPE, pseud. /seud.
see/véase MORALES, JOSE PABLO

186   PEREA, JUAN AUGUSTO. 1. 1896. Mayagüez, P.R.
2. 1959. 3. Juan Augusto Perea Roselló. 5. Professor, journalist, lecturer, and politician. Professor of the
social sciences at the Catholic University of Ponce. Contributed to the monthly cultural review Indice. Advocate
of self-determination for Puerto Rico. Brother of Salvador
and Pedro Luis Perea Roselló. †Profesor, periodista,
lector y político. Profesor de Ciencias Sociales en la Universidad Católica de Ponce. Contribuyó a la revista cul-

tural mensual Indice. Abogó por la auto-determinación de
Puerto Rico. Fue el hermano de Salvador y Pedro Luis
Perea Roselló. 6. Bolívar en Vieques (1970); Early eccle-
siastical history of Puerto Rico (1929); Glosario etimológi-
co, taíno-español, histórico y etnográfico (1914); Historia
del Adelantado Juan Ponce de León (1919); Orígenes del
episcopado puerto-riqueño (1936).

   Bolívar en Vieques. San Juan, Ateneo Puertorriqueño
y Sociedad Bolivariana de Puerto Rico, 1970.
   Historical essay published to commemorate the dedica-
tion of a bust of Bolivar in the Plaza of Vieques on July
23, 1970.
   Ensayo histórico publicado con motivo de la dedicación
del busto de Bolívar en la Plaza de Vieques, el 23 de
julio, 1970.

187 PEREZ LOSADA, JOSE. 1. 1879. Cádiz, España.
    2. 24. IX. 1937. San Juan, P. R. 5. Journalist, novel-
ist, dramatist, and poet. Emigrated to Puerto Rico in
1895 and found employment as an office clerk. In 1900
he organized a clerical workers union which published a
newsletter entitled Los Dependientes. In 1901 he joined
the editorial staff of El Boletín Mercantil of San Juan and
began his brilliant career as a journalist and author. He
edited the following newspapers: El Boletín Mercantil,
1902-1916; El Imparcial, 1918-1932; and Puerto Rico Ilustrado, 1933-1937. Founder of the literary review Gráfico,
1927, and Puerto Rican correspondent for the Spanish
newspaper A. B. C. He also published a series of articles
entitled "El San Juan que yo amo" in Puerto Rico Ilustrado.
†Periodista, novelista, dramaturgo y poeta. Emigró a
Puerto Rico en 1895 donde trabajó de oficinista. En 1900
organizó un sindicato de oficinistas que publicó un boletín
de información titulado Los Dependientes. En 1901 se
juntó a la redacción de El Boletín Mercantil de San Juan y
empezó una brillante carrera de periodista y autor. Redactó los siguientes periódicos: El Boletín Mercantil,
1902-1916; El Imparcial, 1918-1932; y Puerto Rico Ilustrado,
1933-1937. Fue el fundador de la revista literaria Gráfico,
1927, y corresponsal en Puerto Rico para el periódico
español A. B. C. También publicó una serie de artículos
titulada "El San Juan que yo amo" en Puerto Rico Ilustrado.
6. La Cantaora (1918); La Crisis del amor (1912); El
Manglar (1909); La Patulea (1906); Los Primeros fríos
(1915); La Rabia (1912); Sangre mora (1918); Los Sobrinos
del Tío Sam (n. d. /s. f.); La Soleá (1918); Trazos de sombra (1904); El Viaje de los Congresistas (1918); La Vida es
ácido, o Las Industrias de la prohibición (1925).

   La Crisis del Amor. San Juan, Tip. Real Hnos.,
1925.

Comedy in three acts.
Comedia en tres actos.

La Patulea. San Juan, Imp. M. Burillo y Cía., 1906.
A novel.
Una novela.

Trazos de Sombra. San Juan, Imp. El Boletín Mercantil, 1904.
Various works, short stories, articles and poems.
Obras varias, cuentos, artículos y poesía.

188 PEREZ MARCHAND, LILIANNE. 1. 1926. 5. Poet. Employed by the Institute of Puerto Rican Culture. Her poetry deals with indigenous Indian themes and native American motifs. †Poetisa. Trabaja por el Instituto de Cultura Puertorriqueña. En su poesía hace uso de temas indígenas y de motivos americanos nativos. 6. Tierra indiana (1962).

Tierra Indiana. Río Piedras, P.R. Universidad de Puerto Rico, 1962.
Poetry.
Poesía.

189 PEREZ MARCHAND, MONELISA L. 1. 7.I.1918. Ponce, P.R. 3. Monelisa Lina Pérez Marchand. 5. Professor and essayist. Assistant Editor of the literary review Asomante and Chairman of the Puerto Rican Commission to study the history of ideas. She has taught at the University of Puerto Rico, Río Piedras, and has written many fine monographs and essays. †Profesora y ensayista. Redactora asistente de la revista literaria Asomante y jefa de la Comisión Puertorriqueña para Estudiar la Historia de las Ideas. Ha enseñado en la Universidad de Puerto Rico, Río Piedras y ha escrito muchos ensayos y monografías. 6. Dos etapas ideológicas del siglo XVIII en México a través de la Inquisición (n.d. /s.f.); La historia de las ideas en Puerto Rico: ciclo de conferencias sobre la literatura de Puerto Rico (1960); El hombre americano (n.d. / s.f.); La inquietud existencial de Federico García Lorca (n.d. /s.f.); Preambulos para una historia de las ideas en Puerto Rico (1956?).

Historia de las Ideas en Puerto Rico. San Juan, Instituto de Cultura Puertorriqueña, 1960.
Literary history of Puerto Rico.
Una historia literaria de Puerto Rico.

190 PEREZ MORIS, JOSE. 1. 1840. Oviedo, España.
2. 1881. 3. José L. Pérez Moris. 5. Journalist.
Immigrated to Puerto Rico in 1871. An arch-conservative

pro-Spanish journalist, the owner and editor of El Boletín
Mercantil, he was assassinated in the entrance foyer of
his home. †Periodista. Inmigró a Puerto Rico en 1871.
Periodista conservativo pro-español y dueño y redactor de
El Boletín Mercantil, fue asesinado a la entrada de su
casa. 6. Historia de la Insurrección de Lares (1872);
El tesoro de los piratas (1881).

191   PEREZ PIERRET, ANTONIO. 1. 22.I.1885. San Juan,
      P.R. 2. 15.I.1937. 5. Lawyer and poet. After a
      short-lived legal career, he decided to indulge his aptitude
      for letters. A modernist poet, he is identified with his
      intimate friends Luis Lloréns Torres and José de Diego
      and other contributors to La Revista de las Antillas (1913-
      1914). His well-known poem, "Vasco Núñez de Balboa, "
      is engraved on the base of the Balboa monument in Panama.
      Much of his poetry is dispersed in various newspapers and
      literary reviews. †Abogado y poeta. Después de una
      breve carrera de abogado, decidió entregarse a las letras.
      Poeta modernista, se identifica con sus amigos íntimos
      Luis Lloréns Torres y José de Diego y otros contribuidores
      a La Revista de las Antillas. Su bien conocido poema,
      "Vasco Núñez de Balboa, " es grabado en la basa del monu-
      mento a Balboa en Panamá. Mucha de su poesía se en-
      cuentra dispersa en periódicos y revistas literarias.
      6. Antología (1959); Bronces (1914).

         Bronces y Otros Poemas. Río Piedras, P.R., Ed.
      Coquí, 1968.
         Poetry. First published in 1914.
         Poesía. Publicada inicialmente en 1914.

      PITO SALCES, pseud. /seud.
      see/véase RODRIGUEZ CABRERO, LUIS.

192   PORRAS CRUZ, JORGE LUIS. 1. 1910. Ciales, P.R.
      2. 1970. Río Piedras, P.R. 5. Schoolteacher, pro-
      fessor, and essayist. An outstanding essayist, he has
      made excellent historical and literary contributions to
      Brújula, Asomante, ...Ateneo Puertorriqueño, and Revista
      del Instituto de Cultura Puertorriqueña. He was Profes-
      sor and Chairman of the Department of Hispanic Studies
      at the University of Puerto Rico, Río Piedras, taught
      Spanish in several Puerto Rican public schools, and held
      the office of Inspector General of the Puerto Rico Depart-
      ment of Public Instruction. †Maestro, profesor y en-
      sayista. Destacado ensayista, ha contribuido muchos artí-
      culos sobre la historia y la crítica literaria a Brújula,
      Asomante, ...Ateneo Puertorriqueño, y Revista del Instituto
      de Cultura Puertorriqueña. Fue profesor y Jefe del De-
      partamento de Estudios Hispánicos en la Universidad de
      Puerto Rico, Río Piedras. Fue maestro del español en

varias escuelas en Puerto Rico, y ocupó el puesto de Inspector General del Departamento de Instrucción Pública
de Puerto Rico. 6. Un costumbrista puertorriqueño
(1945); Eco y descubrimiento de Clemente Ramírez de
Arellano (1939); Individuo, sociedad y lengua (1965); Triángulo (1934); La vida y la obra de Luis G. Inclán (1950).

193 PUIGDOLLERS, CARMEN. 1. 1925. 5. Poet and professor. Employed by the Puerto Rico Department of Public
Instruction, and later a professor in the School of General
Studies at the University of Puerto Rico, Río Piedras. At
present she is a member of the Department of Puerto Rican Studies at Herbert H. Lehman College of the City University of New York. †Poetisa y profesora. Trabajó en
el Departamento de Instrucción Pública de Puerto Rico y
más tarde de Profesora en la Escuela de Estudios Generales de la Universidad de Puerto Rico, Río Piedras. Al
presente es miembro del Departamento de Estudios Puertorriqueños de Herbert H. Lehman College de la Universidad de la Ciudad de Nueva York. 6. Dominio entre alas
(1955).

Dominio entre Allas. 1955.
Love poems.
Poesías de amor.

194 QUERO CHIESA, LUIS. 1. 23.I.1919. Ponce, P.R.
5. Educator, artist, short-story writer, and public relations executive. An artist known for his use of Puerto
Rican motifs. His works have been exhibited in the Puerto
Rico Atheneum and the University of Puerto Rico, Río
Piedras, as well as in New York and other American
cities. His outstanding paintings include: "Cortadores de
caña, " "El Ventorrillero, " "Fotógrafo ambulante, " "El
Pollero, " and "Banco en la plaza. " His short stories have
appeared in newspapers, literary reviews, anthologies, and
Puerto Rican schoolbooks. "José Campeche" was cited by
the Puerto Rico Atheneum as the best short story of 1955.
Self-educated. Migrated to New York in 1929. Founder
and Vice-President of Blumenthal International Associates,
Inc., a New York public relations firm. Appointed to the
New York City Board of Higher Education in 1964, and
elected Board Chairman in 1971, the first Puerto Rican to
hold this high office. †Educador, artista, cuentista y
ejecutivo de las relaciones públicas. Como artista es
conocido por su uso de motivos puertorriqueños. Ha dado
exhibiciones de sus obras en el Ateneo Puertorriqueño y
en la Universidad de Puerto Rico, Río Piedras, así como
en Nueva York y en otras ciudades norteamericanas. Entre
sus pinturas más sobresalientes figuran "Cortadores de
caña, " "El Ventorrillero, " "Fotógrafo ambulante, " "El
Pollero, " y "Banco en la plaza. " Sus cuentos han aparecido

en periódicos, revistas literarias, antologías y en textos
escolares puertorriqueños. Su cuento "José Campeche"
fue señaldo por el Ateneo Puertorriqueño como el mejor
cuento del año 1955. Es autodidacto. Emigró a Nueva
York en 1929. Es el fundador y Vice-Presidente de Blumenthal International Associates, una empresa neoyorquina
en el campo de relaciones públicas. Fue nombrado a la
Junta de Educación Superior de la Ciudad de Nueva York
en 1964 y elegido Presidente de la misma en 1971, siendo
el primer puertorriqueño desempeñar este alto cargo.
6. None. Ninguno.

QUIJOTIN, pseud. /seud.
see/véase CORTON, ANTONIO

195 QUIÑONES, FRANCISCO MARIANO. 1. 4. II. 1830. San
German, P.R.   2.   13. IX. 1908. San Germán, P.R.
4. A. Kadosh. 5. Agriculturalist, politician, novelist,
and journalist. Although he attended universities in Ger-
many, France, England, and the United States, he never
actually earned a degree. Upon his return to Puerto Rico
in 1848, he devoted himself to agriculture and politics.
He joined the Liberal Party and became a militant abolitionist. Together with Segundo Ruiz Belvis and José
Julián Acosta he issued an appeal for the immediate abolition of slavery. The Spanish police promptly arrested him
on charges of sedition. In 1866 he was elected to the San
Germán City Council and one year later he testified in
Madrid before the Commission of Inquiry into Puerto Rican Affairs. In 1871 he was elected to the Cortes (Spanish
Parliament). He founded the newspaper El Espejo and contributed to Información and El Liberal of Mayagüez. In
addition to his literary essays and prolific political commentary, he wrote a trilogy in fiction. In 1897, he presided over the short-lived Autonomous Government in
Puerto Rico. Mayor of San Germán (1902); Member of
the Puerto Rico House of Representatives and official Historian of Puerto Rico (1903). †Agricultor, político, novelista y periodista. Aunque asistió a universidades en Alemania, Francia, Inglaterra, y EU nunca recibió un diploma.
A su vuelta a Puerto Rico en 1848, se dedicó a la agricultura y a la política. Ingresó en el Partido Liberal y se
hizo abolicionista militante. Junto con Segundo Ruiz Belvis
y José Julián Acosta, pidió la abolición inmediata de la
esclavitud y fue detenido pronto por la policia española por
sedición. En 1866 fue elegido al consejo municipal de San
Germán y el año siguiente en Madrid dió testimonio ante la
Junta Informativa de Asuntos Puertorriqueños. En 1871 fue
elegido a Cortes. Fundó el periódico El Espejo y contribuyó
a Información y El Liberal de Mayagüez. Además de ensayos literarios y comentario político, escribió una trilogía
de ficción. En 1897 presidió el gobierno autónomo de

Puerto Rico que fue de breve duración.   Fue Alcalde de
San Germán (1902); miembro de la Cámara de Diputados
y Historiador de Puerto Rico (1903).   6. Apuntes para la
historia de Puerto Rico (1888); Artículos (1887); Conflictos
económicos (1888); Emilia Pardo Bazán (1889); Historia de
los partidos políticos reformista y conservador de Puerto
Rico (1889); La Magofanía (1875); Nadir-shah (1875-1876--
a trilogy of novels: Kalila [1875], Fátima [1876], Riza
Kouli [unpublished]).

Apuntes para la Historia de Puerto Rico.   Mayagüez,
Tip. Comercial, 1888.
History of Puerto Rican government.
Historia del gobierno de Puerto Rico.

196 QUIÑONES, SAMUEL R.   1.   9. VIII. 1904.   San Germán,
     P. R.   3.   Samuel René Quiñones Vizcarrondo.   5.   Poet,
     essayist, journalist, lawyer, and politician.   In 1925 he
     founded the "Noísta" school of poetry together with Vicente
     Géigel Polanco, Emilio R. Delgado, and Vicente Palés
     Matos.   He cofounded and later edited the cultural monthly
     Indice together with Vicente Géigel Polanco and Alfredo
     Collado Martell.   Contributed to the newspaper El Impar-
     cial and the literary reviews Vórtice, Faro, and Hostos.
     Editor of La Democracia, Revista del Ateneo Puertorri-
     queño, Gaceta Forense, and Anuario de la Universidad de
     Puerto Rico.   Recipient of many literary awards.   Mem-
     ber of the Puerto Rican Academy of History.   President
     of the Puerto Rican Language Academy.   President of the
     Puerto Rico Atheneum, 1934-1937; President of the Puerto
     Rican Association of Universities, 1936; Dean of the Puerto
     Rico Law School, 1943-1945; Trustee of the University of
     Puerto Rico, the Interamerican University and the Poly-
     technic Institute.   Originally a member of the Liberal
     Party, he followed Luis Muñoz Marín into the Popular
     Democratic Party and became its Vice-President in 1938.
     Member of the Puerto Rico Board of Elections; Captain
     and Judge Advocate of the Puerto Rican National Guard;
     Elected to the Puerto Rico House of Representatives, 1940,
     and reelected, 1944; Speaker of the House, 1941-1943;
     President of the Puerto Rican Senate, 1945; and Chairman
     of the Senate Finance Committee.   Member of the Legisla-
     tive Commission on the Political Status of Puerto Rico.
     †Poeta, ensayista, periodista, abogado y político.   En
     1925 junto con Vicente Géigel Polanco, Emilio R. Delgado,
     y Vicente Palés Matos, fundó la escuela "noísta" de poesía.
     Junto con Vicente Géigel Polanco y Alfredo Collado Martell
     fundó y más tarde redactó la revista mensual cultural In-
     dice.   Contribuyó al periódico El Imparcial y a las re-
     vistas literarias Vórtice, Faro, y Hostos.   Fue redactor
     de La Democracia, la Revista del Ateneo Puertorriqueño,
     la Gaceta Forense, y del Anuario de la Universidad de

Puerto Rico. Ha recibido muchos premios literarios. Es
miembro de la Academia Puertorriqueña de la Historia.
Presidente de la Academia Puertorriqueña del Lenguaje.
Presidente del Ateneo Puertorriqueño, 1934-1937; Presidente de la Asociación Puertorriqueña de Universidades,
1936; Decano del Colegio de Abogados de Puerto Rico,
1943-1945; Síndico de la Universidad de Puerto Rico, de
la Universidad Interamericana, y del Instituto Politécnico.
Originalmente miembro del Partido Liberal, siguió a Luis
Muñoz Marín al Partido Demócrata Popular y en 1938
llegó a ser su Vice Presidente. Miembro de la Junta Insular de Elecciones; Capitán y Auditor de Guerra de la
Guardia Nacional de Puerto Rico. Fue elegido a la Cámara
de Diputados de Puerto Rico en 1940 y de nuevo en 1944.
Presidente de la Cámara, 1941-1943; Presidente del Senado
de Puerto Rico, 1945; y Presidente del Comité de Finanzas
del Senado. Miembro de la Comisión Legislativa sobre el
Estado Político de Puerto Rico. 6. Un jíbaro en la
Academia de la Lengua (1958); Manuel Zeno Gandía y la
novela puertorriqueña (1955); Las Naciones Unidas y el
Estado Libre Asociado de Puerto Rico (1956); Nemesio
R. Canales, el humorista de Puerto Rico (1961); Temas
y letras (1941).

Nemesio R. Canales, el Humorista de Puerto Rico.
1961.
Life and works of Canales, Puerto Rican humorist.
La vida y obras de Canales, humorista puertorriqueño.

197 RAMIREZ DE ARELLANO, CLEMENTE. 1. 1868. Manatí,
P.R. 2. 1945. Manatí, P.R. 5. Teacher, pharmacist,
scientist, and poet. He was teaching Spanish and Latin at
the age of 16. Later he opened a pharmacy in Manatí.
An extreme introvert, he was given to lengthy periods of
solitary meditation. In 1905, he entered a scientific contest sponsored by the Puerto Rico Atheneum. His entry
entitled "Plantas indígenas..." received an award. A political liberal, he held various public offices including that
of School Director and Mayor of Manatí. He served as
municipal judge of his home town during the American
takeover in 1898. He contributed frequently to El Palenque
de la Juventud, 1886-1888; Puerto Rico Ilustrado; El Mundo;
El Carnaval; La Revista Blanca; Juan Bobo; and La Democracia. Much of his poetry is romanticist in style and patriotic in theme. Several of his works celebrate the
glories of independence. He received awards for "Fiat
Lux," "¿Dudo o creo?," and "La poesía." His poems "Fe"
and "¡Sangre nueva!" are equally well known. †Maestro,
farmacéutico, científico y poeta. A la edad de 16 años
ya enseñaba el español y el latín. Más tarde abrió una
farmacia en Manatí. Fue extremamente introverso y pasó
largos períodos en meditación solitaria. En 1905 participó

en un concurso científico auspiciado por el Ateneo Puertorriqueño y recibió un premio por su obra titulada "Plantas indígenas...." Fue un liberal y occupó distintos cargos públicos incluso el del Director de Escuelas de Manatí y del Alcalde de Manatí. Fue Juez Municipal de su pueblo natal durante la toma de posesión norteamericana en 1898. Contribuyó con frecuencia a El Palenque de la Juventud, 1886-1888; Puerto Rico Ilustrado; El Mundo; El Carnaval; la Revista Blanca; Juan Bobo; y La Democracia. Gran parte de su poesía se escribe en estilo romántico y hace uso de temas patrióticos. Varias de sus obras alaban las glorias de la independencia. Fue premiado por "Fiat Lux," "¿Dudo o creo?," y "La poesía." Sus poemas "Fe" y "¡Sangre nueva!" son bien conocidos. 6. Algas (1939); ¿Dudo o creo? (1895); Plantas indígenas, sus propósitos medicinales y su aplicación a las ciencias, las artes e industrias (1905); La poesía (1896).

La Poesía. San Juan, Imp. El Boletín Mercantil, 1896.
Poetry.
Poesía.

198 RAMIREZ DE ARELLANO, DIANA. 1. 3. VI. 1919. New York, N.Y. 5. Poet, essayist, literary critic, and professor. Professor of Spanish Language and Literature at the City College of New York. President of the New York branch of the Puerto Rico Atheneum. Daughter of Enrique Ramírez Brau. †Poetisa, ensayista, crítica literaria y profesora. Es profesora de lengua y literatura española en City College de Nueva York. Presidenta de la sucursal neoyorquina del Ateneo Puertorriqueño. Es la hija de Enrique Ramírez Brau. 6. Albatrós sobre el alma (1955); Angeles de ceniza (1958); Caminos de la creación poética en Pedro Salinas (1956); La Cultura en el Panorama Puertorriqueño de Nueva York (1964); Poesía contemporánea en lengua española (1961); Privilegio (1965); Un vuelo casi humano (1960); Yo soy Ariel (1947).

199 RAMIREZ DE ARELLANO, RAFAEL W. 1. 1884. San Juan, P. R. 5. Historian and professor. Teacher and Superintendent of Schools, 1900-1912. Professor of Spanish at the University of Puerto Rico, Mayagüez campus, and of Puerto Rican History in the School of Humanities at Río Piedras, a Chair which he occupied for 30 years. He also served as Chairman of the University's History Department until 1950 when he was named Professor Emeritus. Founded the University of Puerto Rico Historical Museum. Chairman of the Spanish Department at the University of Georgia. Chief of Protocol for the City of San Juan, 1962. Edited Fuentes históricas sobre Puerto Rico; a monthly review about the history of Puerto Rico (1929). †Historiador y profesor. Maestro y Super-

intendente de Escuelas, 1900-1912. Profesor de español
en la Universidad de Puerto Rico, recinto de Mayagüez, y
de la historia de Puerto Rico en la Facultad de Humanidades del recinto de Río Piedras, cátedra que ocupó por
treinta años. Fue también Jefe del Departamento de Historia hasta 1950 cuando fue designado Profesor Emérito.
Estableció el Museo de Historia de la Universidad de
Puerto Rico. Fue Jefe del Departamento de Español en
la Universidad de Georgia. Jefe de Protocolo del Ayunta-
miento de la Ciudad de San Juan, 1962. Redactó Fuentes
históricas sobre Puerto Rico, una revista mensual acerca
de la historia de Puerto Rico (1929). 6. La calle Museo
(1967); La capital a través de los siglos (1950); Cómo
vivían nuestros abuelos (1957); Cuentos folklóricos (1955);
Folklore puertorriqueño: cuentos y adivinanzas (1928);
Los huracanes de Puerto Rico (1933); Instrucciones al Diputado Don Ramón Power y Giralt (1936); Question Book,
Porto Rican History (1912); La última tarde (1964).

Cómo Vivían Nuestros Abuelos. San Juan, Instituto de
Cultura Puertorriqueña, 1957.
Brief history of Puerto Rico.
Breve historia de Puerto Rico.

Folklore Puertorriqueño. Madrid, Junta para Ampli-
ación de Estudios, Centro de Estudios Históricos, 1928.
Stories and riddles handed down from the oral tradition.
Cuentos y adivinanzas recogidos de la tradición oral
puertorriqueña.

200 RAMIREZ DE ARELLANO DE NOLLA, OLGA. 1. 1911.
San Germán, P.R. 5. Poet. One of the most brilliant
contemporary female poets of Latin America. She has
published several volumes of her distinctive soft and sensual poetry. In 1962 she received an award from the Institute of Puerto Rican Literature. Honored by the Society
of Puerto Rican Authors in 1966. †Poetisa. Una de las
más brillantes poetisas contemporáneas de Latinoamérica.
Ha publicado varios volúmenes de poesía en su distintivo
estilo suave y sensual. En 1962 fue premiada por el Instituto de Literatura Puertorriqueña y en 1966 fue laureada
por la Sociedad de Autores Puertorriqueños. 6. A la luz
del flamboyán (1962); Cada ola (1966); Cauce hondo (1947);
Cundeamor (1969); Diario de la montaña, 1957-1960 (1967);
Dos veces retoño (1965); En mis ojos verás todos los
mundos (1968); Escucha mi alma un canto (1966); Mar de
poesía (1963); Orbe (1966); El rosal fecundo (1962); Te
entrego, amor (1962); La tierra de la diafanidad (1962).

A la Luz del Flamboyán. San Juan, Ed. Juan Ponce
de León, 1962.

Poems.
Poemas.

Cauce Hondo. San Juan, 1947.
Poems.
Poemas.

Dos Veces Retoño. San Juan, Ed. Juan Ponce de León,
1965.
Poems.
Poemas.

La Tierra de la Diafanidad. San Juan, Ed. Juan Ponce
de León, 1962.
Poems.
Poemas.

RAUL DE LA VEGA, pseud. /seud.
see/véase DIEGO PADRO, JOSE I. DE

201 RECHANI AGRAIT, LUIS. 1. 1902. Aguas Buenas, P.R.
5. Teacher, journalist, dramatist, and poet. Agent for
the Miguel A. García Méndez Company of Mayagüez. A
former schoolteacher who turned to journalism, he contributed many poems and stories to Puerto Rico Ilustrado
and El Mundo, a daily newspaper which he later edited.
He composed his first verses in collaboration with Rafael
Otero, but later each worked independently. A post-
modernist, his best known poetic compositions are: "La
vida es una extraña ciudad," "A plena sangre," "Dicen que
había tormenta," "Y otra vez," and "Marginal." He is
also well known for his fine comedies. †Maestro, periodista, dramaturgo y poeta. Agente de la Compañía Miguel A.
García Méndez de Mayagüez. Ex-maestro de escuela que
se hizo periodista, contribuyó muchos poemas y cuentos a
Puerto Rico Ilustrado y El Mundo, un diario que redactó
más tarde. Compuso sus primeros versos en colaboración
con Rafael Otero, pero más tarde cada uno trabajó inde-
pendientemente. Es un posmodernista y sus poemas más
conocidos son "La vida es una extraña ciudad," "A plena
sangre," "Dicen que había tormenta," "Y otra vez," y
"Marginal." También ha ganado fama por sus comedias.
6. ¿Cómo se llama esta flor? (1966); Los descendientes
de Poncio Pilatos (1959); Mi señoría (1968); Una nube en
el viento (1929); Páginas de color de rosa (1928); Todos
los ruiseñores cantan (1966).

¿Cómo se Llama Esta Flor? Barcelona, Ed. Rumbos,
1966.
A drama in three acts.
Un drama en tres actos.

Todos los Ruiseñores Cantan. Barcelona, Ed. Rumbos, 1966.
A comedy in three acts.
Una comedia en tres actos.

202 RENTAS LUCAS, EUGENIO. 1. 1910. Ponce, P. R.
5. Journalist and poet. Attended Santurce Central High School for two years before economic circumstances forced his withdrawal. Employed as an office clerk, a researcher, and a proof-reader for the daily newspaper El Mundo. He completed high school at night and enrolled at the University of Puerto Rico, Río Piedras, in 1946. In 1948, he created a post-modernist literary movement called "Trascendentalismo" together with Félix Franco Oppenheimer and Francisco Lluch Mora. Later he joined the "Ensueñismo" school of poetry founded by Cesáreo Rosa Nieves in 1954. He has published two excellent volumes of poetry, and contributed frequently to various periodicals. His best known poems are: "Soy el faro encendido" and "Salmo de amor." Editor of the literary review La Torre and Vice President of the Puerto Rico Atheneum. †Periodista y poeta. Asistió a la Escuela Secundaria Central de Santurce por espacio de dos años hasta que las circunstancias económicas le obligaron dejar sus estudios. Trabajó en calidad de oficinista, investigador y corrector de pruebas por el periódico El Mundo. Terminó sus estudios secundarios de noche y se matriculó en la Universidad de Puerto Rico, Río Piedras en 1946. En 1948, junto con Félix Franco Oppenheimer y Francisco Lluch Mora, creó el movimiento literario posmodernista llamado "trascendentalismo." Más tarde se hizo partidario de la escuela de poesía llamada "ensueñismo" fundada por Cesáreo Rosa Nieves. Ha publicado dos volúmenes de poesía y ha contribuido a menudo a distintas revistas. Sus poemas más conocidos son "Soy el faro encendido" y "Salmo de amor." Es redactor de la revista literaria La Torre y Vice-Presidente del Ateneo Puertorriqueño. 6. Almas de sueños (1940); Mañana en el alba (1949); Salmos en la aurora, autobiografía espiritual (1963).

Salmos en la Aurora, Autobiografía Espiritual. San Juan, Ed. Yaurel, 1963.
Poetry.
Poesía.

203 RIBERA CHEVREMONT, EVARISTO. 1. 1896. San Juan, P. R. 5. Journalist and poet. Self-educated. At the age of 15, he was already working in a factory. He began his journalism career in 1918 as a reporter for El Imparcial, a news daily, edited by José Pérez Losada. A prolific writer and a brilliant poet, his contribution to Puerto Rican letters also includes essays, short stories, and novelas.

He started writing as a modernist, but by 1927 he had already become a leader of the post-modernist movement. He even created a new school of literature which he called "Girandulismo." In 1930, he went to Madrid where he studied under José Ortega y Gasset, and took a course on Spanish mysticism taught by the Augustin Fathers. He often lectured in the Madrid Atheneum. Upon his return to Puerto Rico, he attempted to share his knowledge and ideals by contributing numerous articles and poems to El Carnaval, La Revista de las Antillas, El Imparcial, Puerto Rico Ilustrado, El Mundo, Poliedro, Faro, La Democracia, Asomante, La Torre, Revista del Instituto de Cultura Puertorriqueña. He prepared a regular section entitled "Páginas de Vanguardia" for the newspaper La Democracia. He consistently stressed the themes of political and economic liberation as a means of heightening Puerto Rican consciousness. Brother of the poet José Joaquín Ribera Chevremont. †Periodista y poeta. Autodidacto. A la edad de quince años ya trabajaba en una fábrica. Empezó su carrera periodística en 1918 como reportero de El Imparcial, un diario redactado por José Pérez Losada. Un escritor prolífico y un destacado poeta, su contribución a la literatura puertorriqueña también incluye ensayos, cuentos y novelas. Empezó como modernista pero ya por el año 1927 encabezó el movimiento posmodernista. Hasta creó una nueva escuela literaria que llamó "Girandulismo." En 1930 fue a Madrid donde estudió bajo José Ortega y Gasset y cursó estudios con los padres augustinos sobre el misticismo español. A menudo daba conferencias en el Ateneo de Madrid. Al regresar a Puerto Rico, procuró compartir sus conocimientos e ideales por medio de numerosos artículos y poemas a El Carnaval, la Revista de las Antillas, El Imparcial, Puerto Rico Ilustrado, El Mundo, Poliedro, Faro, La Democracia, Asomante, La Torre, y a la Revista del Instituto de Cultura Puertorriqueña. Escribió una columna titulada "Páginas de Vanguardia" para el periódico La Democracia. Insistía siempre en los temas de la liberación política y económica como medio de elevar la conciencia puertorriqueña. Es el hermano del poeta José Joaquín Ribera Chevremont. 6. Los almendros del paseo de Covadonga (1928); Anclas de oro (1945); Antología de poetas jóvenes de Puerto Rico (1918); Antología poética, 1924-1950 (1957); Antología poética, 1929-1965 (1967); Barro (1945); Canto de mi tierra (1971); Color (1938); La copa de Hebe (1922); Creación (1951); Desfile romántico (1912); Guía al Archivio General de Puerto Rico (1964); El hondero lanzó la piedra (n. d. /s. f.); La hora del orífice (1929); Inefable orilla (1961); La llama pensativa (1955); Memorial de arena (1962); El niño de Arcilla (1950); Nueva antología (1966); Pajarera (1929); Poesías (1960); Principio de canto (1965); Punto final: poemas del sueño y de la muerte (1963); Río volcado

(1968); El semblante (1964); El sentimiento de la naturaleza en "Color" (1943); El Templo de los alabastros (1919);
Tierra y sombra (1930); Tonos y formas (1943); Tú, mar,
y yo y ella (1946); Verbo (1947).

Guía al Archivo General de Puerto Rico. San Juan,
Instituto de Cultura Puertorriqueña, 1964.
A manual for the archivist. This volume contains information on legislation governing the creation of the archives, archival organization, care and preservation of
documents.
Una guía para el conservador de archivos. Trata de
las leyes que gobiernan la creación de los archivos, de
su organización y manejo, y de la preservación de documentos.

Nueva Antología. Río Piedras, P.R., Universidad de
Puerto Rico, 1966.
A collection of poems by Ribera Chevremont, selected
by Concha Meléndez, with a brief biographical essay by
Luis Miranda.
Una colección de poemas de Ribera Chevremont escogi-
dos por Concha Meléndez con una breve reseña biográfica
por Luis Miranda.

El Semblante. Río Piedras, P.R., Universidad de
Puerto Rico, Ed. Universitaria, 1964.
A collection of poems with a critical analysis by Concha
Meléndez.
Una colección de la poesía del autor con un análisis
crítico por Concha Meléndez.

204 RIBERA CHEVREMONT, JOSE JOAQUIN. 1. 1897. San
Juan, P.R. 5. Poet, literary critic, and essayist. Self-
educated. A high school drop-out, he worked for several
commercial firms including Bull Insular Lines, a large
shipping company. He has written many critical essays
and several volumes of poetry. Brother of the brilliant
poet Evaristo Ribera Chevremont. †Poeta, crítico literario y ensayista. Autodidacto. Después de abandonar
sus estudios de secundaria, trabajó por varias firmas
comerciales, entre ellas la Bull Insular Lines, compañía
naviera. Ha escrito muchos ensayos críticos y varios
volúmenes de poesía. Es el hermano del célebre poeta
Evaristo Ribera Chevremont. 6. Barandales del mundo
(1944); Breviario de vanguardia (1930); Elegías románticas
(1918); La lámpara azul (1933); Poemas (1934).

Elegías Románticas. San Juan, 1918.
Spiritual poetry.
Poesía espiritual.

RIGOLO, pseud. /seud.
see /véase MUÑOZ RIVERA, LUIS

205 RIVERA, DANIEL. 1. 1824. Ponce, P.R. 2. 1858.
Peñuelas, P.R. 3. Daniel de Rivera y Jiménez.
5. Poet. Author of "Agüeybana y Ponce de León, o El
Jardín de Agüeybana, " 1852, consisting of 95 octavos
which depict the Puerto Rican countryside. It was the
first descriptive poem composed by a native Puerto Rican.
He also wrote the epic song "Agüeybana el Bravo, " 1854,
which appeared in the newspaper El Ponceño. His promis-
ing literary career was cut short by the colonial censor.
Because his poems tended to arouse nationalist sentiment,
he was promptly arrested and convicted of sedition. The
editor of El Ponceño, Felipe Conde, was heavily fined.
Rivera escaped from prison and took refuge in Santo Domingo, New York, and France. Meanwhile, his family
paid a $1000 fine on his behalf, and without his knowledge
presented a censored version of his original poem to
Governor Fernando de Norzagaray. He was finally permitted to return to Puerto Rico in 1855. †Poeta. Autor
de "Agüeybana y Ponce de León, o El Jardín de Agüeybana,"
1852, que comprende 95 octavos que describen el paisaje
puertorriqueño. Fue el primer poema descriptivo escrito
por un puertorriqueño. Escribió también la epopeya
"Agüeybana el Bravo, " 1854, que apareció en el periódico
El Ponceño. Su carrera literaria fue terminada prematura-
mente por el censor colonial. Fue detenido y acusado de
sedición porque sus poemas despertaron sentimientos de
nacionalismo. El redactor de El Ponceño, Felipe Conde,
fue multado. Rivera se escapó de prisión y se refugió en
Santo Domingo, Nueva York y Francia. Mientras tanto su
familia pagó una multa y sin el conocimiento del autor le
presentó una versión revisada del poema al Gobernador
Fernando de Norzagaray. Se le permitió a Rivera regresar
a Puerto Rico en 1855. 6. Agüeybana el bravo (1919).

206 RIVERA, MODESTO. 1. 24.XII.1897. Carolina, P.R.
3. Modesto Rivera Rivera. 5. Schoolteacher and professor. Elementary and secondary schoolteacher and Professor of Spanish Language and Literature in the School of
General Studies at the University of Puerto Rico, Río
Piedras. He was also Chairman of the University's Department of Hispanic Studies. An outstanding educator, he
has taught at every level from the primary classroom to
the post-graduate seminar. President of the Puerto Rican
Teachers Association. †Maestro de escuela y profesor.
Fue maestro de escuela primaria y secundaria y profesor
de Lengua y Literatura Española en la Escuela de Estudios
Generales de la Universidad de Puerto Rico, Río Piedras.
También fue Jefe del Departamento de Estudios Hispánicos
de la misma Universidad. Es un destacado educador y ha

enseñado a todos los niveles desde la escuela primaria
hasta estudios posgraduados.   Fue Presidente de la Asociación de Maestros Puertorriqueños.   6.   Concepto y expresión del costumbrismo en Manuel A. Alonso Pacheco
(1952); Manuel A. Alonso: su vida y su obra (1966); El
modernismo: la prosa (1960).

Manuel A. Alonso, Su Vida y Su Obra. Río Piedras, P. R.,
Ed. Coquí, 1966.
The life and works of Manuel A. Alonso, Puerto Rican
man of letters and author of El Gíbaro.
La vida y obra de Manuel A. Alonso, literato puertorri-
queño y autor de El Gíbaro.

207   RIVERA DE ALVAREZ, JOSEFINA. 1. 1923. Mayagüez,
P. R.   5.   Professor.   Professor of Spanish Language
and Literature at the University of Puerto Rico, Mayagüez
campus, since 1947.   Member of the Puerto Rican Academy
of History.   An authority on the history of Puerto Rican
literature.   †Profesora.   Desde 1947 Profesora de Lengua
y Literatura Española en la Universidad de Puerto Rico,
recinto de Mayagüez.   Es socia de la Academia Puertorriqueña de Historia.   Es considerada una autoridad sobre la
historia de la literatura puertorriqueña.   6.   Diccionario
de literatura puertorriqueña (1955); Historia de la literatura
puertorriqueña 2 vols. (1969); Visión histórica-crítica de
la literatura puertorriqueña (orígenes: siglos XVI, XVII,
XVIII, y XIX) (1958).

Diccionario de Literatura Puertorriqueña.   Río Piedras,
P. R., Ed. de la Torre, Universidad de Puerto Rico, 1955.
A study of Puerto Rican literature.   Arranged chronologically and subarranged according to movement and genre.
Includes a biobibliography of Puerto Rican writers.
En esta obra la literatura puertorriqueña es tratada
cronologicamente, luego por género, y por movimiento
literario.   Incluye una biobibliografía de escritores
puertorriqueños.

Visión Histórica-crítica de la Literatura Puertorriqueña.
San Juan, Instituto de Cultura Puertorriqueña, 1959.
Brief critical history of Puerto Rican literature during
the 16th, 17th, 18th and 19th centuries.
Una breve historia crítica de la literatura puertorri-
queña durante los siglos XVI, XVII, XVIII y XIX.

208   RIVERA DE GARCIA, ELOISA. 1. 1910. Mayagüez, P. R.
5.   Professor of Spanish and Spanish-American Literature
at Montclair State College, New Jersey, 1964.   †Profesora
de Literatura Española e Hispanoamericana en Montclair
State College, Nueva Jersey, 1964.   6.   Historia de la
poesía en Puerto Rico antes de 1843 (1965).

209 RIVERA VIERA, JUAN. <u>1</u>. 27. I. 1884. Yauco, P. R.
<u>2</u>. 28. VI. 1953. Humacao, P. R. <u>4</u>. Juan Vicente
Rafael. <u>5</u>. Clergyman, poet, and journalist. A parish
priest in Vieques, Río Grande, and Humacao where he
published the "Almanaque de Humacao" for several years.
A lyric poet, he composed several volumes of religious
verse. In addition to Spanish, he was fluent in Latin,
English, French, Italian, and Greek. †Clérigo, poeta y
periodista. Fue cura de las parroquias de Vieques, Río
Grande, y Humacao donde publicó el "Almanaque de Humacao" durante un período de varios años. Fue un poeta
lírico y compuso varios volúmenes de verso religioso.
Además del español, sabía el latín, el inglés, el francés,
el italiano, y el griego. <u>6</u>. Almanaque de Humacao
(1924-1928); Cantos de patria y libertad (n. d. /s. f.);
Cármina Amaritudinis (1925); Cármina sacra (1925); La
enmienda puertorriqueña (1928); Madrigales dolorosos
(n. d. /s. f.); Noche de ánimas (n. d. /s. f.).

210 ROBLES DE CARDONA, MARIANA. <u>1</u>. 1904. Añasco, P. R.
<u>5</u>. Essayist and Professor. Professor of Spanish Lan-
guage and Literature and Chairman of the Spanish Department in the School of General Studies at the University of
Puerto Rico, Río Piedras. †Ensayista y profesora. Profesora de Lengua y Literatura Española y Jefa del Departamento de Español en la Escuela de Estudios Generales
de la Universidad de Puerto Rico, Río Piedras. <u>6</u>. Búsqueda y plasmación de nuestra personalidad: antología
crítica del ensayo puertorriqueño desde sus orígenes hasta
la generación del 30 (1958); El ensayo en la generación del
treinta (1960); Lecturas Puertorriqueñas: prosa (1966);
Observaciones sobre el estilo jurídico (1969).

Búsqueda y Plasmación de Nuestra Personalidad. San
Juan, Ed. Club de la Prensa, 1958.
Anthology of criticism on the Puerto Rican essay from
its beginnings until the generation of the 1930's.
Una antología de crítica del ensayo puertorriqueño desde
sus orígenes hasta la generación de 1930.

El Ensayo en la Generación del Treinta. San Juan,
1960.
An essay about the generation of the 1930's.
Un ensayo sobre la generación de 1930.

211 RODRIGUEZ BOU, ISMAEL. <u>1</u>. 28. IX. 1911. Orocovis,
P. R. <u>5</u>. Educator. Professor of Educational Sociology
at the University of Puerto Rico, Río Piedras, and Permanent Secretary of the Puerto Rican Council on Higher Education. He stimulated Council support for educational research projects on diverse learning problems including illiteracy, textbook vocabulary, and bilingual education.

These studies have resulted in the following reports: El Analfabetismo en Puerto Rico (1946); Normas para la evaluación de libros de lectura para la escuela elemental (1947); Problemas de lectura y lengua en Puerto Rico (1948). As technical advisor to UNESCO he undertook assignments in India (1949) and in Latin America (1950-1951). †Educador. Profesor de Sociología Educativa en la Universidad de Puerto Rico, Río Piedras, y secretario permanente del Consejo Superior de Enseñanza. Animó al Consejo para que apoyara diversos proyectos de investigación sobre el analfabetismo, el vocabulario de libros escolares y la educación bilingüe. Estas investigaciones dieron resultado a los siguientes informes: El Analfabetismo en Puerto Rico (1946); Normas para la evaluación de libros de lectura para la escuela elemental (1947); Problemas de lectura y lengua en Puerto Rico (1948). Como consejero técnico a UNESCO, emprendió cargos en la India (1949) y en Latinoamérica (1950-1951). 6. La composición escrita en la escuela elemental (1949); Deserción escolar, hallazgos subrealientes y algunas interpretaciones (1962); La educación superior en América Latina (1963); La escuela y la dinámica del cambio (n.d./s.f.); Estudio del sistema educativo de la República de Panamá (1956); Informe sobre la situación necesidades y soluciones aconsejables para el desarrollo de la educación superior en América Latina (1963); La Labor de investigación que sobre la enseñanza de español ha hecho el consejo superior de Enseñanza de Puerto Rico (1962); Legislación de emergencia y competencia interuniversitaria improductiva (1969); Las nuevas generaciones de Puerto Rico: esbozo de un tema (1965); Problemas de la educación en Puerto Rico (1947); A Study of the parallelism of English and Spanish vocabularies (n.d./s.f.); Suggestions for the preparation of reading matter (1949).

Las Nuevas Generaciones de Puerto Rico: esbozo de un tema. San Juan, 1965.
A sociological essay on schools and Puerto Rican youth.
Un ensayo sociológico tratando de las escuelas y de la juventud puertorriqueña.

212 RODRIGUEZ CABRERO, LUIS. 1. 25.VIII.1864. Hato Rey, P.R. 2. 7.IV.1915. San Juan, P.R. 4. Agapito Hinojosa, Cortadillo, Diabolín, Dr. Sangredo, Pascal, Pedro Sánchez, Pito Salces, El Sastre del Campesino, Suárez de Mota, Triqui-Traque. 5. Journalist and poet. In 1883 he went to Spain where he enrolled in pre-medical courses at the University of Santiago of Compostela. He subsequently changed to pre-law, but he failed to complete either program. Instead, he devoted himself to creative writing. He contributed to Spanish newspapers and literary reviews, including: Café con Gotas, Madrid Cómico, Revista Cómica and founded a radical periodical, La Camisa

of Zaragoza, which was closed by the authorities. Upon
his return to Puerto Rico in 1887, he founded El Sastre
de Campillo of Ponce and edited El Territorio in 1889.
In 1893, he joined the editorial staff of La Democracia, a
newspaper founded in 1890 by Luis Muñoz Rivera. He
fought tenaciously in defense of autonomy. During 1898-
1899 he worked for the newspaper El Liberal. In 1900,
he edited El Diario de Puerto Rico, the organ of the Federal Party also founded by Muñoz Rivera. During this
period he founded three San Juan literary reviews: El
Perro Amarillo, 1904, Gil Blas, 1908, and La Tijera. A
humorous and witty poet, his outstanding works include:
"Resolución extraña, " "A una fuente, " "Leyenda, " "Recuerdo del bombardeo, " "Rima, " "Anacreóntica, " "Dolorosa, " "Otro de tantos, " "Indecisión. " His best known short
stories are: "El Anónimo" 1900 and "Efímera" 1900.
Among his articles are: "El disloque, " "La hora de las
fiambreras, " and "El último mosquito. " In 1911, he began to write for Puerto Rico Ilustrado, contributing a
series entitled "Currente Cálamo" until his death in 1915.
President of the San Juan Association of Journalists, 1914-
1915. †Periodista y poeta. En 1883 fue a España a
estudiar medicina en la Universidad de Santiago de Compostela. Cambió de vocación y estudió derecho pero
tampoco terminó este programa. En cambio se dedicó a
la literatura. Contribuyó a periódicos y revistas literarias
españolas incluso Café con Gotas, Madrid Cómico, la Revista Cómica y fundó una revista izquierdista, La Camisa
de Zaragoza que fue cerrada por las autoridades. Al regresar a Puerto Rico en 1887, fundó El Sastre de Campillo
de Ponce y redactó El Territorio en 1889. En 1893 se
unió a la junta de redacción de La Democracia, un periódico fundado en 1890 por Luis Muñoz Rivera. Luchó por
la autonomía de Puerto Rico. Durante 1898-1899 trabajó
por el periódico El Liberal. En 1900 redactó El Diario
de Puerto Rico, el órgano del Partido Federal, también
fundado por Muñoz Rivera. Durante este período fundó
tres revistas literarias de San Juan: El Perro Amarillo,
1904, Gil Blas, 1908, y La Tijera. Un poeta humorístico,
sus obras más sobresalientes son "Resolución extraña, "
"A una fuente, " "Leyenda, " "Recuerdo del bombardeo, "
"Rima, " "Anacreóntica, " "Dolorosa, " "Otro de tantos, "
"Indecisión. " Entre sus cuentos se destacan "El Anónimo, "
1900 y "Efímera, " 1900, y entre sus artículos se encuentran
"El disloque, " "La hora de las fiambreras, " y "El último
mosquito. " En 1911 empezó a escribir por Puerto Rico
Ilustrado, contribuyendo una serie titulada "Currente
Cálamo" hasta su muerte en 1915. Fue Presidente de la
Asociación de Periodistas de San Juan, 1914-1915.
6. Mangas y Capirotes (1900); Nuestro "debut" (1897).

213   RODRIGUEZ DE TIO, LOLA. 1. 14. IX. 1843. San Germán,

P. R.   2.   10. XI. 1924.   La Habana, Cuba.   5.   Poet.   As
a child she demonstrated precocious poetic genius.   A
militant nationalist, she opposed both Spanish and American sovereignty over the Caribbean.   To support her con-
victions, she endured three periods of exile--in 1877,
1889, and 1892--and participated in three revolutionary
movements: the Lares Uprising of 1868; the tumultu-
ous "Componte" of 1887 in Puerto Rico; and the second
Cuban War of Independence, 1895-1898.   In 1868 she composed separatist lyrics to a native dance, La Borinqueña.
Her lyrics are no longer used, but La Borinqueña is now
the national anthem of Puerto Rico.   She and her husband,
the distinguished journalist Bonocio Tió Segarra, were deported to Venezuela by Governor General Laureano Sanz.
They were finally permitted to return home in 1885.   In
1887 she published Nochebuena, a salute to the political
prisoners amnestied that year.   She was deported again in
1889, this time to Cuba where her nationalist sympathies
aroused the local colonial authorities.   From Cuba, she
took refuge in New York, 1892, where she joined with
José Martí and other Cuban revolutionaries.   In 1896 she
was elected President of "Rius Rivera, " a Cuban political
group which aspired to independence.   In 1897 she became
Secretary of "Caridad, " another Cuban revolutionary organization.   When Cuba attained independence, she settled
permanently in that country.   Considered a heroine, she
was named Corresponding Member of the Cuban Academy
of Arts and Letters in 1910 and Patron of the Galician
Beneficent Society in Havana in 1911.   In 1912, she was
appointed Inspector General of the Private Schools in Havana and subsequently she held various posts in the Cuban
Ministry of Education.   †Poetisa.   Ya de niña mostró un
precoz talento poético.   Una nacionalista militante, se
opuso tanto a la soberanía española como a la norteamericana en el Caribe.   A consecuencia de sus convicciones,
sufrió tres períodos de exilio en 1877, 1889, y 1892 y
participó en tres movimientos revolucionarios: la insurrección de Lares de 1868, el turbulento período del Componte
de 1887 en Puerto Rico, y la Segunda Guerra de Independencia Cubana, 1895-1898.   En 1868 compuso las letras
para la canción La Borinqueña y aunque ellas ya no tienen
importancia, La Borinqueña es ahora el himno nacional de
Puerto Rico.   Ella y su marido, el distinguido periodista
Bonocio Tió Segarra, fueron desterrados a Venezuela por
el Gobernador General Laureano Sanz.   Se les permitió
regresar en 1885.   En 1887 publicó Nochebuena, un saludo
a los presos políticos amnistiados el mismo año.   Fue
desterrada de nuevo en 1889, esta vez a Cuba donde sus
ideas nacionalistas provocaron a las autoridades coloniales.
Salió de Cuba y buscó asilo en Nueva York donde se
asoció con José Martí y otros revolucionarios cubanos.
En 1896 fue elegida Presidenta de "Rius Rivera, " un grupo

político cubano que aspiraba a la independencia.   En 1897
pasó a ser Secretaria de "Caridad, " otra organización
revolucionaria cubana.   Cuando Cuba ganó la independencia,
ella se radicó permanentemente en ese país.   De acuerdo
con la fama de heroína que se le concedió, fue nombrada
miembro correspondiente de la Academia Cubana de Artes
y Letras en 1910 y patrona de la Sociedad de Beneficencia
de Naturales de Galicia de La Habana en 1911.   En 1912
fue nombrada al cargo de Inspector General de las escuelas
particulares de La Habana y más tarde desempeñó distintos
cargos en el Ministerio de Educación.   6.   A mi patria en
la muerte de Corchado (1885); Cantares, nieblas y congojas
(1968); Claros de sol (1968); Claros y nieblas (1885); Mi
libro de Cuba (1893); Mi Ofrenda (1880); Mis cantares
(1876); Noche Buena (1887); Obras Completas (1968);
Poesías (1960); Poesías patrióticas, poesías religiosas
(1968); Trabajos literarios (1882).

Claros y Nieblas.   Barcelona, Ed. Rumbos, 1968.
Poetry.   First published in 1885.
Poesía.   Publicada por primera vez en 1885.

Mis Cantares.   Barcelona, Ed. Rumbos, 1966.
First work by a woman to be published in Puerto Rico.
First published in 1876.
La primera obra publicada en Puerto Rico por una mu-
jer.   Publicada originalmente en 1876.

Obras Completas.   T. 1.   San Juan, Instituto de Cultura
Puertorriqueña, 1968.
Volume I of the author's complete works.
El primer volumen de las obras completas de la autora.

214   RODRIGUEZ ESCUDERO, NESTOR A.   1.   2. VIII. 1914.
Manatí, P. R.   5.   Lawyer, schoolteacher, essayist, and
short-story writer.   He has held various public offices in
the municipality of Aguadilla: high school teacher, 1941;
lawyer and notary public, since 1941; Vice-Chairman of
the City Council, 1940-1943; member of the local War Ra-
tions Board, 1942-1944; leader of the Socialist Party, 1942-
1943; and teacher of English at Borinquen Field, P. R.,
1942.   He received an award for political oratory in 1937.
Campaigned actively for the Socialist Party in the elections
of 1932-1936-1940, and for the Popular Party in 1944.
Among his contributions to Alma Latina, El Imparcial, and
El Mundo are the following articles: "Valle Inclán, tres
novelas de la Guerra Carlista" (El Imparcial); "Cuando
reverdece la esperanza" (Alma Latina); "La psicología y la
criminalidad" (El Imparcial); "El poema de mío Cid y la
sociedad medieval" (El Imparcial).   †Abogado, maestro de
escuela, ensayista y cuentista.   Ha ocupado varios cargos
en la municipalidad de Aguadilla: maestro de escuela

secundaria, 1941; abogado y notario público desde 1941;
Vice Presidente de la Asamblea Municipal, 1940-1943;
miembro de la Junta Local de Racionamiento, 1942-1944;
dirigente del Partido Socialista, 1942-1943; y maestro de
inglés en Borinquen Field, P. R., 1942. Fue premiado en
1937 por sus discursos políticos. Hizo campañas en pro
del Partido Socialista en las elecciones de 1932-1936-1940
y en pro del Partido Popular en 1944. Entre sus contribuciones a Alma Latina, El Imparcial, y El Mundo figuran
los siguientes artículos: "Valle Inclán, tres novelas de la
Guerra Carlista" (El Imparcial); "Cuando reverdece la
esperanza" (Alma Latina); "La psicología y la criminalidad"
(El Imparcial); "El poema de mío Cid y la sociedad medieval" (El Imparcial). 6. Cuentos del mar y otras páginas
(1959); Ensayos escogidos (1960); Estampas de un peregrino
(1964); Jaicoa, cuentos y leyendas (1958); Litoral (1962);
El mar en la literatura puertorriqueña y otros ensayos
(1967).

215   RODRIGUEZ MORALES, LUIS M. 1. 12. I. 1925. San Juan,
P. R. 3. Luis Manuel Rodríguez Morales. 5. Historian,
archivist, and short-story writer. Director of the General
Archives of Puerto Rico. President of the Puerto Rico
Atheneum, 1965; Assistant Director of the Institute of
Puerto Rican Culture; Director of the Historical Archives
of San Juan; and Chief of that city's Office of Cultural Affairs. Member of the Puerto Rican Academy of History,
1957; Professor of History at the University of Puerto
Rico, Río Piedras. President of the Bishop Arizmendi
Society, 1962, a group of private citizens who are interested
in preserving and improving the quality of the Spanish
spoken in Puerto Rico. †Historiador, archivista y cuentista.
Director de los Archivos Generales de Puerto Rico; Presidente del Ateneo Puertorriqueño, 1965; Subdirector del Instituto de Cultura Puertorriqueña; Director del Archivo
Histórico de San Juan y Jefe de la Oficina de Asuntos Culturales de la misma ciudad. Miembro de la Academia
Puertorriqueña de Historia, 1957; Profesor de Historia en
la Universidad de Puerto Rico, Río Piedras. Presidente
de la Sociedad "Obispo Arizmendi, " 1962, un grupo de
personas que desean preservar y mejorar el español de
Puerto Rico. 6. Actas capitulares de San Juan (n. d. /
s. f.); El Arbol vidrioso (1963); La Centella (1960); Consi-
deración en torno a la edición de actas capitulares (n. d. /
s. f.); Ensayos y conferencias (1962); El idioma y otros
temas (1968); La Vida en la ciudad de San Juan Bautista
a Mediados del siglo XVIII vista a través de sus actas
capitulares (1957).

El Arbol Vidrioso. Barcelona, Ed. Rumbos, 1963.
A drama in two acts.
Un drama en dos actos.

La Vida en la Ciudad de San Juan Bautista a Mediados
del Siglo XVIII Vista a Través de Sus Actos Capitulares.
San Juan, Instituto de Cultura Puertorriqueña, 1969.
A history of mid-18th century Puerto Rico.   First pub-
lished in 1957.
Una historia de Puerto Rico a mediados del siglo XVIII.
Publicada originalmente en 1957.

216   RODRIGUEZ PASTOR, JOSE.   1.   1894.   Cayey, P.R.
3.   José A. Rodríguez Pastor.   5.   Physician and writer.
Professor of Public Health at the School of Tropical Medicine of the University of Puerto Rico; Chief of the Tuberculosis Division of the Puerto Rico Department of Health;
and Special Consultant on Tuberculosis and other Consump-
tive Diseases at the School of Tropical Medicine-Presby-
terian Hospital; Vice President of the Puerto Rican Blue
Cross; Director of the Orphans Home; President of the
Anti-Tuberculosis Association of Puerto Rico; and Founder
of the Society to Eradicate Tuberculosis in Children.   As
a writer, he is best known for his novels.   †Médico y
escritor.   Fue Profesor de Salud Pública en la Escuela
de Medicina Tropical de la Universidad de Puerto Rico;
Jefe de la División de Tuberculosis del Departamento de
Salud de Puerto Rico; y Consultor de tisiología en el
Hospital de la Escuela de Medicina Tropical y del Hospital
Presbiteriano en San Juan; Vice Presidente de la Cruz
Azul de Puerto Rico; Dirigente del Refugio de Niños
Desamparados; y Presidente de la Asociación Antitubercu-
losa de Puerto Rico.   Fundó la Sociedad para Evitar la
Tuberculosis en los Niños.   Como escritor se destaca por
sus novelas.   6.   Asomante (1948); Las especialidades
(1955); Estudio de la mortalidad infantil en Puerto Rico
(1928); Honorable a medias (1936); Males del medio am-
bienta (1954); Notas de un estudiante puertorriqueño (1926);
The Plain Truth (1942); El retiro hacia una nueva vida
(1970); Temas de salud pública (1954); El tratamiento de
la tuberculosis en el hogar (1928).

217   ROJAS TOLLINCHI, FRANCISCO.   1.   30.V.1911.   Yauco,
P.R.   5.   Poet and journalist.   A frequent contributor to
newspapers and literary reviews including La Revista
Blanca, El Diluvio, Alma Latina, Brisas del Caribe, Ondas del Lago (of Venezuela), and El Trabajo (of Colombia).
†Poeta y periodista.   Contribuyó con frecuencia a periódicos y revistas como La Revista Blanca, El Diluvio,
Alma Latina, Brisas del Caribe, Ondas del Lago (de Venezuela), y El Trabajo (de Colombia).   6.   Cien sonetos en
cuatro panfletos (1944); Fronda virgen (1940); Relicario
Sonoro (1945); Silencio de Dios (1956); Sonetos de la vida,
el amor y la muerte (1955).

218 ROQUE DE DUPREY, ANA. 1. 18.IV.1853. Aguadilla,
P.R. 2. 1933. Río Piedras, P.R. 4. Aguenora,
Flora del Valle. 5. Teacher, journalist, novelist, and
author of many widely adopted school textbooks. A
schoolteacher in Arecibo and later in Ponce. A militant
suffragette, she fought to advance the cause of women's rights.
She developed a profound interest in astronomy and was ad-
mitted to the Astronomical Society of Paris as an honorary
member. Founded or cofounded the following literary reviews:
Euterpe (1888); La Mujer (1893); La evolución (1912); La
Mujer del siglo XX (1917); Album Puertorriqueño (1918);
and El Heraldo de la mujer (1920). She published verses
and stories in El Buscapié and El Mundo. Director of the
Ponce Lyceum and founder of the Mayagüez Academy. She
received an honorary doctorate from the University of
Puerto Rico. †Maestra, periodista, novelista y autora de
libros escolares. Fue maestra de escuela en Arecibo y
más tarde en Ponce. Luchó para adelantar la causa de
los derechos de la mujer. Tuvo gran interés en la astronomía y fue elegida socia honoraria de la Sociedad de Astronomía de París. Fundó sola o en colaboración con
otras personas las siguientes revistas literarias: Euterpe
(1888); La Mujer (1893); La evolución (1912); La Mujer del
siglo XX (1917); Album Puertorriqueño (1918); y El Heraldo
de la mujer (1920). Publicó versos y cuentos en El Buscapié y El Mundo. Fue directora del Liceo de Ponce y
fundadora de la Academia de Mayagüez. Recibió un Doctorado Honorario de la Universidad de Puerto Rico.
6. Explicación de la gramática castellana (1889); Geografía universal (1894); Luz y sombra (1903); Novelas y
cuentos (1895); Pasatiempos (1894); Un ruso en Puerto
Rico (1919); Sara la obrera (1895).

219 ROSA, PEDRO J. 1. 1897. Hatillo, P.R. 3. Pedro Ju-
venal Rosa. 5. Essayist and novelist. Founded and edited the literary reviews Voz Latina (published in Paris,
1924-1926) and Ahora (published in San Juan, 1944-1952).
†Ensayista y novelista. Empezó y redactó las revistas
literarias Voz Latina (publicada en París, 1924-1926) y
Ahora (publicada en San Juan, 1944-1952). 6. Crímenes
del imperialismo (1924); La educación (1918); Hogueras en
la estepa (n.d. /s.f.); Las masas mandan (1936); Mi tierra
y el mundo (1962).

220 ROSA NIEVES, CESAREO. 1. 17.VII.1901. Juana Díaz,
P.R. 5. Poet, essayist, dramatist, teacher, and critic.
After having been a musician in the United States and
Puerto Rico, he became a schoolteacher. Taught Spanish
Literature in the high schools of Humacao, Carolina, and
Caguas, P.R., 1927-1935. Member of the Puerto Rico
Teachers Association, and the Puerto Rican Society of
Spanish Teachers. Professor of Spanish Language and

Literature at the University of Puerto Rico, Río Piedras,
1936-1966. A prolific writer, he has produced notable
works of poetry and drama, often derived from Puerto Rican history and folklore. A post-modernist, he created
the "Ensueñismo" movement in 1954. In 1930 he received
the Roosevelt Medal of the Puerto Rico Atheneum for his
poem "Estampas sinfónicas." Other awards and prizes
include: Cervantes Medal, 1924; Morel Campos Prize for
his poem "La danza puertorriqueña," 1930; Carnaval award
for his poem "Carta a Momo," 1931; Award of the Society
of Puerto Rican Authors, 1967. †Poeta, ensayista, dramaturgo, maestro y crítico. Después de haber sido músico
en los Estados Unidos y Puerto Rico, se hizo maestro de
escuela. Enseñó literatura española en las escuelas superiores de Humacao, Carolina y Caguas, P.R., 1927-
1935. Miembro de la Asociación de Maestros de Puerto
Rico y de la Sociedad Puertorriqueña de Maestros de
Español. Fue Profesor de Lengua y Literatura Española
en la Universidad de Puerto Rico, Río Piedras, 1936-
1966. Es un escritor prolífico y ha producido insignes
obras de poesía y drama a menudo con temas tomados de
la historia y folklore puertorriqueño. Un posmodernista,
creó el movimiento "Ensueñismo" en 1954. En 1930 recibió la medalla Roosevelt del Ateneo Puertorriqueño por
su poema "Estampas sinfónicas." Entre sus otros premios
se incluyen: la medalla Cervantes, 1924; el premio Morel
Campos por su poema "La danza puertorriqueña," 1930;
el premio Carnaval por su poema "Carta a Momo," 1931;
y el premio de la Sociedad de Autores Puertorriqueños,
1967. 6. Aguinaldo lírico de la poesía puertorriqueña
3 vols. (1957); Antología general del cuento puertorriqueño
2 vols. (1959); Biografías puertorriqueñas: perfil histórico
de un pueblo (1970); Borinquén (1956); Calambreñas (1964);
La danza puertorriqueña (1930); Del contorno hacia el
dintorno (1961); Diapasón negro (1960); Ensayos escogidos
(1970?); Estrellas y caramelos (n.d. /s.f.); La feria de
las burbujas (1930); Francisco de Ayerra y Santa María,
poeta puertorriqueño, 1630-1708 (1948); Girasol (1960);
Historia panorámica de la literatura puertorriqueña 2 vols.
(1961-1963); Jurisdicción de los hibiscus (n.d. /s.f.); La
lámpara del faro (1957); Mañana será la esperanza (1964);
El mar bajó de la montaña, relato de una mujer sin historia (1963); Mi vocación por el víspero (1966); Los níspe-
ros del alba maduraron (1959); Norka (1957); Nuestra
enemiga la piedra (n.d. /s.f.); Pachín Marín y brazo de
oro (n.d. /s.f.); Paracaídas (1934); El planamar de las
garzas de ámbar (1964); Plumas estelares en las letras de
Puerto Rico (1967); La poesía en Puerto Rico (1942);
Román Baldorioty de Castro (1947); El Romanticismo en
la literatura puertorriqueña, 1843-1880 (1960); Siete caminos en luna de sueños (1958); El sol pintó de oro los
bohíos (1965); Solumbra (1955); Tierra y lamento (1958);

Triología lírica (1950); Tú, en los pinos (1938); Undumbre (1953); Las veredas olvidades (1922); Voz folklórica de Puerto Rico (1967).

Antología General del Cuento Puertorriqueño. 2t. 2a. ed. San Juan, Ed. Edil, 1970.
Anthology of short stories published from 1682 to date. Each story is preceded by a brief biographical sketch of the author. First published in 1959.
Antología del cuento puertorriqueño desde 1682 al presente. Cada cuento va precedido de una reseña biográfica sobre el autor. Publicada por primera vez en 1959.

El Mar Bajo de la Montaña, Relato de una Mujer sin Historia. Río Piedras, P.R., Universidad de Puerto Rico, 1963.
A novel about life in Puerto Rico. Includes a chronological biobibliography of the life and works of Cesáreo Rosa Nieves.
Una novela de sabor puertorriqueño. El libro también contiene una lista cronológica de la vida y obras de Rosa Nieves.

Plumas Estelares en las Letras de Puerto Rico. San Juan, Ed. de la Torre, Universidad de Puerto Rico, 1967.
Volume I of a projected two-volume work: a critical biobibliographical guide to outstanding Puerto Rican writers of the 19th century.
Una guía biobibliográfica de destacados escritores puertorriqueños del siglo XIX.

La Voz Folklórico de Puerto Rico. Sharon, Ct., Troutman Press, 1967.
An exploration of the oral tradition of the Puerto Rican people.
Un estudio de la tradición oral del pueblo puertorriqueño.

221 ROSARIO, RUBEN DEL. 1. 13. VI. 1907. Yauco, P.R.
3. Rubén del Rosario y Mejía. 5. Professor, linguist, essayist, and poet. Professor of linguistics and Spanish philology at the University of Puerto Rico, Río Piedras, from 1931 until his recent retirement. The most outstanding Puerto Rican in the field of linguistics, he is an authority on the Spanish vernacular of Puerto Rico. †Profesor, lingüísta, ensayista y poeta. Profesor de Lingüística y de Filología Española en la Universidad de Puerto Rico, Río Piedras desde 1931 hasta su reciente jubilación. Se le reconoce como el más destacado sabio puertorriqueño en el campo de la lingüística y es una autoridad sobre el español de Puerto Rico. 6. ABC de Puerto Rico (1968); América: lengua y cultura (1961); Conside-

raciones sobre la lengua en Puerto Rico (1958); El endecasílabo español (1944); El español de América (1970); La
evolución de la lengua española (n. d. /s. f.); La influencia
del inglés en Puerto Rico (1948); La lengua de Puerto Rico
(1946); Vocabulario puertorriqueño (1965).

La Lengua de Puerto Rico.   Río Piedras, P. R. , Ed.
Coquí, 1962.
Essays about the Spanish vernacular of Puerto Rico.
First published in 1946.
Ensayos sobre la lengua española de Puerto Rico.
Publicado originalmente en 1946.

Vocabulario Puertorriqueño.   Sharon, Ct. , Troutman
Press, 1965.
A compilation of Puerto Rican provincialisms spoken
by town and country people during the period 1945-1964.
Una colección de voces puertorriqueñas recogidas del
idioma hablado tanto en el interior como en las ciudades
durante el período 1945-1964.

222   SAEZ, ANTONIA.   1.   10. V. 1889.   Humacao, P. R.
2.   20. VII. 1964.   Tokyo, Japan/Tokio, Japón.   5.   Educator and writer.   Schoolteacher in her home town and
Professor of educational methodology in the School of Education at the University of Puerto Rico, Río Piedras, for
more than 25 years.   In 1961 she received a Gold Medal
from the Institute of Puerto Rican Culture.   †Educadora y
escritora.   Fue maestra de escuela en su pueblo natal y
profesora de metodología educativa en la Universidad de
Puerto Rico, Río Piedras, durante más de 25 años.   Recibió la medalla de oro del Instituto de Cultura Puertorriqueña en 1961.   6.   Las artes del lenguaje en la escuela
elemental (1949); Las artes del lenguaje en la escuela secundaria (1952); Caminos del recuerdo (1967); La lectura,
arte del lenguaje (1948); El teatro en Puerto Rico
(1950).

La Lectura, Arte de Lenguaje.   3a ed.   Río Piedras,
P. R. , Ed. de la Universidad de Puerto Rico, 1966.
Reading instruction in Puerto Rican elementary schools.
First published in 1948.
La enseñanza de la lectura en las escuelas primarias
de Puerto Rico.   Publicada inicialmente en 1948.

223   SAMA, MANUEL MARIA.   1.   1850.   Mayagüez, P. R.
2.   5. IV. 1913.   Santurce, P. R.   3.   Manuel María Sama
y Auger.   5.   Prose writer, poet, dramatist, and bibli-
ographer.   Director of the Puerto Rico Atheneum.   His
poetry appears in various literary reviews, newspapers,
and anthologies.   His best known poems are: "Desde el
mar, " "Vida y muerte, " "El regreso de Colón. "   In a

notable historical monograph, he defended the thesis that
Columbus first set foot in Puerto Rico at Mayagüez.
†Prosista, poeta, dramaturgo y bibliógrafo. Fue Director
del Ateneo Puertorriqueño. Su poesía se encuentra en
distintos periódicos, revistas literarias y antologías. Sus
poemas más conocidos son "Desde el mar, " "Vida y
muerte, " "El regreso de Colón. " En una notable monografía histórica, defendió el tésis que Cristóbal Colón
pisó tierra puertorriqueña por primera vez en Mayagüez.
6. Antología de poetas puertorriqueños (1879); Bibliografía puertorriqueña (1887); El desembarco de Colón en
Puerto Rico y el monumento del Culebrinas (1894); Ino-
cente y culpable (1877); El regreso de Colón (1892); La
víctima de su falta (1878).

224 SAMALEA IGLESIAS, LUIS. 1. 1878. Ponce, P.R.
2. 1938. Bayamón, P.R. 5. Lawyer, journalist, literary critic, and essayist. During his years as a student,
he founded an undergraduate newspaper entitled The Porto
Rican Student. First chairman of the Puerto Rico Workmen's Compensation Board; special assistant Attorney General; a respected Judge of the Arecibo District Court; and
a founder of the Island's Home for the Blind. Of the
modernist school of Puerto Rican literature, his contributions to El Carnaval, El Heraldo Español, Puerto Rico
Ilustrado, and La Revista de las Antillas include tran-
scribed interviews, essays on social problems, sociological analyses, legal treatises, and articles of general cultural interest. †Abogado, periodista, crítico literario y
ensayista. Durante sus años universitarios estableció un
periódico titulado The Porto Rican Student. Fue el primer
presidente de la Comisión de la Indemnización a Obreros;
Fiscal General Especial; un respetado Juez de la Corte del
Distrito de Arecibo y fundador del Asilo para Ciegos de
Puerto Rico. Su estilo literario es netamente modernista
y sus contribuciones a El Carnaval, El Heraldo Español,
Puerto Rico Ilustrado y la Revista de las Antillas comprenden entrevistas, ensayos sobre problemas sociológicos,
análisis sociológicos, tratados de derecho y artículos de
interés cultural. 6. La delincuencia infantil en Puerto
Rico (1916); Elogio de las leyes de Indias (1917); El Hampo-
nismo en Puerto Rico (1919); La reforma que viene: artículos políticos (1910); Washington, masón; elogio biográfico (1903).

225 SANCHEZ, LUIS RAFAEL. 1. 1936. Humacao, P.R.
5. Actor, orator, poet, short-story writer, and dramatist. Professor of literature at the University of Puerto
Rico, Río Piedras. †Actor, orador, poeta, cuentista y
dramaturgo. Profesor de literatura en la Universidad de
Puerto Rico, Río Piedras. 6. Los ángeles se han fati-
gado (n. d. /s. f.); El cuerpo de camisa (1966); La espera

(1959); Farsa del amor compradito, o casi el alma (1966); La hiel nuestra de cada día (n. d. /s. f.); La pasión según Antígona Pérez (1968); Sol 13 interior (1963).

La Pasión Según Antígona Pérez. Hato Rey, P. R. , Ed. Lugar, 1968.
This play about a Latin American dictatorship was first performed on May 30, 1968 during the eleventh theater festival of the Institute of Puerto Rican Culture.
Esta pieza, que trata de una dictadura hispanoamericana, se estrenó por primera vez el 30 de Mayo de 1968 durante el undécimo festival del teatro del Instituto de Cultura Puertorriqueña.

SANTIAGO RODRIGUEZ Y CINTRON, JOSE
see/véase VIDARTE, SANTIAGO

EL SASTRE DEL CAMPESINO, pseud. /seud.
see/véase RODRIGUEZ CABRERO, LUIS

SELAP, pseud. /seud.
see/véase PALES ANES, VICENTE

SEUDONIMO, pseud. /seud.
see/véase PALES ANES, VICENTE

226 SIERRA BERDECIA, FERNANDO. 1. 1903. Ciales, P. R. 2. 21. I. 1962. Guayanilla, P. R. 5. Poet, dramatist, and journalist. Contributed to various newspapers and literary reviews including El Imparcial, El Mundo, Puerto Rico Ilustrado, and Alma Latina. Served as Puerto Rican Secretary of Labor. †Poeta, dramaturgo y periodista. Contribuyó a varios periódicos y revistas literarias incluso El Imparcial, El Mundo, Puerto Rico Ilustrado y Alma Latina. Ocupó el cargo de Secretario del Trabajo de Puerto Rico. 6. Aguafuerte (1963); Antonio S. Pedreira, buceador de la personalidad puertorriqueña (1942); La emigración puertorriqueña (1956); La escuela del buen amor (1963); Esta noche juega el joker (1939); La industria azucarera de Puerto Rico (1959); Mujeres de las Américas (1962).

Aguafuerte. Río Piedras, P. R. , Ed. Coquí, 1963.
A novel.
Una novela.

227 SOTO, PEDRO JUAN. 1. 11. VII. 1928. Cataño, P. R. 5. Journalist, short-story writer, novelist, and dramatist. After serving in the United States Army he devoted himself to journalism and letters. Employed in the Publications Department of the Puerto Rico Division of Community Education. Professor at the University of Puerto Rico,

Río Piedras.   He has contributed to Visión, El Diario de
Nueva York, Revista del Instituto de Cultura Puertorriqueña, El Mundo, and Asomante.   He received awards
for two short stories: "Garabatos, " 1953 and "Los inocentes, " 1954.   In 1955, the experimental theater of the
Puerto Rico Atheneum presented his drama "El huésped."
†Periodista, cuentista, novelista y dramaturgo.   Después
de cumplir su obligación militar, se dedicó al periodismo
y las letras.   Trabajó por la Unidad de Publicaciones de
la División de Educación de la Comunidad de Puerto Rico
y ahora es profesor en la Universidad de Puerto Rico,
Río Piedras.   Ha contribuido a Visión, El Diario de
Nueva York, la Revista del Instituto de Cultura Puertorriqueña, El Mundo y Asomante.   Ha sido premiado por
dos cuentos: "Garabatos, " 1953 y "Los inocentes, " 1954.
En 1955 el teatro experimental del Ateneo Puertorriqueño
estrenó su drama "El Huésped. " 6. Ardiente suelo, fría
estación (1961); El francotirador (1969); Garabatos (1953);
El huésped (1955); Los inocentes (1954); Las máscaras
(1958); Los perros anónimos (1950); Spiks (1956); Usmaíl
(1958); Temporada de duendes (1970).

El Francotirador.   México, J. Mortiz, 1969.
A novel.
Una novela.

Spiks.   México, Los Presentes, 1956.
Short stories.
Cuentos.

Usmaíl.   Río Piedras, P.R., Ed. Cultural, 1970.
A novel.   First published in 1958.
Una novela.   Publicada por primera vez en 1958.

228 SOTO RAMOS, JULIO. 1. 20. IV. 1903. Coamo, P. R.
5. Essayist, short-story writer, and poet. Employed by
the Federal Government as a Revenue Inspector, 1927-
1930; Agent of the Department of Prohibition, 1930-1933;
and Inspector of the Alcohol and Tobacco Tax unit of the
United States Internal Revenue Service.   Served in the
United States Army during World War II attaining the rank
of captain.   Creator of a post-modernist literary movement called "Cumaristoismo." He received the Victory
Medal, the American Theater of Operations ribbon, and the
meritorious overseas service ribbon for his distinguished
military record.   His best known short stories are "La
alambiquera de las mesas" and "El mago. " †Ensayista,
cuentista y poeta.   Trabajó por el gobierno federal en
capacidad de Inspector de Patrullas Aduaneras, 1927-1930;
Agente del Departamento de Prohibición, 1930-1933; y
Inspector del Negociado de Contribuciones sobre Alcohol y
Tabaco del Departamento Federal de Rentas Internas.

Alcanzó el grado de Capitán en el Ejército de los Estados
Unidos durante la Segunda Guerra Mundial. Fue el
creador de un movimiento literario posmodernista llamado
"Cumaristoismo." Fue condecorado varias veces por motivo de su distinguido servicio militar. Sus cuentos más
conocidos son "La alambiquera de las mesas" y "El mago."
6. Los Caminos y Campanas (1952); Cortina de sueños
(1923); Cumbre y remanso (1963); Fe de erratos de la antología nueva poesía de Puerto Rico (1953); Un panorama
cultural en cueros (1960); Panorama literario y periodísti-
co de Puerto Rico (1955); Una pica en Flandes (1959); Por
caminos ajenos (1942); Relicario azul (1933); Soledades en
Sol (1952); Trapecio (1955); Yo soy yo y mi verdad (1973).

Cumbre y Remanso. San Juan, Ed. Cordillera, 1963.
Essays about the literature and writers of Puerto Rico.
Ensayos sobre la literatura y los escritores de Puerto
Rico.

Una Pica en Flandes. San Juan, Ed. Club de la
Prensa, 1959.
Essays and articles.
Ensayos y artículos.

229 SOTO VELEZ, CLEMENTE. 1. 1905. Lares, P.R.
5. Poet and prose-writer. A well-known Puerto Rican
Nationalist who emigrated to New York. One of the first
poets to adopt the post-modernist "Atalayista" style. His
poetry is dispersed in newspapers and literary reviews.
Nicknamed "el Archipámpano de Cinta." †Poeta y prosista.
Es un conocido nacionalista puertorriqueño que emigró a
Nueva York. Fue uno de los primeros poetas adoptar el
estilo posmodernista "Atalayista." Su poesía se encuentra
dispersa en periódicos y revistas. Tiene el apodo de "el
Archipámpano de Cinta." 6. Abrazo interino (1954);
Caballo de palo (1959); Escalios (1937); Esos árboles
(1955).

SUAREZ DE MOTA, pseud. /seud.
see /véase RODRIGUEZ CABRERO, LUIS

230 TAPIA Y RIVERA, ALEJANDRO. 1. 12.XI.1826. San Juan,
P.R. 2. 19.VII.1882. San Juan, P.R. 4. Cristófilo
Sardanápalo. Guamaní. 5. Poet, novelist, dramatist,
essayist, short-story writer, biographer, historian, librett-
ist, and literary critic. Self-educated. Deported to
Spain for engaging in a duel, he busied himself visiting
the museums and libraries of Madrid, learning about Puerto
Rican history and compiling material which he would publish years later under the title Biblioteca histórica de
Puerto Rico. The most prolific Puerto Rican writer of the
19th century, he is often considered the "Father of Puerto

Rican Literature" because he pioneered in almost all literary genres except poetry. Interested in the emancipation of women, he edited and published La Azucena, a women's literary review, 1870-1877. The Spanish Government bestowed upon him the Royal Order of Charles II in 1880. Secretary of the short-lived civilian regime which replaced the colonial Governor-General during a brief constitutional period between 1820 and 1823. †Poeta, novelista, dramaturgo, ensayista, cuentista, biógrafo, historiador, libretista y crítico literario. Autodidacto. Desterrado a España por haberse batido en duelo, se ocupó en visitar los museos y bibliotecas de Madrid para estudiar la historia de Puerto Rico y recoger las materiales que había de publicar años más tarde bajo el título de Biblioteca histórica de Puerto Rico. El escritor puertorriqueño más prolífico del siglo XIX, se le considera como el padre de la literatura puertorriqueña porque experimentó con casi todos los géneros literarios menos la poesía. Se interesó en la emancipación de la mujer y redactó y publicó La Azucena, una revista literaria de interés a mujeres, 1870-1877. El gobierno español le otorgó la orden real de Carlos II en 1880. Fue Secretario del breve régimen civil que reemplazó al Gobernador General colonial durante el corto período constitucional entre 1820 y 1823. 6. A orillas del rhin (1880); La antigua sirena (1862); El bardo de Guamaní (1862); Bernardo de Palissy o el heroísmo del trabajo (1857); Biblioteca histórica de Puerto Rico (1854); Camöens (1868); Cofresí (1876); Conferencias sobre estética y literatura (1881); La Cuarterona (1867); Cuentos y artículos varios (1938); Enardo y Rosael (1880); El heliotropo (1848); Hero (1869); La leyenda de los veinte años (1874); Mis memorias (1928); Miscelánea (1880); Noticia histórica de don Ramón Power (1873); Obras completas 2 vols. (1968); La palma del cacique (1852); La parte del León (1880); Póstumo I, el transmigrado (1872); Póstumo II, el envirginiado (1882); Roberto d'Evreux (1848); La sataniada (1878); Vasco Núñez de Balboa (1872); Vida del pintor puertorriqueño José Campeche (1854).

La Antigua Sirena. Barcelona, Ed. Rumbos, 1967.
A legend. First published in 1862.
Una leyenda. Publicada por primera vez en 1862.

Bernardo de Palissy; O el Heroísmo de Trabajo. Río Piedras, P. R. Universidad de Puerto Rico, 1969.
A 16th-century biodrama in two parts and four acts. Notes and criticism of the play published in El Mercurio are added. First published in 1857.
Un drama sobre la vida de Palissy en dos partes y cuatro actos. Se incluyen apuntes críticos que fueron publicados en El Mercurio. Publicado por primera vez en 1857.

Camoens; y Hero. Barcelona, Ed. Rumbos, 1967.
A play in three acts first performed in Puerto Rico on
August 2, 1968. The play is set in Lisbon in the 16th
century. A tragic monologue, Hero, is also included.
Una pieza de tres actos estrenada por primera vez en
Puerto Rico el 2 de Agosto de 1968. La historia desen-
vuelve en Lisboa en el siglo XVI. Se incluye también un
monólogo trágico titulado Hero.

Cofresí. Barcelona, Ed. Rumbos, 1967.
A novel about the life of Cofresí, an infamous Puerto
Rican pirate. First published in 1876.
Una novela sobre la vida de Cofresí, el infame pirata
puertorriqueño. Publicada originalmente en 1876.

Obras Completas. 2t. San Juan, Instituto de Cultura
Puertorriqueña, 1968.
Complete works of Tapia y Rivera.
Las obras completas de Tapia y Rivera.

La Palma del Cacique; La Leyenda de los Veinte Años;
A Orillas del Rhin. México, Ed. Orion, 1963.
Three works by Tapia y Rivera which include poems,
legends and a brief biography. First published in 1852.
Tres obras de Tapia y Rivera que comprenden poesía,
leyendas y una breve biografía. Publicadas por primera
vez en 1852.

TARAVILLA, pseud. /seud.
see/véase PALES ANES, VICENTE

231   TEXIDOR, JACINTO. 1. 1870. Guayama, P.R. 2. 1931.
San Juan, P.R. 3. Jacinto Texidor y Alcalá del Olmo.
5. Lawyer, professor, and writer. As a writer he be-
longs to the modernist school which flourished in Puerto
Rico from 1910 to 1928. President of the Puerto Rico
Atheneum, 1907. He received a Special Prize from the
Atheneum in 1913. His poetry appears in La Revista de
las Antillas and other literary reviews. He cultivated a
variety of literary genres including the essay, the short
story, the novel, and the poem. His best known short
story is the award-winning "Las mariposas." As counsel
to the Supreme Court of Puerto Rico, Member of the
Statute Codification Commission, and Professor of Law at
the University of Puerto Rico, Río Piedras, he contributed
to the development of the Puerto Rican judicial system.
†Abogado, profesor y escritor. Como escritor, pertenece
a la escuela modernista que floreció en Puerto Rico entre
los años 1910 y 1928. Cultivó una variedad de géneros
literarios incluso el ensayo, el cuento, la novela y la
poesía. Su poesía aparece en La Revista de las Antillas
y en otras revistas literarias. Su cuento más conocido es

el premiado "Las Mariposas. " Fue Presidente del Ateneo
Puertorriqueño en 1907 y recibió un premio especial del
Ateneo en 1913. En su calidad de Consejero a la Corte
Suprema de Puerto Rico, miembro de la Comisión de Códi-
gos y profesor de Derecho de la Universidad de Puerto
Rico, Río Piedras ha contribuido al desarrollo del sistema
judicial de Puerto Rico. 6. Arte rebelde (1914); Los
culpables (1910); El derecho civil en Puerto Rico (1924).

232   TIMOTHEE, PEDRO C. 1. 29. VI. 1864. Naguabo, P. R.
      2. 1949. San Juan, P. R. 3. Pedro Carlos Timothée y
      Morales. 5. Schoolteacher, pharmacist, notary public,
      journalist, short-story writer, novelist, translator, and
      author of pedagogical texts. After having been a San Juan
      schoolteacher and principal, he founded the Timothée
      Academy in the capital. He also taught in the San Juan
      District Prison. Contributed to La Revista Puertorriqueña,
      Puerto Rico Ilustrado, and El Consultor, a San Juan tab-
      loid. He founded and edited many education and labor
      journals including La Enseñanza, El Estudiante, El Mentor,
      El Hogar, La Voz del Obrero, and El Boletín Agrícola.
      Founding member of the Puerto Rico Teachers Associa-
      tion, Chief of Economic Development for the City of San
      Juan, Member of the Puerto Rico House of Representatives,
      1902-1904, Commissioner of Education and Labor, Chief of
      anemia services, and Archivist for the Puerto Rico Depart-
      ment of Health, Chairman of several local Election Boards,
      Secretary to the San Juan District Court, Member of the
      Ponce Library Board, Member of the Board of Examiners
      for Teacher Certification, Secretary and Librarian of the
      Puerto Rico Atheneum, Republican Party campaigner,
      President of the Regional Federation of Labor, 1901-1903,
      Secretary of the Puerto Rico Association of Pharmacists,
      and Secretary of the Press Association of Puerto Rico.
      †Maestro de escuela, farmacéutico, notario, periodista,
      cuentista, novelista, traductor y autor de textos pedagógi-
      cos. Después de haber sido maestro y director de escuela
      en San Juan, fundó la Academia Timothée en la capital.
      También enseñó en la Cárcel del Distrito de San Juan.
      Contribuyó a la Revista Puertorriqueña, Puerto Rico Ilus-
      trado, y El Consultor, un diario de San Juan. Fundó y
      redactó muchas revistas sobre la educación y el obrerismo
      incluso La Enseñanza, El Estudiante, El Mentor, El Hogar,
      La Voz del Obrero y El Boletín Agrícola. Miembro funda-
      dor de la Asociación de Maestros Puertorriqueños, Jefe
      de Fomento del Ayuntamiento de San Juan, Representante
      a la Cámara de Diputados, 1902-1904, Comisario de In-
      strucción Pública y Trabajo, Jefe del Servicio de Anemia,
      y Archivista, Departamento de Salud de Puerto Rico,
      Presidente de varias juntas electorales, Secretario de la
      Corte Distrital de San Juan, miembro de la Junta de la
      Biblioteca de Ponce, miembro del Tribunal de Exámenes

para Maestros, Secretario y Bibliotecario del Ateneo
Puertorriqueño, partidario del Partido Republicano, Presidente de la Federación Regional de Obreros, 1901-1903,
Secretario de la Asociación Puertorriqueña de Farmacéuticos, y Secretario de la Asociación de la Prensa de
Puerto Rico.   6.   Bosquejo de la instrucción pública en
Puerto Rico (1908); El consultor (1929); Cuentos populares
(1917); Gramática castellana para adultos (1908); La mala
educación (1919); Vida de Rafael Cordero (1934).

233 TIO, AURELIO. 1.   23.III.1907.   San Germán, P.R.
3.   Aurelio Tió y Nazario de Figueroa.   5.   Engineer
and historian.   Noted principally for his research into the
origins and early history of Puerto Rico, he has been
president of the following learned societies: the Puerto
Rican Academy of History, the Society of Puerto Rican
Authors, the Puerto Rico Academy of Arts and Sciences,
and the Costa Rican Academy of Genealogical Sciences.
He also served on the Advisory Commission on Historical
Monuments of the Institute of Puerto Rican Culture.   An
engineer employed by the Puerto Rican Department of
Public Works and a member of the Puerto Rican Institute
of Engineers.   He organized and directed the aerial topo-
graphical survey of the Island.   Descendant of the famous
Bonocio Tió-Lola Rodríguez de Tió family.   †Ingeniero e
historiador.   Se ha distinguido por sus investigaciones
sobre los orígines y historia colonial de Puerto Rico.   Ha
sido Presidente de las siguientes sociedades: La Academia
Puertorriqueña de Historia, la Sociedad de Autores Puertorriqueños, la Academia Puertorriqueña de Arte y Ciencias
y la Academia Costarricense de Ciencias Genealógicas.
También prestaba servicios con la Comisión Asesora de
Monumentos Históricos del Instituto de Cultura Puertorriqueña.   Trabajó como ingeniero con el Departamento de
Obras Públicas de Puerto Rico y fue miembro del Instituto
Puertorriqueño de Ingenieros.   Organizó y dirigió el apeo
topográfico aéreo de la Isla.   Es descendiente de la célebre familia Bonocio Tió-Lola Rodríguez de Tió.   6.   Dr.
Diego Alvarez Chanca: Estudio biográfico (1966); Fundación de San Germán y sus significación en el Desarrollo
Político Económico, Social y Cultural de Puerto Rico
(1956); Nuevas fuentes para la historia de Puerto Rico
(1961).

Dr. Diego Alvarez Chanca.   San Juan, Instituto de Cultura Puertorriqueña, Universidad Interamericana de Puerto
Rico, 1966.
Biographical study of Dr. Diego Alvarez Chanca, the
first Puerto Rican physician, and his contribution to the
development of medicine.
Un estudio biográfico del Dr. Diego Alvarez Chanca, el
primer médico de Puerto Rico y su contribución al desa-

rrollo de la medicina.

234   TIO, SALVADOR. 1. 20.XI.1911. Mayagüez, P.R.
3. Salvador Tió Montes de Oca. 5. Journalist and poet.
Withdrew from his pre-law courses in order to devote
himself to creative writing. A prolific writer, his contributions are dispersed in La Torre, Asomante, El Diario
de Puerto Rico, El Mundo, El Imparcial, Isla, Boricua,
and other periodicals. His outstanding poem is "Caminero
del mar." In 1948 he received the journalism prize of
the Institute of Puerto Rican Literature for his newspaper
column "A Fuego Lento." †Periodista y poeta. Dejó la
carrera de leyes para dedicarse a la literatura. Escritor
prolífico, ha contribuido a La Torre, Asomante, El Diario
de Puerto Rico, El Mundo, El Imparcial, Isla, Boricua y
otras revistas. Su poema más famoso es "Caminero del
mar." En 1948 fue premiado por el Instituto de Literatura Puertorriqueña en reconocimiento a su columna "A
Fuego Lento." 6. A Fuego Lento: cien columnas de
humor y una cornisa (1954).

       A Fuente Lento. San Juan, Universidad de Puerto Rico,
1954.
       Humorous short stories.
       Cuentos humorísticos.

TIRSO DE LA TORRE, pseud. /seud.
see/véase MORALES CABRERA, PABLO

235   TORO, EMILIO DEL. 1. 4.VI.1876. Cabo Rojo, P.R.
2. 10.XI.1955. San Juan, P.R. 3. Emilio del Toro y
Cuebas. 5. Lawyer, professor, writer, and orator.
Associate Justice and presiding judge of the Supreme Court
of Puerto Rico; Professor of Law at the University of
Puerto Rico, Río Piedras. A strong supporter of the
American government, he joined the pro-statehood Republi-
can Party and remained active in Republican politics until
his death. He believed the future prosperity of Puerto
Rico to be contingent upon union with the United States.
As a writer he was an accomplished journalist, poet, es-
sayist, and dramatist. Much of his poetry was published
in Revista Blanca. President of the Puerto Rico Atheneum.
He was awarded an honorary doctorate by the University of
Puerto Rico in recognition of his contribution to Puerto
Rican life and letters. †Abogado, profesor, escritor y
orador. Fue Juez Asociado y Juez Presidente de la Corte
Suprema de Puerto Rico. Fue Profesor de Derecho en la
Universidad de Puerto Rico, Río Piedras. Fue gran partidario del gobierno norteamericano y se unió al Partido Re-
publicano que era en pro de la unión de Puerto Rico con
los Estados Unidos. Tomó parte en las actividades del
Partido hasta su muerte. Creyó que la prosperidad futura

de Puerto Rico dependía de la unión de la Isla con los
Estados Unidos.   Fue un hábil periodista, poeta, ensayista
y dramaturgo.   Se publicó gran parte de su poesía en la
Revista Blanca.   Fue Presidente del Ateneo Puertorriqueño.
Recibió un doctorado honorario de la Universidad de Puerto
Rico en reconocimiento a su contribución a la vida y a las
letras puertorriqueñas.   6.   La Fuerza del Destino (1893);
Margarita y otras poesías (1963); Patria (1950).

236   TORRES ROSADO, FELIX JUAN. 1. 1913. Ponce, P.R.
5. Poet. A certified public accountant by trade and a
poet by avocation. In 1942 he was named Young Poet of
the Year by radio station WNBC. He has been President
of the Society of Puerto Rican Authors. †Poeta. De
profesión, contador público, y poeta por avocación. En
1942 fue nombrado "Joven poeta del año" por la emisora
WNBC. Ha sido Presidente de la Sociedad de Autores
Puertorriqueños. 6. Ciudadela Rendida (1967); Epoca
(1964); Gólgota, microanálisis bonanovista (1963); Poncio
Pilatos, microestudio bonanovista (1968); Sol de Vida
(1940); El verdadero anticristo (1944).

Ciudadela Rendida. San Juan, Ed. Yaurel, 1967.
Poetry.
Poesía.

237   TORRES VARGAS, DIEGO DE. 1. 1590. San Juan, P.R.
2. 1649. 5. Theologian and historian. A student of
theology and canon law in Salamanca, he was appointed
canon of the San Juan Cathedral in 1639. In 1647 he published the diary he had kept during his stay in the capital
as Secretary to Bishop Fray Damián López de Haro.
These notebooks constitute a magnificent account of the
emerging colonial society. His father, García de Torres,
was a Spanish military officer who defended Puerto Rico
from the Dutch attack in 1625. †Teólogo e historiador.
Cuando todavía era estudiante de teología y derecho
canónico en Salamanca, fue nombrado canónigo de la Cate-
dral de San Juan en 1639. En 1647 publicó el diario que
había mantenido durante su estancia en la capital como
secretario al Obispo Fray Damián López de Haro. Estos
cuadernos forman una narrativa gráfica de la sociedad
colonial en plena via de desarrollo. Su padre, García de
Torres, fue un militar español que defendió a Puerto Rico
del ataque holandés de 1625. 6. Descripción de la Isla
y Ciudad de Puerto Rico y su vecindad y poblaciones,
presidio, gobernadores y obispos, frutos y minerales
(1647).

TRIANA, pseud. /seud.
see /véase CADILLA DE MARTINEZ, MARIA

TRIQUI-TRAQUE, pseud. /seud.
see/véase RODRIGUEZ CABRERO, LUIS

TRISTAN RONDA, pseud. /seud.
see/véase LAGUERRE, ENRIQUE A.

238 VALLE, RAFAEL DEL. 1. 17. IX. 1846. Aguadilla, P. R.
     2. 23. VIII. 1917. San Juan, P. R. 3. Rafael del Valle
     y Rodríguez. 4. Adolfo Nones. 5. Poet and physician.
     Studied bacteriology in Paris under Louis Pasteur. Prac-
     ticed medicine in Aguadilla, Arecibo, and Mayagüez. To-
     day many of his political ideas would probably be con-
     sidered Marxist. In 1887 he founded a bacteriological
     laboratory and established a "Poorman's Clinic" which of-
     fered free medical care. He received the Spanish Cross
     of Merit for humanitarianism, but in 1891 he was accused
     of advocating separatism and banished to Caracas, Vene-
     zuela, where he remained until the American takeover of
     Puerto Rico in 1898. He continued his experimental work
     in the field of microbiology and infectious diseases, re-
     search which earned him the Venezuelan "Bust of the
     liberator Simón Bolívar" and admission to the French Le-
     gion of Honor. Although he was an alien in Venezuela,
     del Valle supported the constitutionalist movement of Gene-
     ral Joaquín Crespo. The incumbent President, Raimundo
     Andueza Palacios, attempted to remain in office by force.
     He ordered del Valle arrested on charges of anti-govern-
     ment conspiracy. When the constitutionalists triumphed
     and Crespo assumed the Venezuelan Presidency, he named
     del Valle his Personal Physician and Advisor. Del Valle
     founded and edited the semi-official newspaper, El Derecho,
     and represented Venezuela at the International Conference
     on the Status of the Panama Canal. He returned to Puerto
     Rico in 1898. In 1901, he joined with Rosendo Matienzo
     Cintrón, Manuel Zeno Gandía, and others to form a new
     political party, "The Union of Puerto Rico." In 1905,
     President Theodore Roosevelt appointed del Valle to the
     Puerto Rico executive Council which functioned as a legis-
     lative body for the Island. In 1912, he was sent to Wash-
     ington, D. C. heading a commission to petition for federal
     legislation to protect the sugar industry. †Poeta y médico.
     Estudió bacteriología en París bajo Louis Pasteur. Ejerció
     la carrera de medicina en Aguadilla, Arecibo y Mayagüez.
     Hoy día muchas de sus ideas políticas serían consideradas
     de orientación marxista. En 1887 estableció un laboratorio
     bacteriológico y abrió una clínica que ofreció tratamiento
     gratis. Recibió la Cruz del Mérito Militar del gobierno
     español para humanitarismo, pero en 1891 fue acusado de
     abogar por el separatismo y fue desterrado a Caracas,
     Venezuela, donde permaneció hasta la toma de posesión
     norteamericana de Puerto Rico en 1898. Continuó sus in-
     vestigaciones en el campo de la microbiología y las

enfermedades infecciosas. Estas investigaciones le ganaron
el Busto del Libertador Simón Bolívar de Venezuela y entrada en la Legión de Honor de Francia. Aunque su
estado legal en Venezuela era de extranjero, del Valle
apoyó el movimiento constitucionalista de General Joaquín
Crespo. El Presidente, Raimundo Andueza Palacios,
intentó quedarse en poder por fuerza. Mandó detener a
del Valle por conspiración contra el gobierno. Al triunfar
los constitucionalistas, y llegado Crespo al mando del
gobierno, fue nombrado del Valle médico y consejero del
Presidente. Fundó y redactó el periódico semi-oficial El
Derecho y representó a Venezuela en la Conferencia Internacional sobre el Canal de Panamá. Regresó a Puerto
Rico en 1898. En 1901 se juntó con Rosendo Matienzo
Cintrón, Manuel Zeno Gandía y otros para formar un nuevo
partido político "La Unión de Puerto Rico." En 1905 el
Presidente Teodoro Roosevelt le nombró a del Valle al
Consejo Ejecutivo de Puerto Rico que funcionaba como el
cuerpo legislativo de la Isla. En 1912 fue a Washington,
D.C. al mando de una comisión a pedir legislación federal
para proteger a la industria azucarera. 6. De la forma
al fondo (1897); La Isla de Puerto Rico (1889); Lucila
(1897); Maceo (1899); Poesías (1884); Poesías Completas
(1921).

239   VALLE ATILES, FRANCISCO DEL. 1. 21.X.1852. San
      Juan, P.R. 2. 1928. San Juan, P.R. 5. Physician,
      novelist, and journalist. He introduced the concept of
      realism into Puerto Rican literature. Co-founder, 1876,
      and two-term President of the Puerto Rico Atheneum, 1893
      and 1899. †Médico, novelista y periodista. Introdujo el
      concepto del realismo en la literatura puertorriqueña.
      Fue el cofundador, 1876, y presidente del Ateneo Puerto-
      rriqueño, 1893 y 1899. 6. Los animales vertebrados
      útiles y los dañinos a la agricultura del país (1887); Bio-
      grafía de don Francisco J. Hernández Martínez (1885); El
      campesino puertorriqueño: sus condiciones físicas, inte-
      lectuales y morales, causes que las determinan y medios
      para mejorarlas (1887); Cartilla de higiene (1886); Esme-
      ralda (1894); Idilio y realidad (1894); Inocencia (1884).

240   VASSALLO, FRANCISCO. 1. 19.XI.1823. San Juan, P.R.
      2. 4.IX.1867. San Juan, P.R. 3. Francisco Vassallo
      y Cabrera. 5. Physician, poet, and prose writer. The
      first Puerto Rican humorist, with a reputation for sharp
      and satirical verse. As a member of Barcelona's "Grupito
      Criollo," expatriate university students who produced Puerto
      Rico's first literary masterpieces, he contributed to El
      Album Puertorriqueño of 1844, El Cancionero de Borinquén
      of 1846, and los Almanaques Aguinaldos (El Almanaque--
      Aguinaldo de la Isla de Puerto Rico, 1857, 1859, 1863;
      El Aguinaldo Puertorriqueño, 1861; and El Nuevo Cancio-

nero de Borinquén, 1872.) Received his medical training
in Barcelona and Paris.   Practiced medicine in Puerto
Rico from 1848 until his death.   Initially assigned to the
Puerto Rico Military Hospital, which served the Madrid
Battalion garrisoned on the Island, he subsequently worked
in the field of Public Health.   A noted romanticist, his
best known poems are: "Paricina, " "A Borinquén, " "A
Jesús, " "A Puerto Rico, " "Una vieja, " "Glosa atroz, "
"Oda a los pollos, " "De gusto no hay nada escrito, " "Una
soirée, " "Clínica jíbara, " "Correspondencia epistólica-
amatoria-rústico-labriega, " "Dice Don Lesmes muy serio, "
(letrilla), "Pero tanto en la cabeza" (epigram), and
"Hablando con don Andrés" (epigram).   †Médico, poeta y
prosista.   Considerado como el primer humorista puertorriqueño.   Tenía fama por su verso satírico.   Fue miembro del "Grupito Criollo" de Barcelona, España, compuesto
de estudiantes universitarios puertorriqueños que produjeron
las primeras obras literarias de Puerto Rico.   Contribuyó
a El Album Puertorriqueño de 1844, El Cancionero de
Borinquén de 1846, y los Almanaques Aguinaldos (El Al-
manaque--Aguinaldo de la Isla de Puerto Rico, 1857, 1859,
1863; El Aguinaldo Puertorriqueño, 1861; y El Nuevo Cancionero de Borinquen, 1872).   Estudió medicina en Barcelona y París y ejerció su profesión en Puerto Rico desde
1848 hasta su muerte.   Destinado inicialmente al Hospital
Militar de Puerto Rico que sirvió al Batallón de Madrid
guarnicionado en la Isla, luego trabajó en el campo de la
salud pública.   Insigne romanticista, sus poemas más conocidos son: "Paricina, " "A Borinquén, " "A Jesús, " "A
Puerto Rico, " "Una vieja, " "Glosa atroz, " "Oda a los
pollos, " "De gusto no hay nada escrito, " "Una soirée, "
"Clínica jíbara, " "Correspondencia epistólica-amatoria-
rústico-labriega, " "Dice Don Lesmes muy serio" (letrilla),
"Pero tanto en la cabeza" (epigrama), y "Hablando con
don Andrés" (epigrama).   6.   Amor y generosidad (1846).

241   VICENS, NIMIA. 1. 1914. Caguas, P.R. 3. Nimia Vi-
céns de Madrazo. 5. Poet. Employed by the Puerto
Rican Department of Public Instruction.   Received literary
awards from the Puerto Rico Atheneum (1950) and the Society of Puerto Rican Authors (1965).   †Poetisa.   Trabajó
por el Departamento de Instrucción Pública de Puerto Rico.
Ha sido premiada por el Ateneo Puertorriqueño (1950) y
por la Sociedad de Autores Puertorriqueños (1965).
6.   Anémona Nemorosa (1950); Canciones al mundo (1957).

242   VIDARTE, SANTIAGO. 1. 25. VII. 1828. Yabucoa, P.R.
2. 1848. Barcelona, España. 3. José Santiago Rodríguez y Cintrón. 5. Poet. Baptized José Santiago Rodrí-

guez, he later changed his surname when he was adopted
by the Vidarte family. At the age of fourteen he left for
Barcelona in order to complete his education. During his
stay in Barcelona he joined the so-called "Grupito Criollo"
composed of Manuel A. Alonso, Pablo Sáez, Francisco
Vassallo Cabrera and his own brother, Juan B. Vidarte.
This small group of university students was responsible
for the second major anthology of Puerto Rican verse:
El Album Puertorriqueño of 1844. He also contributed to
El Cancionero de Borinquen (1846). An outstanding ro-
mantic poet, his verse shows the influence of Espronceda
and Campoamor. His best known poems are: "Insomnio, "
"El Sueño, " "La vida de amor, o la juventud, " "El trovador, " "Ante una cruz, " "A mi caro padre en sus días, "
"La nube, " "La jibarita, " "Las dos flores, " "El sereno, "
"A una hermosa, " "Plegaria, " and "A Concha. " Much of
his poetry is dispersed in various anthologies. †Poeta.
Bautizado José Santiago Rodríguez, luego cambió de apellido
al ser adoptado por la familia Vidarte. A la edad de
catorce años salió para Barcelona para completar su educación. Durante su estancia en Barcelona se unió al
llamado "Grupito Criollo" compuesto de Manuel A. Alonso,
Pablo Sáez, Francisco Vassallo Cabrera y su propio hermano Juan B. Vidarte. Este pequeño grupo de estudiantes
universitarios produjo la segunda antología de verso puertorriqueño: El Album Puertorriqueño de 1844. Contribuyó también a El Cancionero de Borinquén (1846). Destacado poeta romántico, su verso muestra la influencia de
Espronceda y Campoamor. Sus poemas más conocidos
son "Isomnio, " "El Sueño, " "La vida de amor, o la juventud, " "El trovador, " "Ante una cruz, " "A mi caro padre
en sus días, " "La nube, " "La jibarita, " "Las dos flores, "
"El sereno, " "A una hermosa, " "Plegaria, " y "A Concha. "
Mucha de su poesía se encuentra en varias antologías.
6. Vidarte--Poesías (1849).

Cuadernos de Poesía: Santiago Vidarte. San Juan,
Instituto de Cultura Puertorriqueña, 1965.
Twelve poems with illustrations by Carlos Marichal.
First published in 1849.
Doce poemas con ilustraciones por Carlos Marichal.
Publicado por primera vez en 1849.

243 VIENTOS GASTON, NILITA. 1. 1908. San Sebastián, P.R.
5. Professor, journalist, and literary critic. She has
held high office in the Puerto Rican Department of Justice.
Professor of the Humanities at the University of Puerto
Rico, Río Piedras. Former President of the Puerto Rico
Atheneum (1946-1961), and editor of Asomante (recently re-

named <u>Sin Nombre</u>), the journal of the Association of
Puerto Rican University Women and one of the most pres-
tigious learned journals of Latin America. A frequent
contributor to newspapers and periodicals on the Island
and abroad, she published a column of literary criticism
in <u>El Mundo</u> entitled "Indice Cultural." These essays
were collected, edited, and republished as a book (1962).
She has received the journalism prize of the Institute of
Puerto Rican Literature. Her most important essays are:
"Nacionalismo y universalismo, " "Goethe, " "Fausto y
Mefistófeles" and "Música de fondo del Mein Kampf. "
†Profesora, periodista y crítico literario. Ha ejercido
altos cargos en el Departamento de Justicia de Puerto Rico.
Profesora de Humanidades en la Universidad de Puerto
Rico, Río Piedras. Ex-presidenta del Ateneo Puertorri-
queño (1946-1961), y redactora de <u>Asomante</u> (ahora titulada
<u>Sin Nombre</u>), la revista de la Asociación de Mujeres
Graduadas de la Universidad de Puerto Rico y una de las
más prestigiosas revistas de Latinoamérica. Ha contribuido con frecuencia a periódicos y revistas tanto en
Puerto Rico como en el extranjero, y ha publicado una
columna de crítica literaria en <u>El Mundo</u> titulada "Indice
Cultural." Estos ensayos fueron recogidos, editados y
publicados en la forma de un libro (1962). Ha sido premiada por el Instituto de Literatura Puertorriqueña. Sus
ensayos más importantes son "Nacionalismo y universalismo, " "Goethe, " "Fausto y Mefistófeles" y "Música de
fondo del Mein Kampf. " 6. <u>Comentarios a un ensayo
sobre Puerto Rico</u> (1964); <u>Impresiones de un viaje</u> (1957);
<u>Indice Cultural, 1948-1955,</u> and <u>1956</u> 2 vols. (1962); <u>Intro-
ducción a Henry James</u> (1956).

244 VILLARONGA, LUIS. 1. 13. VI. 1891. Barranquitas, P. R.
2. 3. VII. 1964. Hato Rey, P. R. 3. Luis Villaronga
Charriez. 5. Schoolteacher, lawyer, lecturer, essayist,
journalist, and novelist. Chairman of the Puerto Rican
Mediation and Conciliation Commission; Permanent member
of the Workmen's Compensation Board; Trustee of the
Carnegie Library of San Juan; Secretary of the Puerto Rico
Atheneum for many years; Vice-President of the Child
Welfare Society. A prolific writer, he contributed regularly to many newspapers and periodicals on the Island and
abroad. He traveled extensively throughout the United
States, Spain, France, and Italy. A noted lecturer in the
fields of education and religion. Honorary member of the
Argentine Cultural Committee. †Maestro de escuela, abogado, disertante, ensayista, periodista y novelista. Presidente de la Comisión de Negociación y Conciliación; miembro permanente de la Comisión de Indemnizaciones a
Obreros; síndico de la Biblioteca Carnegie de San Juan.
Durante muchos años fue secretario del Ateneo Puertorriqueño. Vice-Presidente de la Sociedad para la Protección

y Defensa del Niño. Escritor prolífico, ha contribuido a
muchos periódicos y revistas tanto en Puerto Rico como
en el extranjero. Recorrió por todo Italia, Francia,
España y los Estados Unidos de América. Destacado
disertante en los campos de la educación y la religión.
Miembro Honorario del Comité Cultural Argentino.
6. Alas victoriosas (1925); Azorín: su obra, su espíritu
(1931); Banderas rojas (1933); Carmencita (1933); Constan-
cio C. Vigil: el sembrador (1939); Contemplación (1949);
Dios (1942); Hispanidad-catolicidad; juico del liberalismo
(1951); Los motivos eternos (1945); Paisaje y alma (1954);
El peregrino de la senda del sol (1950); La república sentimental (1933); La Torre de marfil (1952).

245 VIVAS MALDONADO, JOSE LUIS. 1. 19. XI. 1926. Aguadilla, P. R. 5. Short-story writer and dramatist. Employed as a fireman, postman, schoolteacher and curriculum writer for the Puerto Rico Division of Community Education. His stories have appeared in Alma Latina, Asomante, and Paliques. †Cuentista y dramaturgo. Ha trabajado de bombero, cartero, maestro y escritor de programas de asignaturas para la División de Educación de la
Comunidad de Puerto Rico. Sus cuentos han aparecido en
Alma Latina, Asomante y Paliques. 6. La cuentística de
Arturo Uslar Pietri (1963); Historia de Puerto Rico (1960);
Luces de Sombre (1954); Sonríen al morir (n. d. /s. f.).

246 VIZCARRONDO, CARMELINA. 1. 9. I. 1906. Fajardo,
P. R. 5. Short-story writer, poet, and painter. Her
poetry is in the "Integralista" style of Luis Hernández Aquino, Samuel Lugo, and María Mercedes Garriga. She has
contributed to Insula, Puerto Rico Ilustrado, El Mundo,
Brújula, Alma Latina, Asomante, and Revista del Instituto
de Cultura Puertorriqueña. †Cuentista, poetisa y pintora.
Su poesía pertenece al estilo "integralista" de Luis Hernández Aquino, Samuel Lugo, y María Mercedes Garriga.
Ha contribuido a Insula, Puerto Rico Ilustrado, El Mundo,
Brújula, Alma Latina, Asomante, y la Revista del Instituto
de Cultura Puertorriqueña. 6. Minutero en sombras
(1941); Poemas para mi niño (1937); Pregón en llamas
(1935).

247 VIZCARRONDO, JULIO L DE. 1. 9. XII. 1830. San Juan,
P. R. 2. 22. VII. 1889. Madrid, España. 3. Julio L. de
Vizcarrondo y Coronado. 4. César de Bazán. 5. Journalist. A leading abolitionist and champion of the under-
privileged classes in both Puerto Rico and Spain. At the
age of 20, he was banished from the Island by Governor
General Pezuela for abolitionist agitation. After having
spent four years in the United States, where he married,
he returned to Puerto Rico in 1854 and freed his own

slaves. Shortly thereafter the pro-slavery colonial establishment forced him to emigrate to Spain. In the mother
country, he became active in politics. As in Puerto Rico,
where he had founded the newspaper El Mercurio to propa-
gate his abolitionist views, in Madrid he founded El Abolicionista Español and the Spanish Abolitionist Society,
1863. He was also Secretary General of the Spanish Republican Party's Revolutionary Committee and took part in
the 1868 insurrection against Isabel II. He founded several
welfare institutions including San Ildefonso Home for Poor
Children, the Child Protection Society, the Hospital of the
Child Jesus, and the Society of Friends of the Poor, 1865,
which offered relief services to the impoverished victims
of the Madrid cholera epidemic. In 1886, he was elected
Deputy to the Cortes (Spanish Parliament) from Ponce. In
Madrid he also founded Revista Hispanoamericana and
edited El Bien Público, La Discusión, and La Democracia.
He was correspondent for newspapers in London, New York,
and Lisbon and sent dispatches to Puerto Rico for El
Agente, El Clamor del País, and La Democracia. In addition to his humanitarian work, he achieved cultural and
literary distinction as compiler of El Cancionero de
Borinquén, 1858, and contributor to El Aguinaldo Puertorriqueño, 1861. He also wrote a well-known folktale entitled
"El Hombre velorio." †Periodista. Fue un destacado
abolicionista y paladín de las clases pobres tanto de
Puerto Rico como de España. A la edad de veinte años
fue desterrado de la Isla por el Gobernador General
Pezuela por motivo de sus agitaciones en pro del abolicionismo. Después de pasar cuatro años en los Estados
Unidos, donde se casó, regresó a Puerto Rico en 1854 y
puso en libertad a sus esclavos. Poco después fue obligado por el gobierno colonial emigrar a España donde
tomó parte en asuntos políticos. Del mismo modo que en
Puerto Rico, donde había fundado el periódico El Mercurio
para propagar sus ideas abolicionistas, fundó en Madrid
El Abolicionista Español y la Sociedad Abolicionista Española en 1863. Fue también Secretario-General del
Comité Revolucionario del Partido Republicano Español y
participó en la insurrección de 1868 contra Isabel II.
Estableció varias instituciones de bienestar social incluso:
El Asilo de San Ildefonso para Niños Destituidos, la Sociedad Protectora de Niños, el Hospital del Niño Jesús,
y la Sociedad de Amigos de los Pobres que ofreció ayuda
a las víctimas de la epidemia de cólera que afligió a
Madrid. En 1886 fue elegido Diputado de Ponce a Cortes.
En Madrid también fundó la Revista Hispanoamericana, y
redactó El Bien Público, La Discusión, y La Democracia.
Fue corresponsal de periódicos de Londres, Nueva York
y Lisboa y envió despachos a Puerto Rico para El Agente,
El Clamor del País, y La Democracia. Además de su
labor humanitaria, se ganó distinción literaria y cultural

como el compilador de El Cancionero de Borinquén, 1858,
y contribuidor a El Aguinaldo Puertorriqueño, 1861. Escribió el bien conocido cuento folklórico titulado "El hombre velorio. " 6. Elementos de historia y geografía de
Puerto Rico (1862); Segundo cancionero de Borinquén
(1858); Viaje a la Isla de Puerto Rico en el año 1797
(1863).

X. X. X. , pseud. /seud.
see /véase MUÑOZ RIVERA, LUIS

248 YUMET MENDEZ, JOSE. 1. 9. VI. 1887. Aguadilla, P. R.
2. 1955. Hato Rey, P. R. 5. Poet, journalist, and
orator. Contributed to El Imparcial, Alma Latina, Puerto
Rico Ilustrado and El Mundo. In 1922 he received the
Puerto Rico Atheneum prize for literature. Member of the
Union Party of Puerto Rico. †Poeta, periodista y orador.
Contribuyó a El Imparcial, Alma Latina, Puerto Rico
Ilustrado y El Mundo. En 1922 el Ateneo Puertorriqueño
le concedió su premio para literatura. Miembro del
Partido Unión de Puerto Rico. 6. Ala y trino (1931);
Anfora azul (1925); Caminos del sol (1920); La cruz roja
(1916); Gemas (1913); Raíz de Patria (1957).

249 ZAPATA ACOSTA, RAMON. 1. 4. XI. 1917. Cabo Rojo,
P. R. 5. Poet, essayist, and professor. Professor of
literature at the Catholic University of Ponce. His poetry
is in the "Trascendentalista" style of Félix Franco Oppenheimer, Francisco Lluch Mora, and Eugenio Rentas Lucas.
Contributed to El Mundo, El Imparcial, Asomante, and
Revista del Instituto de Cultura Puertorriqueña. Edited
the literary reviews Pegaso, Orfeo, and Horizontes.
President of the Ponce Atheneum since 1957. †Poeta,
ensayista y profesor. Profesor de Literatura en la Universidad Católica de Ponce. Su poesía pertenece al estilo
"Trascendentalista" de Félix Franco Oppenheimer, Francisco Lluch Mora y Eugenio Rentas Lucas. Ha contribuido
a El Mundo, El Imparcial, Asomante y Revista del Instituto
de Cultura Puertorriqueña. Redactó las revistas literarias
Pegaso, Orfeo y Horizontes. Desde 1957 es Presidente
del Ateneo de Ponce. 6. Canciones de ruta y sueño
(1954); Espejos y figuras (1963).

Espejos y Figuras. 2a. ed. Río Piedras, P. R. ,
Librería Hispanoamericana, 1968.
Poetry. First published in 1963.
Poesía. Publicada por primera vez en 1963.

250 ZAVALA, IRIS M. 1. 27. XII. 1936. Ponce, P. R. 5. Professor and literary critic. Professor of Spanish language
and literature at the University of Puerto Rico, Río Piedras,
and the State University of New York, Stony Brook.

†Profesora y crítico literario. Profesora de Lengua y
Literatura Española en la Universidad de Puerto Rico,
Río Piedras, y en la Universidad del Estado de Nueva
York, Stony Brook. 6. La angustia y la búsqueda del
hombre en la literatura (1965); Barrio doliente (1964);
Masones, comuneros y carbonarios (1971); Románticos y
socialistas: prensa española del siglo XIX (1972); Una-
muno y su teatro de conciencia (1963).

251   ZENO GANDIA, MANUEL. 1. 10. I. 1855. Arecibo, P. R.
2. 30. I. 1930. Santurce, P. R. 4. Camilo Sarmiento,
Filomena del Monte, Gaspar Molendo, Juan de la Casa,
Omega. 5. Surgeon, novelist, historian, poet, journalist,
dramatist, short-story writer, and politician. An outstanding journalist who fought for liberalization of the oppressive colonial regime. During the course of his turbu-
lent political career, Zeno Gandía underwent a complete
metamorphosis from liberal reformer to ardent nationalist
to annexationist (he joined the pro-statehood Republican
Party in 1898) and back to liberal reformer. In 1902 he
retired from medical practice and accepted a seat in the
Puerto Rico House of Representatives. In 1903-1904 he
cofounded the Union Party of Puerto Rico together with
Rosendo Matienzo Cintrón, Rafael del Valle Rodríguez,
José de Diego, and Luis Muñoz Rivera. Later he was
sent to Washington, D. C. with Eugenio María de Hostos
and Dr. Julio J. Henna to petition the United States
government for progressive reform. Editor of Revista de
Puerto Rico. †Cirujano, novelista, historiador, poeta,
periodista, cuentista y político. Fue un destacado periodista que luchó por la liberalización del régimen colonial.
Durante el curso de su tempestuosa carrera política, Zeno
Gandía sostuvo una metamorfosis completa cambiando de
reformador liberal a nacionalista ardiente, luego a partidario de la anexión de Puerto Rico a los Estados Unidos
(se juntó al partido republicano que abogaba por anexión
en 1898) y de nuevo a reformador liberal. Dejó la carrera
de medicina en 1902 y sirvió de Representante a la Cámara
de Diputados de Puerto Rico. En 1903-1904, junto con
Rosendo Matienzo Cintrón, Rafael del Valle Rodríguez,
José de Diego, y Luis Muñoz Rivera, fundó el Partido
Unión de Puerto Rico. Más tarde fue a Washington, D. C.,
con Eugenio María de Hostos y Dr. Julio J. Henna a
pedir una reforma progresiva al gobierno de los Estados
Unidos. Fue redactor de la Revista de Puerto Rico.
6. Abismos (1885); Canta el múcaro (n. d. /s. f.); La
Charca (1894); Compré un cadáver (n. d. /s. f.); Cuentos
(1958); Dos Besos (n. d. /s. f.); Estudio al natural (n. d. /
s. f.); Garduña (1896); Influencia del clima en las enfermedades del hombre (1873); El negocio (1922); Obras completas (1955); La palmada (n. d. /s. f.); Piccola (1890); Poesías
(1969); La primavera vuelve (n. d. /s. f.); Los rendentores

(1925); <u>Resumptia Indo-Antillana</u> (n. d. /s. f.); <u>Rosa de
<u>ma'rmol</u> (1889); <u>La señora duquesa</u> (n. d. /s. f.).

<u>Abismos</u>.   Ponce, P.R. , Tip. "El Vapor, " 1885.
Poetry.
Poesía.

<u>La Charca</u>. México, Ed. Orion, 1965.
A novel about the anguish of colonial Puerto Rico.
First published in 1895.
Una novela publicada inicialmente en 1895 sobre la
angustia del Puerto Rico colonial.

<u>Los Redentores</u>.   México, Ed. Club del Libro de
Puerto Rico, 1960.
A novel.   First published in 1925.
Una novela.   Publicada originalmente en 1925.

Topical Index / Índice de Tópicos

Historical Index / Indice Histórico

Bonafoux y Quintero, Luis 38
Brau, Salvador 40
Coll y Toste, Cayetano 53
Cortón, Antonio 59
Dalmau Canet, Sebastián 64
Degetau, Federico 69
Eulate Sanjurjo, Carmen 81
Fernández Juncos, Manuel 85
Figueroa, Sotero 92
González García, Matías 107
Hostos, Eugenio María de 116
Juliá Marín, Ramón 120
Levis, José Elías 125
Matos Bernier, Félix 152
Morales Cabrera, Pablo 166
Muñoz Rivera, Luis 171
Neumann Gandía, Eduardo 173
Pérez Losada, José 187
Quiñones, Francisco Mariano 195
Valle Atiles, Francisco del 239
Zeno Gandía, Manuel 251

(2) Poetry / Poesía
Abril, Mariano 2
Astol, Eugenio 23
Brau, Salvador 40
Carrión Maduro, Tomás 46
Cestero, Ferdinand R 50
Daubón, José Antonio 65
Diego, José de 75
Domínguez, José de Jesús 77
Elzaburu, Manuel 78
Marín, Francisco Gonzalo 141
Matos Bernier, Félix 152
Mercado, José 157
Muñoz Rivera, Luis 171
Negrón Sanjurjo, José 172
Padilla de Sanz, Trinidad 177
Palés Anés, Vicente 180
Ramírez de Arellano, Clemente 197
Rodríguez Cabrero, Luis 212
Rodríguez de Tió, Lola 213

(3) Drama
Brau, Salvador 40

V. MODERNISM (1911-1921) AND
AVANT-GARDE LITERATURE
(1920-1930)
MODERNISMO (1911-1921) Y
LA LITERATURA DE VAN-
GUARDIA (1920-1930)

(1) Essays, Social Commentary,
Literary Criticism /
Ensayos, Comentario Social,

la Crítica Literaria
Balseiro, José A 28
Canales, Nemesio R 44
Enamorado Cuesta, José 79
Fernández Vanga, Epifanio 87
Ferrer Otero, Rafael 90
Guerra Mondragón, Miguel 108
Huyke, Juan B 117
Malaret, Augusto 136
Martínez Dávila, Manuel 151
Miranda, Luis Antonio 159
Pagán, Bolívar 179
Samalea Iglesias, Luis 224
Villaronga, Luis 244

(2) Novels and Short Stories /
Novelas y Cuentos
Balseiro, José A 28
Meléndez Muñoz, Miguel 155
Villaronga, Luis 244

(3) Theater / Teatro
Canales, Nemesio R 44
Coll Vidal, Antonio 54
Lloréns Torres, Luis 127
Martínez Alvarez, Rafael 148
Miranda, Luis Antonio 159

(4) Poetry / Poesía
Blanco, Antonio Nicolás 36
Dávila, José Antonio 67
Dávila, Virgilio 68
Diego Padró, José I de 76
Esteves, José de Jesús 80
Gómez Costa, Arturo 103
Hernández, José P H 111
Joglar Cacho, Manuel 119
Lago, Jesús María 122
Lair, Clara, pseud./seud. 124
Lloréns Torres, Luis 127
Lomar, Martha, pseud./seud. 129
Martínez Alvarez, Rafael 148
Martínez Dávila, Manuel 151
Monteagudo, Joaquín 162
Palés Matos, Luis 181
Palés Matos, Vicente 182
Pérez Pierret, Antonio 191
Ribera Chevremont, Evaristo 203
Ribera Chevremont, José Joaquín 204
Yumet Méndez, José 248

VI. THE GENERATION OF THE '30s
LA GENERACION DE 1930

(1) Essays, Social Commentary, Lit-

Title Index / Indice de Títulos*

*Asterisk denotes works herein annotated; un asterisco sirve para denotar aquellas obras que han sido anotadas aquí dentro.

Margarita Gautier (Matos Bernier,
Félix)
Margarita y otras poesías (Toro,
Emilio del)
Marginalia (Ferrer Canales, José)
María Antonieta (Corchado, Manuel)
María soledad (Arriví, Francisco)
*Mariana o el alba (Marqués,
René)
Marqués y marquesa (Eulate San-
jurjo, Carmen)
Mary Smith (Labarthe, Pedro Juan)
Las masas mandan (Rosa, Pedro
J.)
Las máscaras (Soto, Pedro Juan)
Masones, comuneros y carbonarios
(Zavala, Iris M.)
Me va la vida (López Suria, Vio-
leta)
*Medallas de oro (Malaret, Augus-
to)
Los médicos en el descubrimiento
del mundo nuevo y el homenaje
al Dr. Chanca (Arana Soto,
Salvador)
Mediodía (Coll Vidal, Antonio)
Meditaciones de la pasión (Marre-
ro, Domingo)
Meditaciones de un misántropo
(Jiménez Malaret, René)
Meditaciones puertorriqueñas: una
zambullida en la conciencia
puertorriqueña (Martín, José
Luis)
Meditando (Hostos, Eugenio María
de)
Melancolía (Bonafoux y Quintero,
Luis)
Memoria ... 1891-1892 (Asenjo,
Federico)
Memoria de Castilla (Hernández
Aquino, Luis)
Memoria sobre la fundación y
progreso del municipio de
Comerío (Neumann Gandía,
Eduardo)
Memorial de arena (Ribera Chevre-
mont, Evaristo)
Mensaje de Puerto Rico a la Con-
ferencia Panamericana de la
Paz (Géigel Polanco, Vicente)
Mensajeras (Negrón Sanjurjo,
José)
Un mes en el norte (Martínez
Alvarez, Rafael)
El mestizo blanco (Atiles García,
Guillermo)
Metal y piedra (Morales, Jorge

Luis)
*Metrópoli (Braschi, Wilfredo)
Mi equipaje (Mercado, José)
Mi isla soñada (Díaz Alfaro, Abe-
lardo M.)
Mi libro de Cuba (Rodríguez de Tió,
Lola)
Mi óbolo (Marín, Francisco Gon-
zalo)
Mi ofrenda (Rodríguez de Tió, Lola)
Mi señoría (Rechani Agraít, Luis)
Mi tierra y el mundo (Rosa, Pedro
J.)
Mi viaje al sur (Hostos, Eugenio
María de)
Mi vocación por el víspero (Rosa
Nieves, Cesáreo)
Mi voluntad se ha muerto (Canales,
Nemesio R.)
Mientras muere la tarde (Gerena
Brás, Gaspar)
El milagro (Méndez Ballester,
Manuel)
El minotauro se devora a sí mismo
(Diego Padró, José I. de)
Minutero en sombros (Vizcarrondo,
Carmelina)
Una mirada al pasado (Gómez Te-
jera, Carmen)
Miradero (Lluch Mora, Francisco)
Miranda en el olvido (Morales,
Jorge Luis)
Mirémonos por dentro (Machuca,
Julio)
*Mis cantares (Rodríguez de Tió,
Lola)
Mis cuentos (González García,
Matías)
Mis memorias (Tapia y Rivera,
Alejandro)
Miscelánea (Tapia y Rivera, Ale-
jandro)
Misceláneas (Morales, José Pablo)
Misceláneas históricas (Morales,
José Pablo)
Miserere (Blanco, Tomás)
El misterio del Castillo (Méndez
Ballester, Manuel)
La mística de unamuno y otros
ensayos (Cadilla de Martínez,
María)
Mitología del Grito de Lares
(Corretjer, Juan Antonio)
Mitos para niños (Agostini de del
Río, Amelia)
*El modernismo en Puerto Rico
(Hernández Aquino, Luis)
El modernismo: la prosa (Rivera,